Aus dem Programm Huber: Psychologie Forschung

Wissenschaftlicher Beirat:
Prof. Dr. Dieter Frey, München
Prof. Dr. Kurt Pawlik, Hamburg
Prof. Dr. Meinrad Perrez, Freiburg (Schweiz)
Prof. Dr. Hans Spada, Freiburg i. Br.

Vom selben Autor sind beim Verlag Hans Huber erschienen:

Peter Wihelm/Michael Myrtek/Georg Brügner:
Vorschulkinder vor dem Fernseher. Ein psychophysiologisches Feldexperiment.
1997, 193 Seiten.

Michael Myrtek: Gesunde Kranke – kranke Gesunde. Psychophysiologie des
Krankheitsverhaltens. 1998, 271 Seiten.

Michael Myrtek und Christian Scharff

Fernsehen, Schule und Verhalten

Untersuchung zur emotionalen
Beanspruchung von Schülern

Verlag Hans Huber
Bern · Göttingen · Toronto · Seattle

Umschlagfoto: © 2000 Photo Wirtz, Dormagen

Adresse des Erstautors:
Prof. Dr. Michael Myrtek
Psychologisches Institut
der Albert-Ludwigs-Universität Freiburg
Forschungsgruppe Psychophysiologie
Belfortstr. 20
D-79085 Freiburg i. Br.

E-mail: myrtek@psychologie.uni-freiburg.de

Die Deutsche Bibliothek – CIP-Einheitsaufnahme

Myrtek, Michael:
Fernsehen, Schule und Verhalten : Untersuchungen zur emotionalen Beanspruchung von Schülern /
Michael Myrtek und Christian Scharff. - 1. Aufl. - Bern ; Göttingen ; Toronto ; Seattle : Huber, 2000
  (Aus dem Programm Huber: Psychologie-Forschung)
  ISBN 3-456-83501-9

Das Werk einschließlich aller seiner Teile ist urheberrechtlich
geschützt. Jede Verwertung außerhalb der engen Grenzen des
Urheberrechtsgesetzes ist ohne Zustimmung des Verlages
unzulässig und strafbar. Das gilt insbesondere für Vervielfältigungen,
Übersetzungen, Mikroverfilmungen und die Einspeicherung und
Verarbeitung in elektronischen Systemen.

1. Auflage 2000
© Verlag Hans Huber, Bern 2000
Druck: AZ Druck und Datentechnik GmbH, Kempten
Printed in Germany

Für Georg Brügner und Wolfgang Müller

Vorwort

Über die Wirkungen des Fernsehens, insbesondere auf Kinder und Jugendliche, wird viel gestritten. Es gibt zahllose Untersuchungen mit Fragebogen, die sich mit dem Fernsehkonsum dieser Gruppen und den möglichen Auswirkungen befassen. Kaum untersucht sind bisher die physiologischen (körperlichen) Wirkungen des Fernsehens. Es existieren nur wenige Untersuchungen im Labor, die für spezielle Fragestellungen physiologische Variablen verwendeten. Mit Ausnahme einer Arbeit, die ebenfalls in der Freiburger Forschungsgruppe entstanden ist (Wilhelm, Myrtek & Brügner, 1997), gibt es bisher keine psychophysiologische Untersuchung unter Alltagsbedingungen, die sich mit dem Thema «Fernsehen, Schule und Verhalten» befaßt hätte. Im vorliegenden Buch wird über eine aufwendige Untersuchung an 200 Schülern (11 und 15 Jahre) berichtet, die sowohl in der Schule als auch während der Freizeit mit einem speziell entwickelten Monitoring-System (tragbares Gerät zur Erfassung von Daten) über 23 Stunden hinweg fortlaufend untersucht wurden.

An dieser Untersuchung haben viele Personen mitgewirkt, ohne deren Hilfe die Durchführung der Arbeit nicht möglich gewesen wäre. Daher möchten wir all denen, die uns tatkräftig unterstützten, recht herzlich danken. Besonders bedanken wir uns bei Herrn Direktor Hennefarth, Leiter des Geschwister-Scholl-Gymnasiums in Waldkirch, und Herrn Direktor Bürkle, Leiter der Realschule in Kollnau, die uns die Untersuchung gestatteten und bei der Organisation sehr behilflich waren. Wir danken auch allen Lehrkräften der genannten Schulen, die durch ihr freundliches Verständnis die Registrierung auch während des Unterrichts ermöglichten. Den Damen und Herren des Oberschulamtes in Freiburg, die uns die Genehmigung zu dieser Untersuchung erteilt haben, möchten wir für ihre Aufgeschlossenheit danken. Unser Dank gilt auch allen Eltern, die ihre Einwilligung zu der Untersuchung gegeben haben. Nicht zuletzt danken wir allen Schülern, die sich hoch motiviert und sehr kooperativ zur Verfügung gestellt haben.

Viel zu verdanken haben wir auch den Mitarbeitern der Forschungsgruppe Psychophysiologie. Herr Diplom-Mathematiker F. Foerster hat uns in statistischen Fragen beraten. Frau G. Jansen hat sehr zuverlässig die Erfassung des Fragebogenmaterials besorgt. Frau I. Burgdorf kümmerte sich um die Organisation der Untersuchungen und erledigte den Schriftwechsel.

Das vorliegende Buch widmen wir in Dankbarkeit unseren langjährigen Mitarbeitern Herrn Diplom-Mathematiker Georg Brügner und Herrn Diplom-Ingenieur Wolfgang Müller. In enger Zusammenarbeit hat Herr Brügner alle Programme für das ambulante Monitoring und die Programme zur Auswertung der 23-Stunden-Registrierungen entwickelt. Er ist an einer langen und heimtückischen Krankheit im Juli 1998 verstorben. Während der Entstehung dieses Buches verstarb unerwartet Herr Diplom-Ingenieur Müller im November 1999. Er erarbeitete zahlreiche technische Lösungen für das ambulante Monitoring und betreute die Hardware.

Die vorliegende Arbeit wurde von der Deutschen Forschungsgemeinschaft gefördert, der wir für ihre finanzielle Unterstützung danken möchten.

Hinweis zum Lesen
Das vorliegende Buch beschreibt die Ergebnisse einer wissenschaftlichen Untersuchung. Daher müssen alle Aussagen belegt und statistisch abgesichert werden. Es ist zu vermuten, dass den Laien die Einzelheiten nicht interessieren werden. Daher wurden allen Kapiteln bzw. Unterkapiteln verständliche Zusammenfassungen beigegeben. Diese ermöglichen die rasche Orientierung über den jeweiligen Inhalt der Kapitel. Weiterhin können die wichtigsten Ergebnisse den Abbildungen entnommen werden, die auch ohne Worte verständlich sind. Schliesslich sei dem Leser die «Zusammenfassende Bewertung und Diskussion» (Kap. 6) empfohlen.

INHALTSVERZEICHNIS

Vorwort 7

Kapitel 1: Einleitung 13

Kapitel 2: Fernsehnutzung, Motivation zum Fernsehen und Fernsehwirkungen 17

1. Fernsehnutzung 17

    1.1   Fernsehdauer 17
    1.2   Viel- und Wenigseher 20
    1.3   Programm- und Senderpräferenzen 21

2. Motivation zum Fernsehen 24

    2.1   Verbesserung der Stimmung und Langeweile 25
    2.2   Erlebnisbedürfnisse 27

3. Fernsehwirkungen 28

    3.1   Positive Fernsehwirkungen 28
    3.2   Emotionale Wirkungen von Fernsehen und Filmen 29
    3.3   Fernsehen und Aggressivität 33
    3.4   Fernsehen und Persönlichkeit 35
    3.5   Fernsehen und Verhalten 37
    3.6   Fernsehen und Schulerfolg 40
    3.7   Gesundheitliche Gefahren des Fernsehens 41

4. Psychophysiologische Untersuchungen 42

    4.1   Untersuchungen an Kindern 42
    4.2   Untersuchungen an Erwachsenen 46

Kapitel 3: Untersuchungsansatz und Hypothesen 48

1. Messung der Belastung und Beanspruchung 48

1.1 Felduntersuchungen 48
1.2 Physiologische Indikatoren der Beanspruchung 49
1.3 Analyse der emotionalen, mentalen und energetischen Beanspruchung 49
1.4 Einstufung des subjektiven Befindens und der aktuellen Tätigkeiten 51

2. Hypothesen 52

2.1 Hypothesen aus der Literatur 52
2.1.1 Fernsehnutzung 52
2.1.2 Motivation zum Fernsehen 52
2.1.3 Fernsehwirkungen 52
2.1.4 Psychophysiologische Hypothesen 53
2.2 Spezielle Hypothesen zur vorliegenden Untersuchung 53

Kapitel 4: Methodik 54

1. Stichproben und Datenerhebung 54

2. Erfassung der physiologischen Daten 55

2.1 Beschreibung des Datenerfassungssystems 55
2.2 EKG-Ableitungen und Bewegungsaufnehmer 55
2.3 On-line-Analyse emotional bedingter Herzfrequenzerhöhungen 56
2.4 Herzfrequenzvariabilität 59
2.5 Erhebung der Baseline 59

3. Erfassung der Befindens- und Verhaltensdaten 60

4. Fragebogen 63

5. Auswertung 63

5.1 Datenorganisation und Artefaktkontrolle 63
5.2 Sekundärauswertung 64
5.3 Statistische Auswertung 64

Kapitel 5: Ergebnisse und Diskussion 67

1. Beschreibung der Stichproben 69

1.1 Soziale Daten und Lebensgewohnheiten 69
1.2 Allgemeiner Gesundheitszustand und Krankheiten 71
1.3 Vorlieben, Schulnoten und subjektive Belastung 75

2. Analyse des Verhaltens 78

2.1 Fernsehnutzung 78
2.2 Schulzeit 87
2.3 Freizeit 87
2.4 Körperliche Belastungen 91
2.5 Soziale Kontakte 94

3. Emotionale Beanspruchung und subjektives Befinden 97

3.1 Basisdaten der Registrierung 97
3.2 Vergleich Tag versus Nacht 100
3.3 Beanspruchung und Befinden beim Fernsehen 104
3.4 Beanspruchung und Befinden in der Schule 108
3.4.1 Kernfächer versus Nebenfächer 109
3.4.2 Normaler Unterricht versus Klassenarbeit 114
3.5 Schulstress oder Freizeitstress? 117
3.5.1 Schulzeit versus Freizeit 117
3.5.2 Aufenthaltsort Schule versus sonstiger Aufenthaltsort 123
3.5.3 Schulzeit versus Fernsehen zu Hause 128

Kapitel 6: Zusammenfassende Bewertung und Diskussion 135

1. Bewertung der Methode 135

2. Ergebnisse im Überblick 136

2.1 Charakterisierung der Stichproben 136
2.2 Analyse des Verhaltens 137
2.3 Belastung und Beanspruchung in Schule und Freizeit 138

3. Diskussion 140

3.1 Umfang des Fernsehkonsums 140
3.2 Motivation zum Fernsehen 141
3.3 Emotionale Beanspruchung durch das Fernsehen 141
3.4 Fernsehen und Schule 142
3.5 Was können Eltern tun? 143

Kapitel 7: Ausblick 145

1. Allgemeine Entwicklung 145

2. Entwicklung von Kindern und Jugendlichen 146

Zusammenfassung 147

Literaturverzeichnis 152

Autorenregister 161

Sachregister 164

Kapitel 1:

Einleitung

Nach einer repräsentativen Befragung an über 3 600 Kindern im Alter von 6 bis 13 Jahren und deren Eltern haben 98 % der Haushalte in Westdeutschland und 100 % der Haushalte in Ostdeutschland ein Fernsehgerät (Klingler & Groebel, 1994). In 17 % der westdeutschen und 25 % der ostdeutschen Haushalte gehört den 6 bis 13jährigen Kindern ein Fernsehgerät bzw. steht ein Gerät im Kinderzimmer. Nach Angaben der Kinder sehen diese täglich 1,6 Stunden fern, wobei sich der Fernsehkonsum bei den 6 bis 7jährigen von 1,2 Stunden auf 2,0 Stunden bei den 12 bis 13jährigen steigert.

Im auffälligen Gegensatz zur Verbreitung und zur Nutzung des Fernsehens steht die Beurteilung des kindlichen Fernsehkonsums durch die Eltern. In Westdeutschland befürworten 68 % der Mütter und 70 % der Väter das Fernsehen ihrer Kinder eher nicht; in Ostdeutschland sind es 64 % und 65 %. Dabei sind die Eltern mehrheitlich der Ansicht, dass das Fernsehen die Kinder nervös mache und der Konzentrationsfähigkeit schadet, dass Fernsehen dem Kind wenig Zeit zum Spielen lasse und dass das Kind zu früh erfahre, was es Böses und Grausames in der Welt gibt. Diese negative Einstellung der Eltern dem Fernsehen gegenüber hat sich seit Ende der siebziger Jahre noch verstärkt. Auch die Kinder distanzieren sich vom Fernsehen. Auf die Frage, ob viel oder wenig fernsehen für Kinder besser ist, antworteten 80 % der Kinder im Westen und 78 % der Kinder im Osten, dass wenig fernsehen besser sei. Als Argumente gegen hohen Fernsehkonsum nannten 48 % der Kinder gesundheitliche Gründe (schlecht für die Augen, Kopfschmerzen), 10 % Vernachlässigung von Schularbeiten und 8 % Störungen des Kontakts zu anderen Kindern (Klingler & Groebel, 1994).

Fernsehen stellt – zumindest bei den älteren Kindern – die wichtigste Freizeitbeschäftigung dar. Bei der Beurteilung der möglichen Auswirkungen des Fernsehens ist aber sowohl bei den Eltern als auch bei den Kindern eine gewisse Unsicherheit festzustellen. Diese hat wohl mit der zum Teil exzessiven Nutzungsdauer zu tun, aber auch mit den Inhalten des Fernsehens. Man hat berechnet, das amerikanische Kinder bis zum Verlassen der Schule 14 000 Stunden in der Schule und 16 000 bis 20 000 Stunden vor dem Fernseher verbracht haben. Dabei werden in den normalen Programmen stündlich zwischen 7 und 10 Gewaltakte gezeigt. In den Zeichentrickfilmen ist dieser Anteil noch höher, er liegt zwischen 17 und 25 (Fosarelli, 1984). Vor allem die Eltern beschleicht bei dieser Sachlage das Gefühl, dass fernsehen ihren Kindern schaden kann.

Nach Kubey und Csikszentmihalyi (1990) gibt es zwar Tausende von Fragebogenuntersuchungen zum Fernsehverhalten, aber bisher ist nur wenig darüber bekannt, wie mit dem Fernsehen tatsächlich in der häuslichen Umgebung umgegangen wird. Im besonderen gibt es nur wenig Untersuchungen zu den durch das Fernsehen hervorgerufenen emotionalen Reaktionen. Es kommt hinzu, dass es noch kaum Untersuchungen über die möglichen physiologischen (körperlichen) Auswirkungen des Fernsehens gibt. Dies hat vor allem methodische Gründe, da es in der Vergangenheit entsprechende Systeme, mit denen physiologische Untersuchungen im Alltag vorgenommen werden können, nicht gab. Durch neuere Technologien des ambulanten Monitorings (Datenerfassung unter Alltagsbedingungen) werden jedoch solche Untersuchungen möglich (zusammenfassend Fahrenberg & Myrtek, 1996).

Die in diesem Beitrag verwendete Methodik des ambulanten Monitorings wurde ursprünglich im Rahmen eines Projektes zur Wahrnehmung von Körpervorgängen bei Patienten (z.B. Wahrnehmung von Herzbeschwerden) entwickelt. In mehreren Untersuchungen konnte die Methode bei Patienten mit Herzinfarkt (Myrtek, Brügner & Fichtler, 1990; Myrtek, Brügner, Fichtler & Müller, 1994; Myrtek, Fichtler, König, Brügner & Müller, 1994) und Patienten mit funktionellen Herz-Kreislaufstörungen (Myrtek et al., 1995) erfolgreich eingesetzt werden. Mit dieser Methode können aber auch andere Fragestellungen effektiv bearbeitet werden, insbesondere arbeitspsychologische bzw. arbeitsphysiologische Untersuchungen. Dies konnte in Untersuchungen an Fahrdienstleitern, Lokomotivführern und Busfahrern (Myrtek et al., 1994), Studenten im Universitätsalltag (Myrtek, Hilgenberg, Brügner & Müller, 1997; Myrtek, Weber, Brügner & Müller, 1996) und Arbeitnehmern in der Industrie (Myrtek, Fichtler, Strittmatter & Brügner, 1999) gezeigt werden. In den Untersuchungen an Patienten interessierten vor allem die physiologischen (körperlichen) und situativen Bedingungen bei der Wahrnehmung von Herzbeschwerden. Bei den Arbeitnehmern und Studenten dagegen standen die berufsspezifischen Belastungen und Beanspruchungen («Stress») und die möglicherweise damit verbundenen emotionalen Erregungen im Vordergrund.

In der vorliegenden Untersuchung an Schülern geht es um den «Arbeitsplatz Schule». Auch hier sollten die spezifischen Belastungen und Beanspruchungen des Schulalltags untersucht werden. Darüber hinaus ging es aber auch um die Beanspruchung in der Freizeit, wobei dem Fernsehverhalten unser besonderes Interesse galt. Insgesamt wurden 100 Schüler einer Realschule und 100 Schüler eines Gymnasiums untersucht. In jeder Schule wurden 50 Schüler der 5. und 6. Klassen (11 Jahre) und 50 Schüler der 9. und 10. Klassen (15 Jahre) in die Untersuchung aufgenommen. Mit diesem Untersuchungsplan können auch altersbedingte Veränderungen des Verhaltens und der physiologischen (körperlichen) Reaktionen untersucht werden. Die folgenden Fragestellungen sind von besonderer Bedeutung:

- Unterschiede bei den physiologischen Reaktionen und im Verhalten zwischen Schülern mit geringem und solchen mit hohem Fernsehkonsum.
- Altersbedingte Veränderungen der physiologischen Reaktionen und des Verhaltens.
- Ausmass der subjektiven Belastung und objektiven Beanspruchung während des Schulunterrichts, auch in Hinblick auf unterschiedliche Unterrichtsfächer («Schulstress»).

In der vorliegenden Arbeit werden arbeitswissenschaftliche Begriffe verwendet, deren Bedeutung im folgenden kurz erläutert wird: Unter *Belastungen* versteht man alle objektiven, von aussen auf den Menschen einwirkenden Faktoren, ohne Rücksicht auf deren Auswirkungen auf den Menschen (Rohmert & Rutenfranz, 1975). Der Begriff *Beanspruchung* hingegen kennzeichnet die Auswirkungen der Belastungen, die bei gleicher Belastung individuell unterschiedlich sein können. Belastungen kann man häufig mit physikalisch-technischen Methoden messen. Beanspruchungen dagegen können strenggenommen nur über physiologische Indikatoren (Reaktionen des Körpers) und durch subjektive Schätzungen des Arbeitenden erfasst werden. Folgende Belastungsgrössen sind nach Strasser (1982) beanspruchungswirksam:
- informatorisch-mentale Belastungen,
- sozial-emotionale Belastungen,
- physikalisch-situative Belastungen,
- energetisch-effektorische Belastungen.

Die informatorisch-mentalen und sozial-emotionalen Belastungen kann man als *psychische*, die physikalisch-situativen und energetisch-effektorischen Belastungen als *physische Belastungen* zusammenfassen.

Es sei an dieser Stelle erwähnt, dass zwischen der Arbeit der Schüler und der Arbeit der Erwachsenen kein prinzipieller Unterschied gesehen wird. Daher werden auch die bei der Analyse der Berufsarbeit bewährten Methoden übernommen. Diese Auffassung wird auch von anderen Autoren geteilt. So wird z.B. eine «Arbeitswissenschaft der Schule» gefordert (Berndt, 1982).

In praktisch allen Haushalten der BRD steht ein Fernsehgerät und in ca. 20 % der Haushalte ist sogar ein Gerät im Kinderzimmer aufgestellt. Für Kinder stellt das Fernsehen die wichtigste Freizeitbeschäftigung dar, wobei Zwölfjährige ca. zwei Stunden täglich fernsehen. Im Gegensatz zu der hohen Nutzung des Fernsehens steht die Kritik an diesem Medium. Die Eltern der Kinder sowie die Kinder selbst sind mehrheitlich der Meinung, dass fernsehen eher negativ zu bewerten ist. Wenig bekannt sind bisher die möglichen Auswirkungen des Fernsehens auf die emotionalen Reaktionen der Kinder, und nur wenige Studien befassten sich unter Laborbedingungen mit den physiologischen (körperlichen) Reaktionen. Untersuchungen unter den Alltagsbedingungen der Kinder gibt es bisher nicht. In neuerer Zeit sind jedoch durch die technische Entwicklung des ambulanten Monitorings Untersuchungen im Alltag möglich geworden. Die vorliegende Untersuchung an 200 Schülern der Altersstufen 11 bzw. 15 Jahre befasst sich mit der Belastung und Beanspruchung im Schulalltag und während der Freizeit, wobei das besondere Augenmerk dem Fernsehverhalten gilt. Folgende Fragen stehen bei dieser Untersuchung im Vordergrund: Physiologische Reaktionen und Verhaltensänderungen im Zusammenhang mit geringem bzw. starkem Fernsehkonsum, altersbedingte Veränderungen in den physiologischen Reaktionen und im Verhalten sowie das Ausmass der subjektiven Belastung und der objektiven Beanspruchung durch den Schulunterricht.

Kapitel 2:

Fernsehnutzung, Motivation zum Fernsehen und Fernsehwirkungen

Über das Fernsehen existiert eine sehr umfangreiche Literatur, die hier zwar repräsentativ, aber nur in Ausschnitten anhand neuerer Arbeiten referiert werden soll, damit die eigenen Befunde besser eingeordnet werden können. Es soll auch nicht explizit auf die verschiedenen theoretischen und methodischen Ansätze in der Medienforschung eingegangen werden. Es sei nur angemerkt, dass der eigene Ansatz der sogenannten rezipientenorientierten Forschung zuzurechnen wäre.

1. Fernsehnutzung

1.1 Fernsehdauer

Die durchschnittliche tägliche Fernsehdauer aller 6 bis 13jährigen Kinder in Westdeutschland betrug zwischen 1990 und 1993 95 Minuten, also ca. 1,6 Stunden (Klingler & Groebel, 1994). Differenziert man zwischen Viel- und Wenigsehern (Trennung der Stichprobe am Median) so finden sich bei den 12 bis 13jährigen Jungen die meisten Vielseher, während die meisten Wenigseher der Gruppe der 6 bis 7jährigen Mädchen angehören. Wichtig ist dabei, ob die Kinder einen eigenen Fernseher im Zimmer haben oder den Fernseher der Eltern mitbenutzen. Kinder mit eigenem Fernseher gehören zu 46 % zu den Vielsehern. Hammer (1996) berichtet über eine Untersuchung an 200 Kölner Familien mit 8 bis 11jährigen Kindern. Dabei korrelierte die Ausstattung der Kinderzimmer mit elektronischen Medien negativ mit dem Bildungsniveau der Familien. In jedem dritten Kinderzimmer der Haushalte der unteren Sozialschicht befand sich ein Fernsehgerät, in 22 % der Familien der mittleren und in keinem Zimmer der oberen Sozialschicht.

Der Fernsehkonsum ist zudem vom Wochentag abhängig (Klingler & Groebel, 1994). An Werktagen verbrachten die Kinder 1,4 Stunden vor dem Fernseher, am Samstag 2,2 und am Sonntag 1,9 Stunden. Die Hauptfernsehzeit der Kinder liegt an den Werktagen zwischen 18.00 und 21.00 Uhr. Mit zunehmendem Alter verschiebt sich naturgemäss der Hauptgipfel der Fernsehnutzung. Er liegt bei den jüngeren bei 18.30 Uhr bei den 10jährigen und älteren Kindern bei 20.00 Uhr. Am Samstag sitzen die Kinder auch noch später vor dem Bildschirm; ca. 25 % aller Kinder sahen noch um 22.00 Uhr fern.

Klingler und Groebel (1994) verglichen auch die Mediennutzung von 1979 mit der von 1990. Sie fanden 1990 keine Ausweitung der für die Medien aufgebrachten Gesamtzeit, wohl aber eine Umverteilung. So nahm die Nutzung des Fernsehens zu und die Nutzung des Hörfunks deutlich ab. Leichte Zunahmen waren auch bei der Nutzung von Kassetten/CD zu verzeichnen. Insgesamt ergibt sich aber eine Abnahme der Hörmedien zugunsten der Bildschirmmedien.

Ein Vergleich der Fernsehnutzung nach den Daten der GfK-Fernsehforschung (Gesellschaft für Konsumforschung) von 1985 bis 1994 zeigt, dass die Tagesreichweiten bei den Kindern in Westdeutschland relativ unverändert bei etwa 62 % liegen, d.h., dass 62 % aller Kinder von 6 bis 13 Jahren an einem durchschnittlichen Wochentag mindestens eine Minute pro Tag (Definition der Tagesreichweite) ferngesehen haben (Klingler & Groebel, 1994). Die Tagesreichweite für ostdeutsche Kinder, die seit 1992 ermittelt wird, liegt mit ca. 68 % deutlich höher. Die relativ unveränderten Tagesreichweiten dürfen aber nicht darüber hinwegtäuschen, dass die durchschnittliche Sehdauer aller Kinder pro Tag von 92 Minuten im Jahr 1985 auf 100 Minuten im Jahr 1993 zugenommen hat. In der ersten Hälfte des Jahres 1994 ging sie allerdings auf 96 Minuten zurück. Die Sehdauer aller Kinder in Ostdeutschland ist deutlich höher und liegt bei ca. 120 Minuten. Betrachtet man weiterhin die durchschnittliche Verweildauer (Zeit die ein Kind, wenn es an einem Tag fernsieht, vor dem Fernseher verbringt), so ist diese von 146 Minuten im Jahr 1985 auf 164 Minuten im Jahr 1993 gestiegen. Danach sehen 1993 zwar nicht mehr Kinder fern, sie sitzen aber deutlich länger vor den Bildschirm als 1985. Noch gravierender ist die Situation in Ostdeutschland. Dort sahen nicht nur mehr Kinder als in Westdeutschland fern, sie sitzen auch mit 181 Minuten länger vor dem Bildschirm.

Von 1995 auf 1996 ist die durchschnittliche Fernsehnutzung von 3 bis 13jährigen Kindern um sechs Minuten auf nunmehr 101 Minuten täglich angestiegen (Feierabend & Windgasse, 1997). Dieser Anstieg ist vor allem auf die Entwicklung in Ostdeutschland zurückzuführen, wobei ostdeutsche Kinder täglich fast eine halbe Stunde länger fernsehen als westdeutsche Kinder. In Westdeutschland sahen 10 bis 13jährige Kinder 1996 112 Minuten am Tag fern, die Altersgenossen in Ostdeutschland erreichten 141 Minuten. Für Personen ab 14 Jahren wurden 1996 in Westdeutschland 190 Minuten und in Ostdeutschland 216 Minuten pro Tag gemessen.

Ein gewisser Unterschied in der Fernsehnutzung lässt sich auch zwischen den terrestrisch versorgten Haushalten (mit 3 bis 5 Fernsehprogrammen) und den mit Kabel- bzw. über Satellit versorgten Haushalten (mehr als 20 Fernsehprogramme) feststellen. Bei ersteren wurde für die Kinder im Jahr 1993 eine Tagesreichweite von 62 % bei letzteren von 63 % ermittelt. Die durchschnittliche Sehdauer aller Kinder in Kabel/Satellitenhaushalten ist 10 Minuten grösser als die von Kindern in terrestrisch versorgten Haushalten.

In diesem Zusammenhang ist es vielleicht interessant, auch die Tagesreichweiten und die durchschnittliche Sehdauer für andere Altersgruppen zu nennen, z.B. für die Eltern der Kinder. Im Alter von 30 bis 39 Jahre liegt die Reichweite bei 72 % und die Sehdauer bei 161 Minuten, für die Altersgruppe von 40 bis 49 Jahre ergeben sich Werte von 74 % und 175 Minuten. Am längsten schauen Personen über 65 Jahre fern; ihre Reichweite beträgt 83 % bei einer Sehdauer von 242 Minuten. Insgesamt ist festzustellen, dass die Erwachsenen noch mehr fernsehen als die Kinder.

Sehr viel länger sehen amerikanische Kinder fern. In den amerikanischen Haushalten lief 1975/76 das Fernsehgerät 371 Minuten täglich, 1980/81 waren es 404 Minuten. In einer 1978 durchgeführten Untersuchung mussten 35 % der befragten kalifornischen Familien als «constant television households» klassifiziert werden. Bei diesen Familien läuft der Fernseher durchgängig von morgens bis abends. Allerdings sahen 1978 die erwachsenen Zuschauer nur durchschnittlich 255 Minuten und Kinder im Alter von 6 bis 12 Jahren ca. 210 Minuten fern (Winterhoff-Spurk, 1986). Zillmann und Bryant (1998) berichten, dass 1995 pro Tag in einem durchschnittlichen US-Haushalt ein oder mehrere Fernsehgeräte über sieben Stunden angeschaltet waren. Ein US-Bürger widmete 1995 durchschnittlich 40 % seiner Freizeit dem Fernseherlebnis. Damit schauen amerikanische Bürger annähernd zweieinhalb mal so viel fern wie der Weltdurchschnitt, der bei ca. 20 Stunden pro Woche liegt.

Die Fernsehnutzung hat in den USA von 1973 bis 1978 beträchtlich zugenommen, denn eine grosse Befragung bei 11jährigen Kindern im Jahre 1973 ergab eine Fernsehnutzungszeit von lediglich 130 Minuten täglich (Strasburger, 1986). Zum Vergleich seien noch weitere Freizeitaktivitäten aus dieser Untersuchung genannt: freies Spiel 86 Minuten, organisierte Aktivitäten 36 Minuten und lesen 13 Minuten täglich. In den Jahren 1980/81 sahen nach Anderson, Lorch, Field, Collins und Nathan (1986) 6 bis 11jährige amerikanische Kinder 208 Minuten täglich fern. In der kalifornischen Untersuchung von Taras, Sallis, Patterson, Nader und Nelson (1989) an 66 3 bis 8jährigen Kindern verbrachten diese täglich 183 Minuten vor dem Fernseher. Dabei ist die hohe Standardabweichung von 105 Minuten bemerkenswert, da sie auf grosse Unterschiede bei der Häufigkeit des Fernsehens schliessen lässt. Nach Fosarelli (1984) sehen vor allem Kinder aus Familien mit niedrigem sozioökonomischen Status viel fern. Bei Meltzoff (1988) wird eine tägliche Fernsehnutzungszeit von 240 Minuten bei 2 bis 5jährigen Kindern erwähnt.

In der Studie von Lawrence und Wozniak (1989) wurde untersucht, mit welchen Familienangehörigen Kinder aus amerikanischen Familien (Haushalte mit zwei Eltern und zwei Kindern) fernsehen. Hierzu wurde die den Haushalt führende Person (in der Regel die Mutter) nach den Fernsehgewohnheiten befragt. Die Studie umfasste 151 Kinder im Alter von 6 bis 17 Jahren. Insgesamt sahen die Kinder zu

65 % mit anderen Familienangehörigen fern. Dabei wurde zu 14 % (bezogen auf die gesamte Sehzeit) mit der gesamten Familie, zu 30 % nur mit dem Geschwister, zu 8 % nur mit der Mutter und zu 13 % nur mit dem Vater ferngesehen.

> Kinder im Alter zwischen 6 und 13 Jahren sehen durchschnittlich ca. 95 Minuten täglich fern, wobei die Hauptfernsehzeit an Werktagen zwischen 18.00 und 21.00 Uhr liegt. Nach einer neuen Untersuchung sahen im Jahr 1996 10 bis 13jährige westdeutsche Kinder 112 und ostdeutsche Kinder 141 Minuten am Tag fern. Für Personen ab 14 Jahren werden tägliche Sehzeiten von 190 Minuten (Westdeutschland) bzw. 216 Minuten (Ostdeutschland) angegeben. Kinder in Haushalten mit Kabel bzw. Satellitenanschluss sehen 10 Minuten länger fern als Kinder aus terrestrisch versorgten Haushalten. Noch länger als die Kinder sehen Erwachsene fern, hier vor allem die Altersgruppe über 65 Jahre.
> Die Sehzeiten amerikanischer Kinder liegen mit ca. 210 Minuten täglich deutlich höher als die Zeiten der deutschen Kinder. Ein erwachsener US-Bürger widmet durchschnittlich 40 % seiner Freizeit dem Fernsehen. Dabei ist die Fernsehnutzung bei Familien mit niedrigem sozioökonomischen Status höher.

1.2 Viel- und Wenigseher

In einer Untersuchung aus den Jahren 1979/1980 wurden 3 000 Erwachsene und 550 Kinder an jeweils vier, über die Jahreszeiten verteilten Wochen zum Fernsehkonsum befragt (Buß, 1985). Als erwachsene Vielseher wurden in dieser Untersuchung Personen bezeichnet, die durchschnittlich mehr als drei Stunden pro Tag fernsehen. Durchschnittsseher sehen täglich zwischen einer und drei Stunden fern, im Mittel also zwei Stunden. Entsprechend sehen Wenigseher unter einer Stunde täglich fern. Gemäss dieser Definition wurden 27 % Vielseher und ebenfalls 27 % Wenigseher ermittelt; die restlichen 46 % umfasste die Gruppe der Durchschnittsseher. In diese Berechnung gingen 12 % der Befragten nicht ein, weil sie überhaupt nicht ferngesehen hatten. Der Mittelwert der erwachsenen Vielseher lag bei 4 Stunden und 7 Minuten. Für Kinder (3 bis 13jährige) wurde das Vielsehen mit mehr als einer Stunde und 50 Minuten täglich definiert; Wenigseher sahen unter 41 Minuten täglich fern. Vielsehende Kinder (28 % der Befragten) sahen täglich 2 Stunden und 44 Minuten fern, kindliche Durchschnittsseher (42 %) eine Stunde und 14 Minuten und wenigsehende Kinder (30 %) sahen 20 Minuten fern.

Erwachsene Vielseher verbrachten praktisch keinen Tag ohne fernsehen; fernsehfreie Tage gab es nur gezwungenermassen. Knapp die Hälfte der Vielseher (47 %) begannen bereits vor 19.00 Uhr fernzusehen, bei den Durchschnittssehern waren es 9 % und bei den Wenigsehern 2 %. In dieser Untersuchung wurde auch danach gefragt, ob Wenigseher im Vergleich zu Vielsehern möglicherweise gezielter bestimmte Sendungen nutzen. Diese Analyse zeigte keine Unterschiede zwischen den Gruppen. Das Ergebnis gilt sowohl für Erwachsene als auch für Kinder.

In einer neueren Analyse von Schulz (1997) anhand einer Befragung von über 6 000 Personen wurden als Vielseher solche Personen bezeichnet, die an Werktagen 210 und an den Wochenenden 240 Minuten fernsahen. Wenigseher dagegen sahen an Werktagen maximal 75 und an den Wochenenden 90 Minuten fern. In der Untersuchung wurde festgestellt, dass Vielseher oft ältere Personen mit wenig formaler Schulbildung sind. Sie leben meist in Ein- oder Zwei-Personen-Haushalten und häufiger in den neuen Bundesländern. Vielseher weisen zudem eine starke Bindung an das Fernsehen auf. So würden 71 % der Vielseher, aber nur 38 % der Wenigseher das Fernsehen gegenüber allen anderen Medien vorziehen. Während die Wenigseher überwiegend Informationssendungen präferieren, sind Vielseher wenig wählerisch und konsumieren das Programmangebot sehr breit und unspezifisch. Vielseher bevorzugen zudem die privaten Sender.

Die Einteilung einer Stichprobe nach Viel- und Wenigsehern ist eine Definitionsfrage. In einer grösseren Untersuchung an 3 bis 13jährigen Kindern wurden Kinder mit einem Fernsehkonsum unter 41 Minuten täglich als Wenigseher und Kinder mit einem Konsum von 111 Minuten und mehr als Vielseher bezeichnet. Legt man diese Definition zugrunde, so ergaben sich in der Stichprobe 30 % Wenig-, 42 % Durchschnitts- und 28 % Vielseher. Die Wenigseher sahen dabei im Durchschnitt 20 Minuten, die Durchschnittsseher 74 und die Vielseher 164 Minuten täglich fern.
Erwachsene wurden in dieser Untersuchung bei einem Konsum von bis zu einer Stunde als Wenigseher und bei einem Konsum von mehr als drei Stunden als Vielseher bezeichnet. Erwachsene Vielseher sind öfter ältere Personen mit geringer Schulbildung, die das Programmangebot sehr breit konsumieren. Dabei werden private Sender bevorzugt.

1.3 Programm- und Senderpräferenzen

Nach der Untersuchung von Klingler und Groebel (1994) an 6 bis 13jährigen Kindern gaben 38 % der westdeutschen Kinder an, Zeichentrickfilme am liebsten zu sehen. Es folgten Actionfilme (14 %), Familienserien (13 %), Tierfilme (12 %), Quiz- und Showsendungen (9 %), Krimis (8 %), Zukunftsserien (8 %), Kindersendungen (7 %), Western (5 %), lustige Filme (4 %), Hitparaden- und Musiksendungen (3 %), Unterhaltungsserien (3 %), Nachrichten (1 %) Werbung (1 %), Sendungen über Natur und Technik (1 %), politische Sendungen (0 %) und Jugendsendungen (0 %). Als besonders beliebte Einzeltitel wurden von den Kindern

«Knight Rider» (11 %), «Sendung mit der Maus» (10 %) und «Sesamstrasse» (10 %) genannt.

Die vorstehenden Zahlen stimmen allerdings nicht mit der Nutzungshäufigkeit überein. Bei der Frage, welche Sendungen von den Kindern besonders oft gesehen werden, ergibt sich folgende Rangreihe: Zeichentrickfilme (61 %), Werbung (40 %), Tierfilme (39 %), lustige Filme (37 %), Quiz- und Showsendungen (37 %), Kindersendungen (35 %), Actionfilme (32 %), Zukunftsserien (24 %), Familienserien (23 %), Western (22 %), Sportsendungen (21 %), Unterhaltungsserien (20 %), Popmusiksendungen (19 %), Krimis (17 %), Sendungen über Natur und Technik (15 %), Nachrichten (12 %), Jugendsendungen (10 %), Liebes- und Heimatfilme (6 %) und politische Sendungen (1 %). Es fällt auf, dass gegenüber den dominierenden Zeichentrickfilmen die speziell für Kinder erstellten Sendungen stark abfallen. Die «pädagogisch wertvollen» Sendungen sind danach weit weniger beliebt.

Von Bedeutung sind auch die Präferenzen für bestimmte Sender, vor allem die Unterscheidung in öffentlich-rechtliche und private Sender, deren Angebote qualitativ und quantitativ recht verschieden sind. Nach Krüger (1996a) werden von Kindern vor allem die folgenden Sender genutzt: RTL, PRO7, SAT1, RTL2, ARD und ZDF. Der Autor untersuchte eine Programmwoche der genannten Sender im März 1994 in Hinblick auf den Anteil und die Intensität von Gewaltdarstellungen. Eine gleichzeitige Verknüpfung mit den GfK-Daten für 6 bis 13jährige Kinder ermöglichte eine Schätzung, wie weit Kinder mit Gewaltdarstellungen konfrontiert werden. RTL und PRO7 waren mit 40,3 % und 33,3 % (genutzter Anteil am Gesamtangebot des Senders) für die Kinder die attraktivsten Sender; ARD und ZDF waren mit 11,7 % und 5,8 % ziemlich unattraktiv. Der Sender RTL2 wurde zu 9,0 % und der Sender SAT1 zu 7,9 % genutzt. Die Analyse der Gewaltraten (Dauer der Gewaltdarstellungen am Programmumfang in Prozent) ergab folgende Rangreihe: PRO7 (7,3 %), RTL2 (4,2 %), RTL (3,3 %), SAT1 (2,8 %), ARD (2,3 %) und ZDF (2,1 %). Somit haben die Privatsender den höchsten Gewaltanteil in ihren Sendungen. Da die Privaten von den Kindern präferiert werden, entfallen 90 % der von Kindern gesehenen Gewaltdarstellungen auf die privaten Sender und weniger als 10 % auf die öffentlich-rechtlichen Programme. Bei letzteren kommen die Gewaltdarstellungen im wesentlichen aus Nachrichtensendungen und Zeichentrickfilmen. Bei den Privaten resultieren Gewaltdarstellungen vor allem aus Actionfilmen und ebenfalls aus Zeichentrickfilmen. Auch 1996 wurden ähnliche Senderpräferenzen wie 1994 beobachtet (Feierabend & Windgasse, 1997). PRO7 war bei 3 bis 13jährigen Kindern mit einem Marktanteil von 17,2 % der erfolgreichste Sender, dicht gefolgt von RTL mit 16,1 %. RTL2 erreichte 11,3 %, ARD 8,5 %, SAT1 8,3 % und ZDF 6,1 %. Neu hinzugekommen ist Super RTL mit einem Marktanteil von 12,0 %. Die Privatsender liegen demnach auch in dieser Untersuchung weit vor den öffentlich-rechtlichen Sendern.

Nach Kiefer (1996) wird in beiden Teilen Deutschlands das politische Informationsangebot im Fernsehen 1995 im Vergleich zu 1990 seltener genutzt. Im Westen ist der Anteil der Nutzer politischer Information von 81 % auf 72 %, im Osten von 84 % auf 72 % gesunken. Dafür hat in beiden Teilen Deutschlands die Unterhaltung an Bedeutung gewonnen. Das Publikum öffentlich-rechtlicher Programme nutzt das politische Informationsangebot häufiger als das Publikum privater Programme. In dieser Untersuchung wurde weiterhin festgestellt, dass Anhänger des privaten Fernsehens der politischen Information auch im Hörfunk und in der Tageszeitung stärker ausweichen.

Krüger (1996b) stellt fest, dass öffentlich-rechtliche und private Programme deutlich voneinander abweichende Programmprofile haben. ARD und ZDF bieten 1995 fast dreimal soviel Information wie RTL, SAT1 und PRO7. Letztere strahlen mehr Unterhaltung und Werbung aus. Von 1986 bis 1995 ist das Nachrichtenangebot von ARD/ZDF von 15 % in der Hauptsendezeit von 19.00 Uhr bis 23.00 Uhr auf 18 % angestiegen, bei RTL/SAT1 aber von 13 % auf 4 % gefallen. Auch qualitativ sind die Unterschiede im Informationsangebot hoch. Bei den öffentlich-rechtlichen Sendern werden Politik, Wirtschaft, Gesellschaft und Kultur breit thematisiert, während bei den privaten Sendern eher Alltag, Sensationen, Katastrophen und abweichende Verhaltensformen eine Rolle spielen. Der Werbeanteil von ARD und ZDF betrug 1985 3 % und ist bis 1995 auf 2 % gesunken. Bei RTL stieg im selben Zeitraum der Werbeanteil von 3 % auf 14 %, bei SAT1 von 1 % auf 19 %. Um die Aufmerksamkeit des Zuschauers zu gewinnen, wird zudem die Programmdynamik (Zahl der Programmeinheiten pro Stunde) zunehmend erhöht. Sie stieg bei den Öffentlich-rechtlichen von 2,4 Einheiten (1985) auf 5,5 Einheiten (1995) bei RTL von 7,1 auf 13,2 und bei SAT1 von 5,7 auf 11,9 Einheiten.

In der erwähnten Untersuchung von Schulz (1997) präferierten die Wenigseher überwiegend Informationssendungen während die Vielseher wenig wählerisch waren und das Programmangebot sehr breit und unspezifisch konsumierten. Vielseher bevorzugten zudem die privaten Sender. In dieser Untersuchung wurde versucht, die Gründe für das Vielsehen von öffentlich-rechtlichen und das Vielsehen von privaten Sendern zu differenzieren. Danach nimmt mit zunehmendem Alter die Disposition zu einer stärkeren Nutzung der öffentlich-rechtlichen Programme zu. Jüngere Vielseher präferieren dagegen die privaten Programme. Im Hinblick auf den Bildungsgrad ergibt sich, dass bei geringerer Bildung mehr private Programme gesehen werden. Beide Nutzergruppen zeigen ein nur geringes Interesse für kulturelle und musische Betätigungen, was vor allem für die Nutzer privater Programme gilt. Vielseher der Öffentlich-rechtlichen interessieren sich besonders für Politik aber wenig für Unterhaltung.

Von Kindern werden Zeichentrickfilme am liebsten gesehen. Mit grösserem Abstand folgen Actionfilme, Familienserien, Tierfilme und Showsendungen. Kinder-

und Jugendsendungen sind dagegen im Vergleich zu den genannten Sendungen nachrangig. Diese Rangreihe der Beliebtheit stimmt aber nicht ganz mit der Nutzungshäufigkeit überein, da die Sender die Programme vorgeben. Besonders oft werden Zeichentrickfilme, Werbung, Tierfilme, lustige Filme, Showsendungen und Kindersendungen gesehen. Von Kindern werden folgende Sender oft genutzt (in absteigender Reihenfolge): RTL, PRO7, ARD, RTL2, SAT1 und ZDF. Die Privatsender werden demnach bevorzugt. Das Programmprofil der Privatsender bevorzugt Unterhaltung und Werbung, wobei häufig Sensationen und abweichende Verhaltensformen thematisiert werden. Dagegen bieten die öffentlich-rechtlichen Sender vor allem Information; dabei werden Politik, Wirtschaft und Gesellschaft thematisiert. Eine Analyse der Gewaltdarstellungen zeigte, dass diese bei den Privatsendern sehr viel häufiger sind als bei den Öffentlich-rechtlichen, wobei bei letzteren die Darstellungen aus den Nachrichten und aus Zeichentrickfilmen kommen.

2. Motivation zum Fernsehen

Von Zillmann und Bryant (1998) werden zwei dominante Ansätze zur Untersuchung der Motive des Fernsehens herausgestellt, den «Uses and Gratifications-Ansatz» und den «Selective Exposure-Ansatz». In dem Nutzen- und Gratifikationsansatz (Rubin, 1994) werden die Funktionen untersucht, welche das Fernsehen für den Zuschauer hat. Dabei wird der Zuschauer nicht als dem Fernsehen passiv ausgeliefert gesehen, sondern als aktiv gestaltend, um seine Bedürfnisse zu befriedigen. Folgende Bedürfnisse können dabei u.a. eine Rolle spielen: Flucht vor unangenehmen Aspekten des Lebens, Suche nach Entspannung, Verbesserung der Stimmung, Informationsbedürfnis und parasoziale Interaktionen mit Medienfiguren (z.B. der immer wiederkehrende Held mit konstanten Eigenschaften). Diese verschiedenen Bedürfnisse bzw. Motive sind abhängig von der Persönlichkeit des Zuschauers und verschiedenen sozioökonomischen Faktoren (z.B. Geschlecht, Alter, soziale Schicht, soziale Isolation).

Während der Uses and Gratifications-Ansatz von Bedürfnisbefriedigungen ausgeht, deren sich die Zuschauer bewusst sind, wird beim Selective Exposure-Ansatz diese Annahme nicht gemacht. Nach dem zweiten Ansatz (Zillmann & Bryant, 1985) wird der Zuschauer mit einer Fülle von Programmoptionen konfrontiert, testet eine Wahlmöglichkeit und bleibt dabei, wenn das Programm ihn fasziniert. Falls es ihn langweilt, schaltet er weiter zur nächsten Programmoption. Der Zuschauer ist dabei ein «channel surfer», der sich eher gedankenlos verhält und aufgrund seiner spontanen hedonistischen Launen das Programm ansieht, bei dem er sich im Moment am wohlsten fühlt. In einem Experiment wurden die Probanden entweder in einen Zustand der Langeweile oder einen Stresszustand versetzt und erhielten danach die Möglichkeit fernzusehen, wobei sie frei entscheiden konnten, was sie sehen wollten (Zillmann & Bryant, 1998). Damit wurde die Hypothese getestet, ob die Probanden Sendungen wählen, die geeignet sind, ihren Erregungszustand zu normalisieren. Die Hypothese wurde von den Daten gestützt. Nach dieser Mood-Management-Theorie dienen Fernsehpräferenzen dazu, eine schlechte Laune zu verbessern.

Die beiden genannten Ansätze haben bestimmte Vor- und Nachteile, die hier nicht weiter diskutiert werden sollen. Vermutlich sind beide Ansätze in unterschiedlichen Situationen und bei verschiedenen Personen richtig und müssen sich nicht wechselseitig ausschliessen. Im folgenden soll über einige Untersuchungen berichtet werden die sowohl die Verbesserung der Stimmung wie auch die unterschiedlichen Bedürfnisse der Zuschauer zum Gegenstand haben.

2.1 Verbesserung der Stimmung und Langeweile

Speziell zum Aspekt der Verbesserung der Stimmung existiert eine Reihe von Untersuchungen. Die generelle Hypothese dieser Untersuchungen besagt, dass Vielseher das Fernsehen dazu benutzen, negativen Gefühlen und den Anforderungen der Realität zu entfliehen. In den sog. Beeper-Studien wurden mit einem Radiosender über einen entsprechenden Empfänger den Teilnehmern an den Studien zufällige Rufzeichen gegeben. Diese forderten die Teilnehmer auf, ihre augenblickliche Stimmung in vorgegebenen Tagebüchern einzustufen. Über einen Zeitraum von einer Woche wurden so von 8.00 Uhr bis 22.00 Uhr täglich zwischen sieben und neun Einstufungen vorgenommen (Kubey, 1986; Kubey & Csikszentmihalyi, 1990; Kubey & Larson, 1990; Larson, Kubey & Colletti, 1989). In einer Studie an 107 Arbeitnehmern in Chicago (Kubey, 1986) wurden die Hypothesen geprüft dass (1) unzufriedene Arbeitnehmer, (2) Personen mit negativen sozialen Interaktionen und (3) Personen, die sich beim Nichtstun («unstrukturierte Zeit») unwohl fühlen, mehr fernsehen. Die beiden ersten Hypothesen konnten nicht bestätigt werden, wohl aber die dritte. In Situationen des Nichtstuns (z.B. auf etwas warten, Tagträumen, Dasitzen und nichts tun) gepaart mit schlechter Stimmung (traurig, feindselig, einsam, irritierbar) war der Fernsehkonsum signifikant grösser. Dabei war der Fernsehkonsum bei Personen aus gescheiterten Ehen, bei Personen mit niedrigem Einkommen und Personen mit geringer Schulbildung besonders hoch. Kubey folgert, dass die negative Stimmung bestimmter Personengruppen zu hohem Fernsehkonsum führt und nicht umgekehrt hoher Fernsehkonsum zu negativer Stimmung beiträgt. Er weist auch auf einen Teufelskreis hin, wonach Vielsehen sich weiter verstärken kann. Wenn Zuschauer von den strukturierten Stimuli des Fernsehen abhängig werden, steigt die Unfähigkeit, die Freizeit, die naturgemäss nicht immer strukturiert ist, zu ertragen und sehen daher noch mehr fern.

Kubey und Csikszentmihalyi (1990) untersuchten die Frage, ob sich Personen vor einem langen Fernsehabend anders fühlen als vor einem Abend mit wenig fernsehen. Es zeigte sich, dass die Stimmung am Nachmittag vor einem langen Fernsehabend negativer war als vor einem kurzen. Dabei bestand die Tendenz, dass die Teilnehmer an der Studie vor einem langen Fernsehabend öfter allein waren als vor einem kurzen, was einen Hinweis auf parasoziale Motive gibt. Fernsehen hilft beim Alleinsein durch die bekannten Fernsehfiguren die Illusion aufrecht zu erhalten, mit anderen Personen zusammen zu sein. Die Autoren machen darauf aufmerksam, dass Fernsehen leicht zur Gewohnheit wird. Fernsehen ist immer verfügbar, gleich zu welcher Tageszeit. Der Zuschauer erhalte beim Einschalten des Fernsehers sofort eine Belohnung in Form von Entspannung und Zerstreuung, wobei diese Verbesserung der Stimmung lerntheoretisch durch operante Konditionierung (Lernen am Erfolg) mit dem Fernsehen verknüpft wird. Sie zitieren eine Studie, wonach schon Vier- und Fünfjährige lernen, das Fernsehen zur Verbesserung ihrer Stimmung einzusetzen.

Krampen, Viebig und Walter (1982) befragten eine nicht repräsentative Stichprobe von 191 Erwachsenen nach ihrer Motivation fernzusehen. Dabei wurden folgende Motive genannt (in absteigender Reihenfolge): «Interessante Sendung angekündigt», «Freude haben», «um zu lernen», «nichts Besseres zu tun», «Alltagssorgen entfliehen», «Programm weiterlaufen lassen», «Mitreden können», «Einsamkeitsgefühle vermeiden» und «sich nicht ausschliessen wollen, wenn andere Personen im Haushalt fernsehen».

Fernsehen kann offenbar auch süchtig machen. So wird von McIlwraith, Jacobvitz, Kubey und Alexander (1991) berichtet, dass Fernsehsüchtige im Vergleich zu Normalpersonen signifikant häufiger dann fernsehen, wenn sie sich in schlechter Stimmung befinden (allein, traurig, ängstlich, etc.) oder um sich von beunruhigenden Dingen abzulenken. In einer Studie von Winick (1988; zitiert nach Kubey & Csikszentmihalyi, 1990) wurden Familien untersucht, deren Fernseher in Reparatur war. Während der fernsehlosen Zeit fand der Autor eine höhere Ängstlichkeit und Aggressivität bei den Familienmitgliedern.

Klingler und Groebel (1994) stellten fest, dass Langeweile den Fernsehkonsum fördert. So gaben 32 % der Kinder an, bei Langeweile den Fernseher einzuschalten. Diese Reaktion nahm zudem mit dem Alter der Kinder zu. Bei den 6 bis 7jährigen berichteten 27 % über eine solche Reaktion, bei den 12 bis 13jährigen waren es 37 %. Kinder aus Familien der Oberschicht zeigten dieses Verhalten etwas seltener (29 %) als Kinder aus Familien der Unterschicht (34 %).

> Mehrere Studien konnten nachweisen, dass das Fernsehen zur Verbesserung der Stimmung eingesetzt wird. Schlechte Stimmung kommt vor allem dann auf, wenn sich eine Person langweilt. Ein weiteres Motiv zum Fernsehen liegt in der parasozialen Interaktion. Beim Alleinsein vermitteln die bekannten Fernsehfiguren die Illusion, mit anderen Personen zusammen zu sein. Fernsehen wird leicht zur Gewohnheit und kann sogar süchtig machen. Psychologisch lässt sich dies über die operante Konditionierung (Lernen am Erfolg) erklären. Fernsehen ist immer verfügbar, und der Zuschauer erhält beim Einschalten sofort eine Belohnung in Form von Entspannung und Zerstreuung. Daraus kann ein Teufelskreis entstehen, wonach der vom Fernsehen abhängige Zuschauer immer weniger in der Lage ist, unstrukturierte Zeit zu ertragen und deshalb noch mehr fernsieht.

2.2 Erlebnisbedürfnisse

Klingler und Groebel (1994) ermittelten die Erlebnisbedürfnisse der Kinder und verglichen Viel- mit Wenigsehern. Mit Bildkärtchen und der Frage, welche Tätigkeit die Kinder am liebsten machen würden (reale Erlebnisse), wurden intellektuelle (Lesen), soziale (z.B. Tanzen) und risikoreiche (Fallschirmspringen) Erlebnisbedürfnisse angesprochen. Dabei präferierten Vielseher mit 43 % risikoreiche Bedürfnisse, während diese nur 37 % der Wenigseher äusserten. Intellektuelle Bedürfnisse wurden hingegen öfter von den Wenigsehern (40 %) als von den Vielsehern (32 %) präferiert. Die Unterschiede bei den sozialen Bedürfnissen waren gering; 24 % der Vielseher und 22 % der Wenigseher nannten solche Bedürfnisse. In ähnlicher Weise wurde nach den Medienerlebnissen gefragt. Dabei wurde nach der Beliebtheit von intellektuellen (Information), sozialen (Show) und risikoreichen (Action) Fernsehsendungen gefragt. Die Vielseher sahen mit 48 % lieber Action als die Wenigseher (39 %). Fernsehshows waren dagegen bei den Wenigsehern etwas beliebter (42 %) als bei den Vielsehern (38 %). Kaum Unterschiede zeigten Informationssendungen: 13 % bei den Viel- und 14 % bei den Wenigsehern. Die Autoren sind der Ansicht, dass das Fernsehen eine wichtige Funktion für die Befriedigung solcher Bedürfnisse habe, die in normalen Alltagssituationen nicht erreichbar sind.

> Fernsehen kann auch aus dem Bedürfnis resultieren, etwas erleben zu wollen. Dieses Bedürfnis scheint bei Vielsehern ausgeprägter als bei Wenigsehern zu sein, wie eine Untersuchung zeigt. Dies würde den Hang der Vielseher zu Action-Sendungen erklären.

3. Fernsehwirkungen

3.1 Positive Fernsehwirkungen

Die Zahl der Untersuchungen über positive Fernsehwirkungen ist im Vergleich zu den Untersuchungen über negative Wirkungen gering. Solche Untersuchungen wurden in der Regel nur im Zusammenhang mit bestimmten Sendungen, z.B. «Sesamstrasse», durchgeführt. Mit Testuntersuchungen, die vor den Sendungen und ein Jahr danach durchgeführt wurden, konnte man nachweisen, dass bestimmte Fertigkeiten der Kinder, z.B. Buchstaben- und Zahlenwissen, positiv beeinflusst worden waren (Winterhoff-Spurk, 1986). Rice und Woodsmall (1988) konnten nachweisen, dass 3 bis 5jährige Kinder im Vergleich zu einer Kontrollgruppe über das Fernsehen den Gebrauch von schwierigen Wörtern erlernen konnten. Positive Erfahrungen mit dem Fernsehen werden auch von einer kanadischen Untersuchung an hospitalisierten Kindern berichtet (Guttentag, Albritton & Kettner, 1983). Dabei wurde den Kindern mit speziellen Sendungen die Angst und Langeweile im Krankenhaus vertrieben.

Gunter und McAleer (1990) zeichnen in ihrer Übersichtsarbeit ein eher positives Bild vom Fernsehen. Kinder müssen lernen, wie man sich in den verschiedenen sozialen Situationen benehmen muss. Die Akteure im Fernsehen können als Vorbilder dienen, verschiedene soziale Rollen zu erlernen. Das gelte insbesondere für die Geschlechtsstereotype und Einstellungen zu Minoritäten. Die Autoren belegen den positiven Einfluss des Fernsehens mit Untersuchungen, in denen Filme, die zu pädagogischen Zwecken hergestellt wurden, verwendet wurden. Dabei besteht kaum Zweifel, dass sich solche positiven Darstellungen auch positiv auswirken können. Von den Autoren wird jedoch übersehen, dass der bevorzugte Fernsehkonsum der Vielseher gerade nicht auf «wertvolle» Sendungen ausgerichtet ist, wie die zahlreichen Untersuchungen zu den Programmpräferenzen belegen.

Im Zusammenhang mit Sendungen, die pädagogischen Zwecken dienen, gibt es einige Untersuchungen, die positive Fernsehwirkungen belegen. Kinder haben nach dem längerfristigen Konsum solcher Sendungen z.B. ein besseres Zahlenwissen oder beherrschen den Gebrauch von schwierigen Wörtern. Solche Sendungen bestimmen aber nur zu einem kleinen Prozentsatz das Fernsehangebot. Es kommt hinzu, dass die Vielseher, um die es vor allem geht, gerade solche Sendungen eher meiden.

3.2 Emotionale Wirkungen von Fernsehen und Filmen

Zillmann und Bryant (1982) stellten einen abstumpfenden Effekt bei der Darbietung erotischen Materials fest. Sie untersuchten jeweils 80 Studentinnen und Studenten und teilten diese in vier Gruppen auf. Einer Gruppe wurde in sechs aufeinander folgenden Wochen jeweils sechs Kurzfilme pornographischen Inhalts gezeigt, eine zweite Gruppe sah jeweils drei pornographische und drei neutrale Filme und eine dritte Gruppe sah ausschliesslich neutrale Filme. Eine vierte Gruppe schliesslich füllte nur Fragebogen aus, ohne Filme gesehen zu haben. In der neunten Woche wurden die Probanden zu ihren Einstellungen befragt. Dabei zeigten sich dosisabhängige Effekte. Im Vergleich zu den beiden letzten Gruppen vermuteten die Gruppen, denen pornographische Filme gezeigt wurden, eine prozentual grössere Verbreitung ungewöhnlicher sexueller Praktiken in der amerikanischen Bevölkerung, befürworteten eine grössere Freizügigkeit bei der Sendung erotischer Filme und sahen Vergewaltigung als weniger schlimmes Verbrechen an.

In einer weiteren Untersuchung von Zillmann und Bryant (1988) an 80 Studentinnen und Studenten (Alter ca. 22 Jahre) und 80 Nichtstudenten (Frauen und Männer; Alter ca. 34 Jahre) konnte der abstumpfende Effekt wiederholter Darbietungen von pornographischen Darstellungen erneut nachgewiesen werden. Die Probanden wurden gleichmässig auf zwei Gruppen aufgeteilt, von denen die eine sechsmal im Wochenabstand einstündige Comedy-Sendungen, die andere Gruppe im selben Zeitformat pornographische Filme sah. Nach jeder Sitzung füllten die Probanden beider Gruppen Fragebogen über die formalen Aspekte der Filme (Kameraführung, Filmmusik, etc.) aus. In der siebenten Woche wurde den Probanden mitgeteilt, dass die Filmuntersuchung beendet sei, und dass sie jetzt an einer neuen Untersuchung zur Beurteilung sozialer Verhältnisse teilnehmen würden. Dabei wurden Fragebogen bezüglich der Einstellung zur Ehe und zur persönlichen Zufriedenheit, vor allem im sexuellen Bereich, vorgegeben. Zwischen den beiden Gruppen ergaben sich hoch signifikante Unterschiede in der Beurteilung der sexuellen Zufriedenheit. Probanden der Pornographie-Gruppe waren unzufriedener mit ihrem Partner, dessen Aussehen, seiner emotionalen Zuneigung, seiner Sexualität und seiner sexuellen Neugierde. Darüber hinaus befürworteten sie sexuelle Kontakte ohne stärkere emotionale Bindungen. Weitere signifikante Effekte (Geschlecht, Studenten - Nichtstudenten) oder Wechselwirkungen ergaben sich nicht. Demnach kann man von einem einheitlichen, negativen Pornographieeffekt auf die sexuelle Zufriedenheit sprechen; die Zufriedenheit mit anderen Lebensbereichen blieb davon unberührt. Die Autoren geben zu bedenken, dass abstumpfende Effekte nicht nur durch explizit erotische Filme, sondern auch durch das kontinuierliche Zeigen von aussergewöhnlich schönen Frauen und Männern entstehen können, und gerade dies trifft auf das Fernsehen zu. Dieser Abstumpfungseffekt macht es verständlich, warum immer stärkere Reize eingesetzt werden müssen, um beim Konsumenten Aufmerksamkeit zu erregen.

Linz, Donnerstein und Penrod (1984) zeigten 12 Studenten an fünf aufeinanderfolgenden Tagen Filme, in denen Gewalt gegen Frauen gezeigt wurde. Nach jedem Film füllten die Probanden einen Fragebogen zum Filminhalt und zum aktuellen Befinden (Angst, Depression, Feindseligkeit) aus. Am fünften Tag, nach der Vorführung des letzten Films, sahen die Probanden eine Dokumentation über eine Gerichtsverhandlung wegen Vergewaltigung. Diese Dokumentation sahen auch weitere 12 Studenten, denen die fünf Filme nicht gezeigt worden waren. Nach Vorführung der Dokumentation füllten die Probanden einen Fragebogen aus, in dem sie nach den Absichten des beklagten Mannes, dem Widerstand des Opfers, der Sympathie für das Opfer, etc. befragt wurden. Danach wurden die Probanden der Experimentalgruppe in mehreren Schritten über die Absicht des Experiments aufgeklärt und auch darüber, dass die Filme möglicherweise abstumpfend wirken könnten. Im Verlauf des Experiments nahmen die Angst- und Depressionswerte der Probanden ab; die Skala zur Feindseligkeit zeigte keinen signifikanten Unterschied. Die Einstufung der in den Filmen gezeigten Gewalt und die Einstufung der den Frauen zugefügten Erniedrigung nahm vom ersten zum fünften Film signifikant ab. Im Vergleich zu den Kontrollprobanden beurteilten die Probanden der Experimentalgruppe das Opfer negativer und als geringer verletzt. Korrelationen der Filmbeurteilung am fünften Tag mit den Einstufungen hinsichtlich der Dokumentation über die Gerichtsverhandlung ergaben, dass Probanden, die von den Filmen nicht so stark abgestumpft waren und damit die Gewalt in den Filmen als hoch einschätzten, dem Opfer weniger Verantwortung zuwiesen, das Opfer sympathischer fanden und dem Täter mehr Absicht unterstellten. Die Autoren kommen zu dem Schluss, dass fortgesetztes Sehen von Gewalt die emotionalen Reaktionen darauf vermindert.

Untersuchungen zu den emotionalen Wirkungen des Fernsehens sind bisher kaum durchgeführt worden. Morgan (1984) untersuchte die wahrgenommene Lebensqualität und den Fernsehkonsum bei 2 960 amerikanischen Frauen und 984 Männern im Alter über 18 Jahren. Ein Fragebogen mit 26 Items diente zur Beschreibung von vier Dimensionen der Lebensqualität: «Grossartiges Leben» (interessant, aktiv, aufregend, erfüllend, etc.), «Ruhiges Leben» (glücklich, komfortabel, angenehm, friedlich, etc.), «Intensives Leben» (keine Zeit, unter Druck, hektisch, frustrierend, etc.) und «Miserables Leben» (einsam, langweilig, unglücklich, ohne Ereignisse, etc.). Mit dem Ausmass des Fernsehkonsums ergaben sich die folgenden Korrelationen: Grossartig $r = -0.20$ ($p < .001$), ruhig $r = -0.02$ (nicht signifikant), intensiv $r = -0.10$ ($p < .001$) und miserabel $r = 0.16$ ($p < .001$). Vielseher beurteilen ihr Leben demnach als miserabel, wenig grossartig und wenig interessant. Die genannten Dimensionen, wie auch die Dauer des Fernsehens, sind natürlich nicht unabhängig von verschiedenen soziodemographischen Faktoren wie Alter, Geschlecht, Hautfarbe, Familienstand, Ausbildung, Arbeit, Einkommen und Wohnort. Nach Berücksichtigung dieser Faktoren und drei weiteren (Hobby, körperliche Aktivität, Besorgnis über Dinge des täglichen Lebens) sind die Korrelationen zwar kleiner, aber weiterhin signifikant: Grossartig $r = -0.10$, intensiv $r = -0.03$ und miserabel $r = 0.13$. Die Korrelation mit ruhig bleibt weiterhin insignifikant. Da es sich um korrelative Zusammenhänge handelt, stellt sich die Frage, ob Vielsehen lediglich ein Ausdruck schlechter Lebensqualität ist oder ob schlechte Lebensqualität durch Vielsehen bedingt wird. Der Autor ist der Ansicht, dass weder das eine noch das andere die Ursache darstellt, sondern beides sich wechselseitig verstärkt.

Weiss (1990) nahm im Jahr 1989 eine Befragung an etwa 600 Schülern der 8. und 9. Klassen in Baden-Württemberg zum Konsum von Horror-Videos vor. Danach gibt es Horror-Video-Konsum bei Schülern aller Schularten, wobei zwei von drei Schülern Erfahrungen mit solchen Darstellungen haben. Sonderschüler und Hauptschüler stehen mit je 80 % Seherfahrung in den 8. und 9. Klassen an der Spitze, gefolgt von Realschülern (70 %) und Schülern an Gymnasien (ca. 50 %). In dieser anonymen Befragung wurde auch nach den Gefühlen im Anschluss an das Sehen solcher Videos gefragt. Dabei ergaben sich signifikante Geschlechtsunterschiede. Bei den männlichen Jugendlichen herrschten vor allem positive Gefühle (gute Laune, selbstsicherer) vor, während die weiblichen Jugendlichen über negative Gefühlszustände (unsicher, ängstlich, unwohl, Alpträume) berichteten.

Von Sturm (1991) werden zwei Untersuchungen referiert. Eine Studie an 170 Studenten zeigte, dass das über die Medien Fernsehen und Hörfunk vermittelte Wissen medienunspezifisch zunächst schneller, dann langsamer abnimmt, wie es der normalen Kurve des Vergessens entspricht. Hingegen sind die mit einer Sendung verbundenen emotionalen Eindrücke medienabhängig, wobei sich die Eindrücke über einen Zeitraum von drei Wochen hinweg nicht verändern. Das Ergebnis der Stabilität der emotionalen Eindrücke von Fernsehsendungen konnte in einer späteren Untersuchung an 468 Münchner Hauptschülern und Gymnasiasten bestätigt werden. Es zeigten sich auch deutliche Unterschiede zwischen den Schülern, wobei Hauptschüler die Fernsehfilme als deutlich angenehmer und sympathischer erlebten als die Gymnasiasten. Je höher die Fernsehnutzung war, und diese ist bei den Hauptschülern grösser, desto angenehmer wurden die Sendungen erlebt.

Nach der bereits zitierten Untersuchung von Schulz (1997) an mehr als 6 000 Personen weisen Vielseher eine fatalistischere und pessimistischere Lebensauffassung auf als Wenigseher. Vielseher teilen die Ansicht, dass im Leben das meiste vom Zufall abhängt. Am Fernsehen wird von den Vielsehern die Entspannung und Ablenkung, die das Medium bietet, besonders geschätzt. Sie finden zudem das Fernsehen deutlich interessanter und anregender als Wenigseher.

Die Untersuchung der emotionalen Reaktionen bei unterschiedlichem Fernsehkonsum ist von besonderem Interesse. Bei den beschriebenen Untersuchungen wurden Fragebogen zur Einstufung der emotionalen Reaktionen verwendet. Allerdings sagen solche Selbsteinstufungen noch nichts über die tatsächliche emotional bedingte, physiologische Erregung aus. In mehreren Felduntersuchungen an Patienten und Gesunden, in denen dieselbe Methodik wie in der vorliegenden Untersuchung verwendet wurde, konnte gezeigt werden, dass die Probanden eine emotional bedingte physiologische Erregungen *nicht* korrekt wahrnehmen können (Myrtek et al., 1995; Myrtek & Brügner, 1996; Myrtek, Aschenbrenner & Brügner, in Druck). Offensichtlich liegt dies auch an dem unterschiedlichen experimentellen Setting, da in der Emotionsforschung bisher fast nur Laborexperimente mit Induktion von Emotionen vorgenommen wurden, was bei den Probanden entsprechende Hypothesen über das Befinden induziert und somit die Korrelationen zwischen physiologischen Reaktionen und Befinden erhöht. Im Alltag dagegen gibt es keine Veranlassung, spezielle Hypothesen zu bilden; vielmehr werden hier die Selbstbeurteilungen durch zahlreiche und unterschiedliche Hinweisreize sowie durch «kognitive Schemata» (Pennebaker, 1982) beeinflusst. Es erscheint daher angebracht, neben den Selbsteinschätzungen der Befindlichkeit auch physiologische Parameter, z.B. die Herzfrequenz, zu erheben, um die emotionale Beanspruchung während des Fernsehens zu erfassen.

Vor allem in der amerikanischen Arbeitsgruppe um Zillmann wurden mehrere Untersuchungen durchgeführt, die einen abstumpfenden Effekt von Filmen bestimmten Inhalts (Pornographie, Gewalt) belegen. So wurde festgestellt, dass nach der wiederholten Darbietung von pornographischem Material die Partner der Probanden als weniger attraktiv erscheinen, sei es im Aussehen oder hinsichtlich der sexuellen Attraktivität. Es konnte auch belegt werden, dass nach dem Konsum von Pornographie die Probanden Vergewaltigungen als weniger schlimmes Verbrechen einstufen, und die Einstellung zu sexuellen Kontakten ohne emotionale Bindungen positiver gesehen wird. Untersuchungen zum Konsum von Horror-Videos bei Jugendlichen belegen geschlechtsspezifische Einflüsse, wobei männliche Jugendliche nach dem Konsum über positive, weibliche Jugendliche aber über negative Gefühle berichten. Es konnte auch gezeigt werden, dass die von visuellen Medien hervorgerufenen emotionalen Eindrücke weniger schnell vergessen werden als das durch Medien vermittelte Wissen. Grossuntersuchungen ergaben, dass Vielseher im Vergleich zu Wenigsehern ihr Leben als eher langweilig und unglücklich beschreiben. Dabei weisen sie eine fatalistische Einstellung zum Leben auf.
Die referierten Untersuchungen belegen einen negativ zu bewertenden Einfluss bestimmter Filme und von übermässigem Fernsehkonsum auf das emotionale Erleben. Diese Untersuchungen benutzten ausschließlich Fragebogen. Fraglich

bleibt aber, ob solchen Selbstberichten über das emotionale Erleben auch physiologische Reaktionen zugrunde liegen, da es zwischen dem subjektivem Erleben und den physiologischen Reaktionen – sieht man von akuten Affektzuständen einmal ab – in der Regel keine Zusammenhänge gibt.

3.3 Fernsehen und Aggressivität

Eine 1991 in Deutschland durchgeführte Untersuchung hat ergeben, dass im deutschen Fernsehen täglich etwa 70 Menschen «ermordet» werden, die meisten in den Sendungen von PRO7 mit ca. 20 Toten täglich und die wenigsten im ersten Programm der ARD mit sechs Morden pro Tag (Kunczik, 1993). Dabei wird gewalttätiges Verhalten im Fernsehen als normale, alltägliche Verhaltensstrategie gezeigt, die dazu geeignet ist, als legitim anerkannte Ziele zu erreichen. Es wird geschätzt, dass es zu diesem Thema mehrere tausend Studien gibt; gleichwohl ist die Sachlage nicht endgültig geklärt.

Zur Wirkung von Gewaltdarstellungen gibt es zahlreiche Hypothesen, die von Gunter (1994) referiert werden. Nach der Katharsis-Hypothese sollen die realen Aggressionen durch das Mitvollziehen von beobachteten Gewaltakten in der Phantasie sogar abgebaut werden. Diese Hypothese kann aber als empirisch widerlegt gelten (Kunczik, 1993). Im vorliegenden Zusammenhang sind insbesondere die Erregungshypothese (arousal) und die Habituationshypothese (Desensitization, Gewöhnung) interessant. Nach der Erregungshypothese bewirkt der Konsum von Gewalt im Fernsehen eine unspezifische physiologische Erregung, die vom Zuschauer als Ärger interpretiert wird. Wird der Zuschauer dann tatsächlich von jemandem geärgert, so ist mit aggressiven Reaktionen zu rechnen. Nach der Habituationshypothese soll durch den ständigen Konsum der Fernsehgewalt die emotionale Sensibilität gegenüber Gewalt abnehmen. Zu erwähnen sind schliesslich noch die Enthemmungshypothese (disinhibition) und die Nachahmungshypothese (imitation). Das Anschauen von Gewalt im Fernsehen könnte nach der Enthemmungshypothese beim Zuschauer den Gebrauch von Gewalt im täglichen Leben legitimieren. Mehr auf jüngere Zuschauer bezogen ist die Nachahmungshypothese. Danach identifizieren sich Kinder mit den Fernsehhelden und ahmen deren Verhalten nach.

Nach Gerbner, Gross, Morgan und Signorielli (1994) sind die wiederholten Lektionen, die das Fernsehen seit der frühen Kindheit erteilt, die Basis für die allgemeine Sicht der Welt. Damit wird Fernsehen zur wichtigen Quelle für die allgemeinen Werthaltungen, Ideologien und Perspektiven. Als Beispiel mag das Syndrom der «schlechten Welt» dienen. Vielseher, die unausweichlich der ständigen Gewalt im Fernsehen ausgesetzt sind, tendieren dazu, das Bild einer relativ schlechten und gefährlichen Welt zu kultivieren («Kultivierungshypothese»). Die

Untersuchungen von Gerbner et al. haben gezeigt, dass Vielseher im Vergleich zu Wenigsehern meinen, dass man in der Realität den meisten Menschen nicht trauen kann, dass alle nur an sich selbst denken und dass man sich schützen muss. Vielseher übernehmen das vom Fernsehen übermittelte Bild der Welt («Mainstream-Hypothese»). Personen mit geringerer Bildung, gleichgültig, ob sie viel oder wenig fernsehen, teilen zu 53 % das Syndrom der schlechten Welt. Vergleicht man dagegen Viel- und Wenigseher mit höherer Bildung, so sind erstere zu 43 % und letztere nur zu 28 % dieser Ansicht.

Die Mehrzahl der Forscher kommt in ihren Untersuchungen zu dem Schluss, dass das Betrachten von Gewalt die Aggressivität fördert (Gunter, 1994; Huesmann, Eron, Klein, Brice & Fischer, 1983; Josephson, 1987; Liebert, 1986). Hingegen stellen Gadow und Sprafkin (1989) in einer Analyse von 20 Feldstudien fest, dass ein kurzzeitiger Effekt von Sendungen aggressiven Inhalts auf das Sozialverhalten von Kindern noch nicht schlüssig nachgewiesen worden sei. Wharton und Mandell (1985) berichten über Fälle von Kindesmisshandlung durch die Mütter, die offenbar im Zusammenhang mit entsprechenden Sendungen standen. Dieser Auslöseeffekt von Gewalttaten durch Massenmedien scheint relativ gut gesichert zu sein (Jo & Berkowitz, 1994). Von Kunczik (1993) wird vermutet, dass vor allem Kinder und Jugendliche aus schlechten sozialen Verhältnissen (vernachlässigender Erziehungsstil, Aggressivität der Eltern) durch Gewaltdarstellungen gefährdet werden können. Im Zusammenhang mit dem Fernsehen kommt es in ca. 20 % der Familien zu Konflikten zwischen Kindern und Eltern, wie eine Untersuchung von Ellis-Schwabe und Thornburg (1986) an 756 Kindern im Alter von 10 bis 14 Jahren zeigt. Allerdings nimmt dabei das Fernsehen, gemessen an anderen Konfliktbereichen wie Geldausgeben, im Haushalt helfen etc., den letzten Platz ein.

Im Zusammenhang mit dem Thema «Fernsehen und Aggressivität» sind mehrere Hypothesen entwickelt worden, die für die vorliegende Untersuchung von Bedeutung sind. Nach der Erregungshypothese soll der Konsum von Gewalt im Fernsehen zu einer unspezifischen physiologischen Erregung führen, die kurzfristig die Aggressivität des Zuschauers steigern kann. Die Habituationshypothese behauptet hingegen, dass durch den fortgesetzten Konsum von Gewalt die emotionale Sensibilität abnimmt. Nach der Kultivierungshypothese prägen die wiederholten Lektionen des Fernsehens beim Zuschauer die Sicht der Welt. Vielseher tendieren dazu, das Bild einer schlechten und gefährlichen Welt zu kultivieren. Die Mehrzahl der Forscher geht davon aus, dass Gewalt im Fernsehen die Aggressivität von Kindern und Jugendlichen erhöhen kann. Es sind nach entsprechenden Sendungen auch direkte Auslösungen von Gewalttaten beschrieben worden. Besonders gefährdet scheinen Jugendliche aus einem schlechten sozialen Milieu zu sein.

3.4 Fernsehen und Persönlichkeit

Die Wirkung des Fernsehens hängt auch von der Persönlichkeit der Zuschauer und den verschiedenen Randbedingungen ab. Groebel (1981) untersuchte eine repräsentative Zufallsstichprobe von 405 11jährigen Schülern aus Nordrhein-Westfalen dreimal im Jahresabstand mit einem Fragebogen. Dabei wiesen Vielseher höhere Angstwerte (physische und soziale Angst) als Wenigseher auf, was insbesondere für die Mädchen zutrifft. Eine sog. Pfadanalyse zeigte, dass die Höhe der Angst den Fernsehkonsum beeinflusste, wobei Ängstliche mehr fernsahen. Allerdings wirkte die Menge des Fernsehkonsums seinerseits auf die Angst zurück, wobei die Angst durch den erhöhten Konsum verstärkt wird. Vergleichbare Ergebnisse zeigten sich in dieser Untersuchung auch mit dem Merkmal «Emotionale Labilität» (Groebel, 1982).

Sprafkin, Gadow und Dussault (1986) verglichen 41 10jährige, emotional gestörte Schüler (Probleme mit sozialen Interaktionen, Aggressivität, Hyperaktivität, schlechte Leistungen) aus New York mit gleichaltrigen, nicht gestörten Kindern. Es konnte gezeigt werden dass die Unterscheidung von Realität und Phantasie im Fernsehen bei den emotional gestörten Schulkindern signifikant schlechter als bei nicht gestörten Kindern war. Dieser Unterschied blieb auch bestehen, wenn der Intelligenzquotient als Kovariate in die Analyse aufgenommen wurde. In einer weiteren Studie wurden 38 emotional gestörte, 35 lernbehinderte und 159 nicht behinderte Grundschüler miteinander verglichen (Sprafkin, Kelly & Gadow, 1987). Die Ergebnisse konnten erneut bestätigt werden.

Krampen et al. (1982) legten in der bereits genannten Untersuchung an 191 Erwachsenen Fragebogen zur Messung mehrerer Dimensionen der Persönlichkeit vor. Probanden mit hohem Fernsehkonsum waren signifikant älter, rigider im Verhalten, sozial misstrauischer gegenüber Fremden, konservativer und hatten mehr irrationale Vorstellungen. Andererseits gaben sie ein höheres Vertrauen in die Glaubwürdigkeit anderer Menschen an. Personen mit internalen Kontrollüberzeugungen (Erwartungshaltung, dass Ereignisse im Leben der eigenen Kontrolle unterliegen) gaben häufiger Fernsehmotive an, welche die Selbststeuerung des Verhaltens und die Informationsaufnahme betrafen. Diese Personen sahen Nachrichten- und Kommentarsendungen besonders oft. External kontrollierte Personen (Kontrollierbarkeit von Ereignissen werden Kräften zugeschrieben, die ausserhalb der eigenen Person liegen) benutzten das Fernsehen eher zur Ablenkung. Hier waren Kriminalfilme, Quizsendungen und Ratgebersendungen die Favoriten. Konservative Personen bevorzugten im allgemeinen Unterhaltungssendungen.

In einer Anschlussuntersuchung zu der bereits genannten Studie von Weiss (1990) wurden 320 Schüler aus den 8. und 9. Klassen zu ihrem Horror-Gewalt-Video-Konsumverhalten befragt. Dabei konnten 66 Schüler für Einzelinterviews und psychologische Tests (Persönlichkeitsfragebogen für Kinder und Jugendliche,

PFK; Freiburger Persönlichkeitsinventar, FPI) gewonnen werden. Bei dieser Untersuchung wurden nur Schüler aus Sonder-, Haupt- und Realschulen berücksichtigt; in den Gymnasien gab es zu wenig Schüler mit hohem Konsum. Die Schüler wurden nach ihrem Videokonsum in drei Gruppen eingeteilt: 1 bis 10 Videos bereits gesehen (Wenigseher; 50 % männlich), 11 bis 29 (Vielseher; 66 % männlich) und mehr als 29 Videos gesehen (Exzessivseher; 95 % männlich). Bei den Exzessivsehern, lag der durchschnittliche Videokonsum an Schultagen bei 1,4 Stunden, an Tagen ohne Schule bei 3,3 Stunden. Im Einzelfall reichte der Konsum bis zu neun Stunden. Fast jeder zweite schaute die Horror-Videos im Familienkreis an, vor allem mit dem Vater oder mit Geschwistern. Die Haltung der Eltern wird als Laissez-faire-Haltung beschrieben, bei einem niedrigen sozioökonomischen Status. Im Vergleich zu den anderen Gruppen lag bei den Exzessivsehern das Einstiegsalter früher, und die bevorzugten Filmarten wurden tendenziell als gewalttätiger beschrieben. Im Vergleich zu den Wenigsehern lassen sich im PFK die Exzessivseher wie folgt beschreiben: Hohes aggressives Bedürfnis nach «Ich-Durchsetzung» (Bedürfnis, anderen gegenüber als stärker und überlegener zu erscheinen; auch «Zerstörungswut»), geringe Bereitschaft zu sozialem Engagement (fehlende Bereitschaft zu emotionaler Anteilnahme wie Mitleid und Hilfsbereitschaft) und hohe «Maskulinität der Einstellung» (Bevorzugung von aggressiven Erlebnisinhalten). Es besteht bei den Exzessivsehern auch eine Tendenz, weniger ehrgeizig in der Schule zu sein. Vom FPI wurden drei Skalen (Gehemmtheit, Erregbarkeit, Aggressivität) verwendet. Kein Unterschied zeigt sich bei der Skala Gehemmtheit. Exzessivseher schildern sich aber im Vergleich zu Wenigsehern als erregbarer und reizbarer. Der deutlichste Unterschied ist jedoch bei der Skala Aggressivität zu beobachten. Hier unterscheiden sich sowohl die Viel- als auch die Exzessivseher signifikant von der Normstichprobe des FPI, nicht jedoch die Wenigseher. Danach beschreiben sich Exzessiv- und Vielseher als deutlich aggressiver. Aus den Einzelinterviews ergab sich, dass sich die männlichen Jugendlichen, und hier vor allem die Exzessivseher, öfter mit dem Täter, die weiblichen mit dem Opfer identifizieren. Der Autor kommt zu der Schlussfolgerung, dass «kämpferische, nach aussen gerichtete Aggressivität eine Frage des hohen bzw. exzessiven Horror- und Gewaltmedienkonsums» ist. Bei dieser Untersuchung ist kritisch anzumerken, dass bei den statistischen Prüfungen das Geschlecht nicht immer hinreichend berücksichtigt wurde.

Zillmann und Weaver (1997) untersuchten 210 Studenten. Diese wurden nach dem Zufall in vier Gruppen eingeteilt, die an vier aufeinanderfolgenden Tagen jeweils Filme unterschiedlichen Genres sahen: Filme ohne Gewalt, Action-Filme alter Machart, Action-Filme neuer Machart (mit Schauspielern wie Bruce Willis und Arnold Schwarzenegger) und Horrorfilme. Danach wurden sie in einem anderen Zusammenhang nach ihrer Haltung zur Lösung von sozialen Konflikten befragt. Die Auswertung erfolgte auf dem Hintergrund der Persönlichkeitsdimension

«Psychotizismus», worunter eine Neigung zu antisozialem Verhalten zu verstehen ist. Bei den Studentinnen ergaben sich keine Effekte der verschiedenen Filme; dies gilt auch für die Studenten mit niedrigen Psychotizismus-Werten. Studenten mit hohen Werten dagegen, welche die Action-Filme neuer Machart gesehen hatten, gaben signifikant häufiger an, dass man soziale Konflikte mit Gewalt lösen könne.

> Bestimmte Merkmale der Persönlichkeit scheinen in Beziehung zum Fernsehkonsum zu stehen. So sollen vielsehende Kinder ängstlicher als Wenigseher sein, wobei die Ängstlichen mehr fernsehen. Durch den Fernsehkonsum verstärkt sich jedoch die Angst noch weiter. Im Vergleich zu nicht gestörten Kindern sollen emotional gestörte Kinder Realität und Phantasie im Fernsehen schlechter unterscheiden können. Bei Erwachsenen wurde festgestellt, dass die Kontrollüberzeugungen die Auswahl von Sendungen beeinflussen. Internal orientierte Personen bevorzugen Nachrichten und Kommentare, external orientierte Kriminalfilme und Quizsendungen.
> Einige Untersuchungen beschäftigen sich mit dem Konsum von Videos (Horror, Gewalt) bei Jugendlichen. Dabei werden Exzessivsehern ein hohes Bedürfnis nach Ich-Durchsetzung, geringe Bereitschaft zu sozialem Engagement und hohe Aggressivität zugeschrieben.

3.5 Fernsehen und Verhalten

Nach Gerbner (1978) sehen Vielseher die soziale Wirklichkeit eher so, wie sie im Fernsehen dargestellt wird. Eine Analyse von amerikanischen Fernsehsendungen während der Hauptsendezeit ergab, dass 30 % aller Darsteller mit Gewalt zu tun hatten, entweder als Täter, als Opfer oder beides. In der Realität betrug zur gleichen Zeit die Gewaltquote aber nur 0,3 %. In einer Untersuchung an 641 Schulkindern der 6. bis 9. Klassen wurde die Frage gestellt, ob es fast immer richtig sei, jemanden zu schlagen, wenn man wütend auf ihn ist. Dieser Frage stimmten 31 % der Wenig- aber 41 % der Vielseher zu. Auf eine weitere Frage, ob die Schüler Angst hätten, nachts in der Stadt auf die Strasse zu gehen, stimmten 72 % der Wenig- und 81 % der Vielseher zu. Beide Unterschiede sind signifikant. Die zweite Frage wurde auch 1 525 Erwachsenen gestellt. Zustimmung ergab sich bei 43 % der Wenig- und 49 % der Vielseher. Die Erwachsenen wurden zudem befragt, ob sie Vorsichtsmassnahmen gegen Verbrechen getroffen hätten. Einen Hund hatten sich 16 % der Viel- und 10 % der Wenigseher gekauft. Neue Schlösser an Fenstern und Türen hatten 32 % der Viel- und 28 % der Wenigseher angeschafft. Schusswaffen besassen 29 % der Viel- und 19 % der Wenigseher. Auch diese Unterschiede waren signifikant. Allerdings sind diese Befunde zur «Kultivierungshypothese» von Gerbner et al. nicht unwidersprochen geblieben. Hirsch (1981a, 1981b) weist im Datenmaterial nach, dass unter Einschluss der Gruppe der Nichtseher in die Gruppe der Wenigseher und bei einem Vergleich dieser neuen Gruppe mit Extremsehern die Befunde nicht zu halten sind.

Moya de Sifontes und Dehollain (1986) untersuchten in Venezuela an 263 Schülern unter 13 Jahren und deren Müttern den Einfluss der Fernsehwerbung für Nahrungsmittel. Es zeigte sich, dass Familien der unteren sozioökonomischen Schicht besonders stark durch die Werbung für Nahrungsmittel beeinflusst werden. Weiterhin wurde festgestellt, dass die Präferenzen der Kinder für bestimmte Nahrungsmittel vom Ausmass des Fernsehkonsums beeinflusst werden, unabhängig vom sozioökonomischen Status. In der Studie von Robertson, Ward, Gatignon und Klees (1989) füllten die Mütter von 84 Familien aus den USA, 118 Familien aus Japan und 65 Familien aus England Tagebücher aus, in denen nach dem Fernsehkonsum und den Kaufwünschen der unter 10jährigen Kinder gefragt wurde. Alle Familien kamen sozioökonomisch aus dem Mittelstand. Als wichtigstes Ergebnis ist festzuhalten, dass mit steigendem Fernsehkonsum die Kaufwünsche der Kinder und dadurch auch die Eltern-Kind-Konflikte zunahmen.

Taras et al. (1989) legten 66 Müttern von 3 bis 8jährigen Kindern einen Fragebogen zur Erfassung der Fernsehnutzung und der Wünsche der Kinder nach Nahrungsmitteln und Sportsachen vor. Der wöchentliche Fernsehkonsum der Kinder korrelierte signifikant mit der Anzahl der von den Kindern gewünschten und auch der Anzahl der von den Müttern gekauften Nahrungsmittel. Im Vordergrund standen dabei gezuckerte Produkte aus Getreide, gezuckerte Produkte aus Früchten und Fast Food. Nicht korreliert mit dem Fernsehkonsum der Kinder war der Wunsch und der Kauf nach Sportsachen.

In der bereits zitierten Studie von Klingler und Groebel (1994) an 3 600 Kindern (6 bis 13 Jahre) wurden nach den Angaben der Kinder detaillierte Daten zum Tagesablauf erhoben, die für die vorliegende Untersuchung wichtig sind. Für die Jungen wurde für einen Durchschnittstag eine Schlafzeit von 10,7 Stunden ermittelt, die von 11,4 Stunden bei den 6 bis 7jährigen Kindern auf 10,2 Stunden bei den 12 bis 13jährigen abnimmt. Schulzeit und Schulweg nahmen 4,3 Stunden ein, wenn man die Angabe der Autoren auf fünf Schultage umrechnet. Weitere häufige Tätigkeiten waren Basteln/Spielen mit 2,3 und Essen mit 2,1 Stunden.

Als besonders beliebte Tätigkeit nannten 46 % der Jungen in der vorstehenden Untersuchung Spielen, es folgten Fahrradfahren (34 %), Sport treiben (33 %), Fernsehen (28 %), Lesen (15 %), Computerspiele (11 %), Malen (10 %), Basteln (10 %) und Musikhören (9 %), Musizieren (5 %) und Freunde treffen (3 %). Die Beliebtheit mancher Tätigkeiten war deutlich vom Alter abhängig. So nahm das Lesen (Mädchen und Jungen zusammengenommen) von 8 % bei den 6 bis 7jährigen Kindern auf 32 % bei den 12 bis 13jährigen zu. Mit steigendem Alter gab es Zunahmen beim Sport treiben (von 13 % auf 38 %), beim Musizieren (von 2 %

auf 11 %) beim Musikhören (von 7 % auf 22 %), beim Computerspiel (von 3 % auf 12 %) und beim Freunde treffen (von 1 % auf 8 %). Andere Tätigkeiten nahmen dagegen mit zunehmendem Alter ab: Spielen (von 60 % auf 26 %), Malen (von 27 % auf 11 %) und Basteln (von 13 % auf 9 %). Weitgehend konstant blieb die Beliebtheit des Fernsehens (27 % versus 27 %) und des Radfahrens (25 % versus 29 %). Schichtspezifische Unterschiede fanden sich vor allem beim Lesen (Schicht I 25 % versus Schicht IV/V 15 %), Musizieren (11 % versus 3 %), Fernsehen (22 % versus 27 %) und Spielen (42 % versus 48 %). Demnach waren Lesen und Musizieren bei Kindern aus besser situierten Familien häufiger, Kinder aus schlechter gestellten Familien dagegen spielten öfter und sahen häufiger fern.

Als häufigste Tätigkeiten (an jedem Tag oder fast an jedem Tag) wurden von den Jungen genannt: Schularbeiten machen (90 %), Fernsehen (80 %), draussen spielen (80 %), sich mit Freunden treffen (63 %), drinnen spielen (52 %), mit den Eltern/Familie zusammen sein (48 %) und Musikhören (42 %). Auch hier zeigten sich Altersunterschiede zwischen den 6 bis 7jährigen Kindern und den 12 bis 13jährigen: Fernsehen (von 73 % auf 81 %), draussen spielen (von 75 % auf 67 %), sich mit Freunden treffen (von 56 % auf 60 %), drinnen spielen (von 71 % auf 28 %), mit den Eltern/Familie zusammen sein (von 58 % auf 45 %) und Musikhören (von 35 % auf 57 %). Relativ unverändert blieb die Häufigkeit von Schularbeiten (87 % versus 90 %).

In einer neueren Analyse von Schulz (1997) anhand einer Befragung von über 6 000 Personen wurde festgestellt, dass Vielseher oft ältere Personen mit wenig formaler Schulbildung sind. Im Vergleich zu den Vielsehern haben Wenigseher ein regeres Freizeitverhalten. Sie besuchen öfter Freunde, treiben mehr Sport, lesen mehr Bücher, musizieren öfter und besuchen häufiger kulturelle Veranstaltungen. Sieht man vom Fernsehkonsum ab, so übertreffen die Vielseher die Wenigseher nur in einem deutlich: im Ausruhen, Nichtstun und im Tagträumen.

> Das Fernsehen vermittelt ein unzutreffendes Bild der sozialen Wirklichkeit, das die Einstellungen der Zuschauer entsprechend verändert und damit auch das Verhalten prägen kann (Kultivierungshypothese). So kommen Gewaltdarstellungen im Fernsehen etwa hundertmal häufiger vor als in der Realität. Vielseher sollen infolgedessen öfter als Wenigseher Angst haben, nachts auf die Strasse zu gehen. Offenbar kann dadurch auch das Verhalten verändert werden. Entsprechend sollen Vielseher häufiger Vorsichtsmassnahmen treffen (Anschaffung eines Hundes, einer Waffe, etc.).
> Belegt ist weiterhin der Einfluss der Werbung auf das Verhalten. So werden die Vorlieben der Kinder für bestimmte Nahrungsmittel vom Ausmass des Fernsehkonsums beeinflusst. Mit steigendem Fernsehkonsum nehmen zudem die Kaufwünsche der Kinder für die beworbenen Produkte zu, was zu Konflikten mit den Eltern führen kann. Untersuchungen an schulpflichtigen Kindern zeigen, dass das

> Fernsehen neben den Schularbeiten zu den häufigsten Tätigkeiten gehört. Mit zunehmendem Alter der Kinder nimmt auch der Fernsehkonsum zu. In einer grossangelegten Untersuchung an Erwachsenen wurde festgestellt, dass Wenigseher im Vergleich zu Vielsehern ein regeres Freizeitverhalten aufweisen (z.B. Freunde besuchen, Bücher lesen, etc.).

3.6 Fernsehen und Schulerfolg

Wie einer amerikanischen Metaanalyse an insgesamt 87 025 Schülern von Williams, Haertel, Haertel & Walberg (1982) zu entnehmen ist, hat das Fernsehen zwar kleine, aber konsistent nachweisbare Auswirkungen auf den Schulerfolg. Bis zu einem Fernsehkonsum von 10 Stunden/Woche sind die Wirkungen auf den Schulerfolg eher positiv zu beurteilen, bei längerer Sehdauer jedoch zunehmend negativ. Dabei sind die negativen Wirkungen bei Mädchen und Kindern mit hohen Intelligenzquotienten besonders ausgeprägt.

Bei Kindern aus Familien mit höherem sozioökonomischen Status fand auch Fetler (1984) ausgeprägt negative Wirkungen zunehmenden Fernsehkonsums auf die Schulleistungen in einer Untersuchung an über 10 000 kalifornischen Schülern der 6. Klassen. Kinder aus Familien mit niedrigem Status profitierten jedoch von einem mässigen Fernsehkonsum. Am schlechtesten schnitten durchgehend die Vielseher ab. In einer kleinen Untersuchung an 25 8jährigen Kindern und deren Familien wurde ein signifikant negativer Zusammenhang zwischen Schulleistung und Dauer des Fernsehens festgestellt, wobei Vielseher schlechter waren (Henggeler, Cohen, Edwards, Summerville & Ray, 1991). Dabei wurde auch festgestellt, dass Vielseher häufiger aus ungünstigen familiären Verhältnissen stammen.

In einer Studie von Roberts, Bachen, Hornby und Hernandez-Ramos (1984) wurde der Einfluss des Fernsehens auf die Leseleistung bei 464 amerikanischen Schülern der 2., 3. und 6. Klasse untersucht. Zunehmender Fernsehkonsum war mit signifikant schlechterer Leseleistung verbunden, was vor allem für die 3. und 6. Klasse gilt. Ritchie, Price und Roberts (1987) berichten über die Fortführung dieser Untersuchung nach zwei und drei Jahren. Dabei liegen vollständige Daten von 270 Schulkindern vor. Es ergaben sich auch in den späteren Erhebungen signifikant schlechtere Leistungen bei steigendem Fernsehkonsum. Dabei handelt es sich aber offenbar nicht um einen direkten, durch das Fernsehen verursachten Effekt, sondern um einen indirekten Effekt. Zeit, die vor dem Fernseher verbracht wird, steht nicht mehr zum Lesen zur Verfügung («Displacement-Hypothese»).

Spanhel (1988) kommt auf dem Hintergrund seiner Untersuchungen an zwei grossen Stichproben Jugendlicher (N = 1 800, N = 2 300) zu den folgenden Schlussfolgerungen hinsichtlich mediengeprägter Freizeitgestaltung und Schule: Es besteht eine Diskrepanz zwischen der mittels Medien frei gestalteten Alltagswelt und den fachlich streng klassifizierten Lerninhalten, die zu zunehmenden Disziplinproblemen in der Schule führen. In der Freizeit erfolgt die Auswahl der Themen entsprechend den augenblicklichen Bedürfnissen und Neigungen, während in der Schule unabhängig von den Interessen der Jugendlichen die Konfrontation mit vorgegebenen Lerninhalten erfolgt. Diese Konstellation führt zu grossen Motivationsproblemen. Die Medieninhalte bieten eine Fülle von Detailinformationen, die aber in der Regel zufällig und zusammenhanglos bleiben. In der Schule jedoch müssen sich die Jugendlichen auf eine Sache einlassen und können auch schwierigen Anforderungen nicht aus dem Weg gehen. Damit sind Probleme mit der Integration der Wissenselemente verbunden. Beim Fernsehen werden eigenständiges Denken und eine Versprachlichung der Eindrücke nicht verlangt. In der Schule dagegen wird ein Sachverhalt zergliedert und die Teilaspekte werden nacheinander sprachlich behandelt. Diese Diskrepanz zwischen den unterschiedlichen Aneignungsformen kann zu Lernschwierigkeiten führen.

In mehreren Untersuchungen an Kindern wurde der negative Einfluss eines hohen Fernsehkonsums auf die Schulleistungen belegt. Bei Mädchen und Kindern mit hoher Intelligenz soll der negative Einfluss besonders ausgeprägt sein. Weniger intelligente Kinder sollen aber von einem mässigen Fernsehkonsum sogar profitieren können. Speziell untersucht wurde der Einfluss des Fernsehens auf die Leseleistung von Schülern. Diese nimmt mit steigendem Fernsehkonsum ab. Nach der Displacement-Hypothese bleibt bei starkem Fernsehkonsum nicht mehr genügend Zeit zum Lesen.

3.7 Gesundheitliche Gefahren des Fernsehens

Dietz und Gortmaker (1985) beobachteten in einer Untersuchung an 6 965 amerikanischen 6 bis 11jährigen Kindern einen signifikanten Zusammenhang zwischen Adipositas (Fettsucht) und der Dauer des Fernsehkonsums. In einer zweiten Untersuchung an 6 671 12 bis 17jährigen Kindern konnte dieser Befund bestätigt werden. In dieser zweiten Studie nahm die Adipositas um 2 % mit jeder zusätzlichen Stunde des täglichen Fernsehkonsums zu. Häufiges Fernsehen ist öfter mit dem Verzehr verschiedener Snacks und einer verminderten körperlichen Aktivität verbunden, was das Übergewicht fördert (Dietz, 1986).

Einige Untersuchungen beschäftigen sich mit dem Einfluss von Szenen, in denen Alkohol konsumiert wird, auf Kinder und Jugendliche. Aitken, Leathar und Scott (1988) führten mit 16 Schülergruppen Diskussionen über Massenmedien. Sie stellten fest, dass Werbespots über alkoholische Getränke bei Jungen mit zunehmendem Alter von 10 bis 14 Jahren immer interessanter werden. Alkohol wurde von den älteren Jugendlichen in Zusammenhang mit Männlichkeit und Geselligkeit gesehen. Zu einem ähnlichen Ergebnis kamen auch Kotch, Coulter und Lipsitz (1986). In einem Experiment von Rychtarik, Fairbank, Allen, Foy und Drabman (1983) boten 8 bis 11jährige Kinder nach entsprechenden Fernsehspots Erwachsenen häufiger alkoholische Getränke an als die Kontrollgruppe.

Aarö und Eder (1989) berichten über eine internationale Studie in 11 Ländern zum Videokonsum von 11 bis 15jährigen Schulkindern. An den Daten aus Norwegen legen die Autoren dar, dass sowohl bei den Knaben als auch den Mädchen psychische und psychosomatische Beschwerden (z.B. Kopfschmerzen, Reizbarkeit, schlechte Laune, etc.) mit zunehmendem Videokonsum häufiger sind. Hoher Videokonsum ist zudem mit häufigerem Medikamentenkonsum (vor allem bei Mädchen) und mit einer Verringerung der allgemeinen Lebenszufriedenheit (ebenfalls vor allem bei Mädchen) verbunden. Weiterhin konnte gezeigt werden, dass Schulkinder mit hohem Konsum öfter Rauchen, häufiger Erfahrung mit Alkohol haben und sich ungesünder ernähren (z.B. Süssigkeiten, Erdnüsse, etc.). Diese Ergebnisse konnten auch mit Daten aus den anderen Ländern im wesentlichen bestätigt werden.

Umstritten ist die mögliche Nachahmung von im Fernsehen gezeigten suizidalen Handlungen. Gould und Shaffer (1986) berichten von einer erhöhten Suizidrate bei Teenagern in New York nach der Ausstrahlung von drei Filmen über Suizid. Phillips und Paight (1987) konnten allerdings nach der Ausstrahlung derselben Filme in Kalifornien und Pennsylvanien diesen Befund nicht bestätigen. Auch Kessler, Downey, Milavsky und Stipp (1988) konnten in einer weiteren Untersuchung keinen Zusammenhang zwischen ausgestrahlten Sendungen über Suizide und folgenden Nachahmungen durch Teenager finden.

Untersuchungen an amerikanischen Kindern belegen einen Zusammenhang zwischen der Dauer des Fernsehkonsums und Übergewichtigkeit. Dabei wird das Übergewicht sowohl durch die verminderte körperliche Aktivität als auch durch den häufigeren Verzehr von Snacks während des Fernsehens gefördert. Bei Schülern soll zudem hoher Fernsehkonsum die Erfahrung mit Alkohol durch entsprechende Werbespots fördern. Umstritten ist die mögliche Nachahmung von im Fernsehen gezeigten suizidalen Handlungen.

---

4. Psychophysiologische Untersuchungen

4.1 Untersuchungen an Kindern

Osborn und Endsley (1971) untersuchten an 25 5jährigen Kindern den Einfluss von Gewaltdarstellungen auf die Hautleitfähigkeit. Diese nimmt bei ansteigender emotionaler Erregung zu (emotionales Schwitzen). Es wurden in permutierter

Abfolge jeweils vier dreiminutige Filme gezeigt: Zeichentrick mit bzw. ohne Gewalt und Filme mit realen Menschen, ebenfalls mit und ohne Gewalt. Die Kinder zeigten im Vergleich zu den Filmen ohne Gewaltdarstellung bei den Filmen mit Gewaltdarstellungen eine signifikante Erhöhung der Hautleitfähigkeit, die in dem Film mit Gewalt gegen reale Menschen noch ausgeprägter war. Der letztgenannte Film wurde zudem als erschreckend von den Kindern beurteilt und im Vergleich zu den anderen Filmen bei einer Nachbefragung nach einer Woche deutlich besser erinnert.

In einer Untersuchung von Cline, Croft und Courrier (1973) wurden 80 5 bis 12jährige Jungen entsprechend ihres Fernsehkonsums in Vielseher (42 Stunden pro Woche) und Wenigseher (unter 4 Stunden pro Woche) eingeteilt. Vielsehende Kinder kamen im Vergleich zu wenigsehenden aus Familien mit niedrigerem sozioökonomischen Status. Den Kindern wurde ein Boxer-Film gezeigt, in dem sich neutrale Szenen mit Gewaltszenen abwechselten. Dabei wurde die Pulsamplitude, die ein Mass für die physiologische Erregung darstellt, am Zeigefinger gemessen. Die Amplitude nimmt mit zunehmender Erregung ab. Bei der Auswertung wurden die Amplituden der neutralen mit den gewalttätigen Szenen verglichen. Die Reaktionen der Vielseher waren signifikant geringer als die der Wenigseher. In einem weiteren neutralen Film und bei der Bestimmung der Ruhewerte unterschieden sich die Viel- und Wenigseher dagegen nicht. In einem zweiten, vergleichbaren Experiment an 40 Jungen wurde zusätzlich die Hautleitfähigkeit gemessen. Die Ergebnisse liessen sich replizieren; in beiden physiologischen Massen reagierten die Wenigseher stärker als die Vielseher. Die Autoren vermuten eine Gewöhnung der Vielseher an gewalttätige Szenen.

Von Zillmann, Hay und Bryant (1975) wurde in einem Experiment an 30 7 bis 8jährigen Kindern die Spannung eines sieben Minuten langen Abenteuerfilms (zwei Jungen auf einer Löwenjagd) variiert und die Herzfrequenz gemessen. Die drei Filmversionen zeigten signifikante Unterschiede. Die Herzfrequenzen betrugen bei niedriger Spannung 73 Puls/min, bei dem Film mit mittlerer Spannung 76 und dem spannendsten Film 80 Puls/min. Auch innerhalb der Filmabschnitte gab es signifikante Unterschiede. In der Minute der ersten Begegnung mit dem Löwen betrugen die Herzfrequenzen 73, 77 und 83 Puls/min, in der spannendsten Minute aber 74, 79 und 84 Puls/min. Nach dem Lösen der Spannung (der Löwe läuft weg) fiel auch die Herzfrequenz signifikant ab, wobei der Abfall um so höher ausfiel, je grösser die Spannung war.

Hanratty-Thomas, Horton, Lippincott und Drabman (1977) wiesen 28 Jungen und 16 Mädchen im Alter von 8 bis 10 Jahren per Zufall einer Experimental- bzw. einer Kontrollgruppe zu. Der Experimentalgruppe wurde ein aggressiver Ausschnitt aus einer Polizeiserie, der Kontrollgruppe ein spannendes Volleyballspiel gezeigt. Anschliessend sahen beide Gruppen ein Video, das Gewalt zwischen Kindern im Vorschulalter zeigte. Dieses Video stellte angeblich eine reale, zur gleichen Zeit und in demselben Gebäude ablaufende Auseinandersetzung dar, die von einer Kamera übertragen wurde. Während des Films und der Videovorführung wurde die Anzahl der Änderungen des Hautwiderstandes als Mass für die emotionalen Reaktionen der Kinder aufgezeichnet. Mit einem Fragebogen wurden die Fernsehgewohnheiten der Kinder, speziell die Art der präferierten Sendungen, erfasst. Bereits vorher war von Studenten der Gewaltanteil in den von den Kindern bevorzugten Sendungen eingeschätzt worden, so dass für jedes Kind ein «Gewaltindex» gebildet werden konnte. Die Anzahl der Änderungen des Hautwiderstandes zeigte weder in einer vorausgehenden Ruhephase noch während des Films (Polizeiserie, Volleyballspiel) signifikante Effekte hinsichtlich der Gruppeneinteilung oder des Geschlechts. Damit können beide Filme als ähnlich emotional erregend eingestuft werden. Ein signifikanter Unterschied ergab sich dagegen bei der Reaktion auf die «reale» Auseinandersetzung, die im Video gezeigt wurde. Kinder, die den Polizeifilm gesehen hatten, reagierten schwächer mit dem Hautwiderstand als Kinder, die das Volleyballspiel gesehen hatten. Weiterhin zeigte sich bei der Kontrollgruppe eine signifikante Korrelation zwischen dem «Gewaltindex» und der Reaktivität des Hautwiderstandes. Kinder, die im Fernsehen mehr Gewalt gesehen hatten, reagierten schwächer. In einer zweiten Untersuchung gleichen Aufbaus an 30 Studentinnen und 29 Studenten konnte das Hauptergebnis der Untersuchung, die geringere emotionale Reaktion auf ein reales Ereignis nach dem Anschauen eines aggressiven Films, im wesentlichen bestätigt werden. Als Zweitfilm wurde – anstelle der Prügelei zwischen den Kindern – eine Aufzeichnung von realen Krawallen in Chicago mit hartem Polizeieinsatz gezeigt. Dabei wurde auch ein Fragebogen zu den Gefühlen der Probanden (Erregtheit, Ärger, Angst, Ekel, etc.) während der Vorführung des Zweitfilms vorgegeben. Die Ergebnisse dieses Fragebogens waren für die Autoren enttäuschend. In der subjektiven Beurteilung bildeten sich die beim Hautwiderstand gefundenen emotionalen Reaktionen nicht ab. Auf Ergebnisse dieser Art haben wir bereits ausdrücklich in Abschnitt 3.2 dieses Kapitels hingewiesen.

Sturm und Mitarbeiter (Sturm, 1991; Sturm, Vitouch, Bauer & Grewe-Partsch 1982) stellten von einem für Kinder produzierten Film (ein Junge versucht, seinen Schneemann vor dem Schmelzen zu retten) drei Fassungen her: eine nonverbale Fassung, eine Fassung mit sachlichen Texten und eine Fassung mit emotionalen Formulierungen. Den Filmfassungen entsprechend wurden drei Gruppen, mit jeweils 20 9jährigen Kindern untersucht. Physiologisch wurden die Herz- und Atemfrequenz sowie der Hautwiderstand gemessen. Weiterhin wurde eine verbale Befragung zur Dimension heiter - traurig an 10 Messzeitpunkten während der 28 Minuten dauernden Darbietung vorgenommen. Zusätzlich wurde die Dimension angenehm - unangenehm nonverbal durch das Einstellen eines Zeigers gemessen. Im Ergebnis wiesen Kinder, welche die sachliche Fassung gesehen hatten, eine deutlich höhere physiologische Erregung auf als die beiden anderen Gruppen.

Diese Fassung wurde auch als unangenehmer erlebt; kein Unterschied zeigte die Dimension heiter - traurig. Die Autoren vermuten, dass dieses Ergebnis auf die Diskrepanz zwischen dem eher emotionalen Bildfluss und dem sachlichen Text zurückzuführen ist. Die Zuschauer der sachlichen Fassung konnten sich auch schlechter an die einzelnen Filmszenen erinnern, wobei die Autoren vermuten, dass das hohe Erregungsniveau die Lern- und Behaltensfähigkeit blockiert hat.

Eisenberg et al. (1988) führten 39 5jährigen und 43 7jährigen Kindern drei kurze Filmausschnitte mit unterschiedlichem emotionalen Inhalt vor: Angst (Kinder in einem Gewitter), Traurigkeit (Mädchen nach Verlust ihres Haustiers) und Empathie bzw. Sympathie (behindertes Mädchen auf Krücken). Der Mittelwert der Herzfrequenz war beim Angstfilm signifikant höher als bei den anderen Filmen. Weiterhin nahm während des traurigen Films die Herzfrequenz stärker ab als bei dem empathischen Film. In einer weiteren Untersuchung an 59 6jährigen und 58 9jährigen Kindern (Eisenberg et al., 1992) wurde der empathische Film nochmals verwendet. Die Analyse der Herzfrequenz bezog sich auf den Vergleich zwischen einer relativ neutralen Filmsequenz und einer Sequenz, bei der die emotionale Reaktion besonders ausgeprägt sein sollte. Im Vergleich zur neutralen Sequenz zeigte die emotionale Sequenz eine leichte Abnahme der Herzfrequenz, die aber nicht signifikant war.

In der Untersuchung von Wilhelm et al. (1997) wurde dieselbe Methode verwendet wie in der vorliegenden Untersuchung, d.h. fortlaufende Registrierung von Herzfrequenz und Bewegungsaktivität. Dabei wurden 18 Mädchen und 18 Jungen (Alter 6 Jahre) in den elterlichen Wohnungen zwei jeweils 23 Minuten lange Ausschnitte von Fernsehserien aus dem Kinderprogramm sowie mehrere Werbespots vorgeführt. Im einzelnen handelte es sich um die Serie «Ghostbusters» (PRO7) und «Siebenstein» (ARD). Die Serien unterschieden sich sowohl inhaltlich als auch formal. Bei Ghostbusters handelt es sich um eine Action-Cartoon-Serie mit vielen Schnitten und Kamerabewegungen. Siebenstein dagegen ist eine Serie aus dem pädagogischen Kinderprogramm des ZDF und formal einfach gehalten. Ghostbusters erzeugte bei den Kindern im Vergleich zu Siebenstein eine signifikant grössere physiologische Erregung (Herzfrequenz und sog. emotionale Herzfrequenzerhöhungen). Die physiologische Erregung während der Werbung war höher als bei Siebenstein aber geringer als bei den Ghostbusters. Mädchen reagierten auf einen Werbespot, der für Mädchen konzipiert worden war, im Vergleich zu einem neutralen Werbespot mit einer grösseren physiologischen Erregung. Eine Einteilung der Kinder in Wenig- und Vielseher ergab, dass die Wenigseher durchschnittlich 23 Minuten täglich, die Vielseher dagegen 86 Minuten täglich vor dem Fernseher verbrachten. Dabei nutzten Vielseher vor allem das Angebot der Privatsender. Es konnte auch beobachtet werden, dass die Eltern der Vielseher den Fernsehkonsum der Kinder weniger stark reglementierten und selbst mehr fernsahen als die Eltern der Wenigseher. Das wichtigste Ergebnis dieser Untersuchung war der signifikante Unterschied in der physiologischen Erregung zwischen Viel- und Wenigsehern. Wenigsehende Kinder reagierten in allen Versuchsbedingungen emotional stärker als Vielseher (Herzfrequenz, emotionale Herzfrequenzerhöhungen).

> Fernsehinhalte können sich auch auf physiologische Funktionen auswirken. Es konnte gezeigt werden, dass bei Kindern Filme mit gewalttätigen Szenen im Vergleich zu Filmen ohne Gewalt stärkere physiologische Reaktionen hervorrufen (Hautleitfähigkeit, Pulsamplitude). Mit zunehmender Spannung eines Films werden zudem die Reaktionen stärker (Herzfrequenz). Auch die formalen Elemente eines Films beeinflussen die physiologischen Reaktionen. Filme mit emotionalen Bildern und einem dazu nicht passenden sachlichen Text rufen stärkere Reaktionen (Herz- und Atemfrequenz) hervor als Filme mit adäquatem Text. Mehrere Untersuchungen kamen zu dem bemerkenswerten Ergebnis, dass die von Filmen bzw. vom Fernsehen hervorgerufenen physiologischen Reaktionen bei Vielsehern schwächer als bei Wenigsehern sind (Hautleitfähigkeit, Hautwiderstand, Pulsamplitude, Herzfrequenz). Bei Kindern waren zudem die physiologischen Reaktionen auf reale Gewaltszenen nach dem Konsum von aggressiven Filmen vermindert (Hautwiderstand). Offenbar gewöhnen sich die Kinder an Filme mit aggressivem Inhalt, was die physiologischen Reaktionen herabsetzt.

4.2 Untersuchungen an Erwachsenen

Die Forschergruppe um Lazarus (Averill, Opton & Lazarus, 1971; Lazarus, Averill & Opton 1970) benutzte verschiedene Filme (z.B. Beschneidungsriten bei australischen Ureinwohnern, Unfall in einem Sägewerk) um emotionale Reaktionen hervorzurufen. Das Interessante an diesen Untersuchungen ist, dass die Autoren mit verschiedenen Tonspuren, die den Filmen unterlegt wurden, die physiologischen Reaktionen (Hautwiderstand) manipulieren konnten. Eine «traumatische» Tonspur, die z.B. die möglichen Folgen der Filmhandlung dramatisierte, führte zu stärkeren physiologischen Reaktionen als Tonspuren, welche die Folgen herunterspielten oder die eine Distanz zum Geschehen schafften. Die kognitive Bewertung der Szenen ist demnach für die physiologischen Reaktionen mitverantwortlich.

In einer Studie von Hüllemann, Wiese und List (1973) wurde die Wirkung des Fernsehens auf das Elektrokardiogramm (EKG) bei acht Patienten mit Herzinfarkt und zwei Kontrollpersonen untersucht. Die Autoren folgern, dass die vegetative Belastung durch das Fernsehen klinisch nicht höher ist als die von alltäglich vorkommenden Reizsituationen. Egger, Habeler und Tinchon (1981) untersuchten den Einfluss eines repräsentativ ausgewählten Fernsehprogramms, bestehend aus

108 einzelnen Fernsehsendungen, auf das EKG bei fünf Patienten mit Herzinfarkt über einen Untersuchungszeitraum von 31 Tagen. Gleichzeitig wurden dabei auftretende subjektive Beschwerden und die Programmbewertung erfasst. Es konnten in dieser Untersuchung keine systematischen Zusammenhänge zwischen EKG-Veränderungen, subjektiven Beschwerden und Gefallen an den Sendungen einerseits sowie Charakteristiken der Sendungen (Programmtypus, Sendezeit und Sendedauer) andererseits festgestellt werden.

In einer kleinen Studie an 14 Studenten untersuchte Lang (1990) den Einfluss verschiedener Werbespots auf die Herzfrequenz. Die Spots wurden nach ihrem emotionalen Gehalt ausgewählt, wobei zwischen emotionalen, ausgewogenen und rationalen Spots unterschieden wurde. Eingebettet in eine Komödie, wurden alle drei Arten dreimal vorgegeben. Es wurde erwartet, dass die emotionalen Spots im Vergleich zu den rationalen Spots eine höhere Herzfrequenz bewirken würden. Diese Hypothese konnte bestätigt werden. Weiterhin wurden die Werbespots nach der Komplexität ihrer Struktur (Schnitte, Zooms, etc.) bewertet. Es wurde erwartet, dass komplexere Spots ebenfalls die Herzfrequenz erhöhen würden, was aber nicht bestätigt werden konnte.

Kempter (1997)untersuchte die psychophysiologischen Reaktionen von 55 amerikanischen Studenten auf jeweils 60 amerikanische, französische und deutsche Politiker. Hierzu verwendete er Filmausschnitte aus den Nachrichtensendungen (Dauer 10 Sekunden), die den Probanden ohne Ton präsentiert wurden. An physiologischen Parametern wurden verschiedene Masse der Hautleitfähigkeit verwendet. Weiterhin wurden die vermuteten Eigenschaften der Politiker mit Hilfe von Adjektivskalen (z.B. kompetent - inkompetent, sympathisch - unsympathisch, etc.) eingestuft. Physiologisch zeigte sich ein Zusammenhang zwischen dem Status der Politiker und dem Ausmass der Reaktion, wobei auf Politiker mit hohem Status stärker reagiert wurde. Die Charakterisierung der Politiker war je nach Nation unterschiedlich, wobei nur Einstufungen von Probanden verwendet wurden, die diese Politiker nicht kannten. Danach wurden die amerikanischen Politiker als intelligent eingestuft, die französischen als dynamisch und fröhlich und die deutschen Politiker als langweilig und kalt. Es ergab sich kein Zusammenhang zwischen den physiologischen Reaktionen auf die Politiker und den Beurteilungen ihres Charakters.

Bei Erwachsenen sind die Befunde zur physiologischen Reaktivität auf Fernsehsendungen bzw. Filme uneinheitlich. Einige Untersuchungen kamen ebenfalls zu dem Ergebnis, daß das Ausmass der physiologischen Reaktionen (Hautwiderstand, Hautleitfähigkeit) vom Inhalt eines Films abhängt; andere Untersuchungen konnten dies nicht bestätigen. Es muß jedoch angemerkt werden, daß es bei Erwachsenen im Vergleich zu Kindern nur wenige Untersuchungen gibt.

Kapitel 3:

Untersuchungsansatz und Hypothesen

1. Messung der Belastung und Beanspruchung

Zur Ermittlung der Beanspruchung von Schülern in der Schule und während der Freizeit sind die folgenden Punkte von Bedeutung:
- Die Messung der Beanspruchung sollte direkt in der Schule bzw. in der Freizeit über einen längeren Zeitraum hinweg erfolgen (Felduntersuchung).
- Die Beanspruchung sollte direkt mit Hilfe solcher physiologischen Indikatoren ermittelt werden, die im Prinzip zu jedem Zeitpunkt während der Untersuchung eine Beurteilung ermöglichen. Damit scheiden z.B. biochemische Indikatoren, die in der Regel nur zu wenigen Zeitpunkten gemessen werden können, aus.
- Neben den physiologischen Kriterien der Beanspruchung sollte auch eine Einstufung des subjektiven Befindens als Indikator der subjektiven Belastung durch die Schüler selbst erfolgen.
- Die Art der im Tagesablauf auftretenden Tätigkeiten bzw. Situationen (z.B. die Abfolge verschiedener Unterrichtsstunden) sollte anhand von Einstufungen festgestellt werden, damit eine sinnvolle Zergliederung (Segmentierung) des Datensatzes vorgenommen werden kann.
- Die physiologischen Indikatoren sollten nach Möglichkeit über die wesentlichen Beanspruchungskomponenten (emotionale, mentale und energetische) Aufschluss geben.
- Die physiologischen Indikatoren sollten auf geeignete Ausgangswerte (Baseline) bezogen werden, da mit interindividuellen Unterschieden zu rechnen ist. So hängt z.B. die Höhe der Herzfrequenz vom körperlichen Trainingszustand ab.

Die genannten Anforderungen sind hoch und verlangen einen entsprechenden Untersuchungsaufwand. Vermutlich sind sie deshalb in der Literatur bisher nur teilweise erfüllt worden. Im folgenden wird die Operationalisierung der genannten Anforderungen spezifiziert.

1.1 Felduntersuchungen

Für Felduntersuchungen sind tragbare Datenerfassungssysteme, die den Tagesablauf und den Schlaf nicht oder nur wenig behindern, unerlässlich. Bei den hier untersuchten Schülern wurde ein Datenerfassungssystem verwendet, das kontinuierlich die im folgenden näher beschriebenen physiologischen Indikatoren erfasste. Das System mit einem Gewicht von 1,5 kg war in einer Umhängetasche untergebracht, wobei sich die Registrierung über einen Zeitraum von 23 Stunden erstreckte und sowohl die Schulzeit, die Freizeit als auch den Nachtschlaf umfasste.

1.2 Physiologische Indikatoren der Beanspruchung

Das Elektrokardiogramm (EKG), aus dem die Herzfrequenz ermittelt wird, ist das elektrisch stärkste Biosignal des Körpers und dementsprechend leicht zu registrieren. Die Herzfrequenz hat weiterhin den Vorteil, sensitiv für alle energetischen und psychischen Belastungen zu sein und stellt somit ein Integralmass für alle psychischen und physischen Beanspruchungen dar (Fahrenberg, Walschburger, Foerster, Myrtek & Müller, 1979; Myrtek, 1980; Myrtek, Brügner & Müller, 1996a). Auch in der vorliegenden Untersuchung wurde daher die Herzfrequenz verwendet. In der arbeitswissenschaftlichen Literatur gelten Parameter der Variabilität der Herzfrequenz (respiratorische Sinusarrhythmie; atmungsbedingte Schwankung der Herzfrequenz) als Indikatoren der mentalen Beanspruchung. Daher wurde auch ein Variabilitätsmass berücksichtigt. Zwei Bewegungsaufnehmer dienten zur Erfassung der groben motorischen Aktivität, die einen Indikator der energetischen Beanspruchung darstellt. Die simultane Analyse der Bewegungsaktivität und der Herzfrequenz ermöglicht die Identifikation der emotionalen Beanspruchung, wie im folgenden näher ausgeführt wird. Mit den physiologischen Indikatoren wird der objektive Grad der Beanspruchung («objektiver Stress») ermittelt, da sich diese Indikatoren einer Einflussnahme durch den Probanden entziehen.

1.3 Analyse der emotionalen, mentalen und energetischen Beanspruchung

Von der Forschungsgruppe Psychophysiologie in Freiburg wurde eine Methode entwickelt, die die Identifizierung emotional/mental beanspruchender Situationen ermöglicht (Myrtek et al., 1988, 1996a, 1996b). Die theoretische Grundlage dieser Methode sind Untersuchungen zum Synergismus multipler Stressoren. Bereits Bartenwerfer (1960, 1963) stellte fest, dass die Reaktion der Herzfrequenz auf eine Kombination von Arbeit am Fahrradergometer und Bearbeitung von Konzentrationsaufgaben grösser ist als die Reaktion auf die jeweiligen Einzelaufgaben. In der Folgezeit wurden diese Beobachtungen mehrfach bestätigt (Blix, Stromme & Ursin, 1974; LeBlanc, Côté, Jobin & Labrie, 1979; Patton, 1970; Powers, Howley

& Cox, 1982). Abbildung 1 zeigt ein Beispiel aus einer eigenen Untersuchung (Myrtek & Spital, 1986).

Die Methode basiert auf dem Simultanvergleich der Bewegungsaktivität und der Herzfrequenz (sog. On-line-Analyse bzw. Analyse in Echtzeit). Die Bewegungsaktivität, die mit speziellen Aufnehmern am Rumpf und am Oberschenkel gemessen wird, ist ein Mass für die grobe motorische Aktivität und repräsentiert somit den energetischen Faktor der Beanspruchung. Dem entspricht auch eine bestimmte Herzfrequenz, da Energieumsatz und Herzfrequenz hoch miteinander korrelieren. Der emotional/mentale Faktor der Beanspruchung dagegen wird durch einen Anstieg der Herzfrequenz repräsentiert, der über der von der momentanen Bewegungsaktivität her zu erwartenden Herzfrequenz liegt (sog. emotionale Herzfrequenzerhöhungen). Mit einem speziellen Algorithmus, der mit gleitenden Mittelwerten der Bewegungsaktivität und der Herzfrequenz arbeitet und auch die bei stärkerer Bewegung grösser werdenden Artefaktmöglichkeiten berücksichtigt, wird der emotional/mentale Faktor der Beanspruchung geschätzt. Nach den bisherigen Erfahrungen werden mit dieser Methode vor allem emotionale Faktoren der Beanspruchung erfasst (Myrtek et al., 1996a), obwohl auch mental bedingte Steigerungen der Herzfrequenz diesen Parameter beeinflussen können.

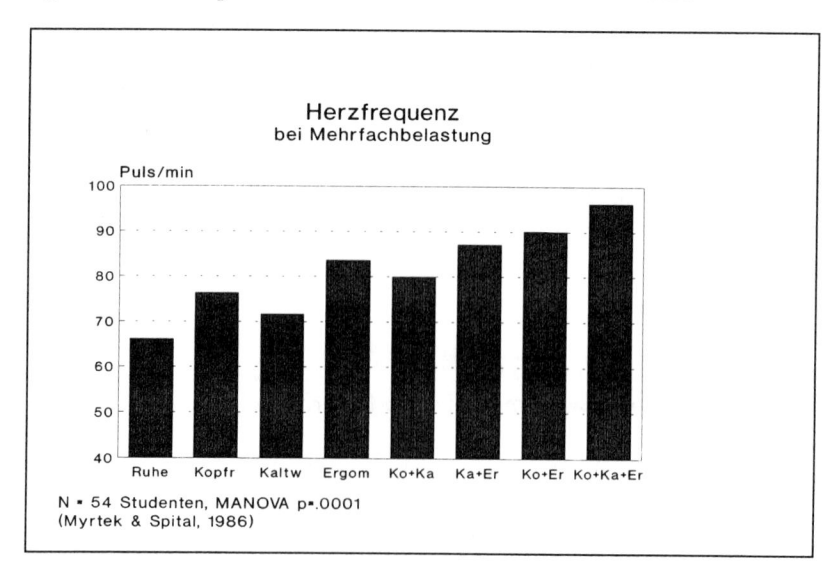

Abbildung 1: Herzfrequenz in Ruhe, beim Kopfrechnen (Kopfr), bei einem Kalt-Wasser-Test (Kaltw; Hand in Eiswasser getaucht), bei leichter Belastung mit dem Fahrradergometer (Ergom) sowie bei den Kombinationen der genannten Belastungen.

Zur Trennung des emotionalen und mentalen Anteils der psychisch bedingten Herzfrequenzerhöhungen kann die Variabilität der Herzfrequenz herangezogen werden. Von zahlreichen Autoren wird eine Abnahme der Variabilität der Herzfrequenz während mentaler Beanspruchung beschrieben (Czyzewska, Kiczka & Pokinko, 1983; Hecker, 1988; Huber, 1985; Meshkati, 1988; Rohmert & Rutenfranz, 1975; Strasser, 1982; Wilson, 1988). In der vorliegenden Untersuchung wurde als Variabilitätsmass der Herzfrequenz das sog. «Mittlere Quadrat der sukzessiven Differenzen (MQSD)» verwendet.

1.4 Einstufung des subjektiven Befindens und der aktuellen Tätigkeiten

Die Einschätzung des subjektiven Befindens durch den Schüler als Indikator der subjektiven Belastung ist ebenfalls von Bedeutung. Dabei ist jedoch zu bedenken, dass das subjektive Befinden mit der über die physiologischen Indikatoren ermittelten Beanspruchung in der Regel *nicht* korreliert, wie zahlreiche Arbeiten zur psychophysischen Kovariation belegen (Fahrenberg, Foerster, Schneider, Müller & Myrtek, 1984; Myrtek, 1980, 1998; Pennebaker 1982). Gleichwohl ist aber auch der subjektive Grad der Belastung (Aufgeregtheit, Bewertung der momentanen Situation; was man auch mit dem Schlagwort «subjektiver Stress» beschreiben kann) von Bedeutung, da er zumindest bei Erwachsenen Beziehungen zur Arbeitszufriedenheit, zur Entlohnung, zum Krankenstand, zum Zeitpunkt der Berentung und anderen Faktoren des Arbeitslebens aufweist (Fahrenberg, Myrtek & Trichtinger, 1985; Myrtek, 1987; Myrtek, Kaiser, Rauch & Jansen, 1997; Myrtek, Kreutel, Wilk, Welsch & Herzog, 1987; Parsons, 1982).

Das verwendete Datenerfassungssystem forderte in unregelmässigen Zeitabständen (im Durchschnitt alle 15 Minuten) den Schüler über ein akustisches Signal dazu auf, eine Kurzbeschreibung seines Befindens und seiner aktuellen Tätigkeit zu geben. Dieses Signal wurde dabei u.a. von den emotionalen Herzfrequenzerhöhungen gesteuert. Bei dieser Rückmeldung wurden über den Bildschirm des Gerätes entsprechende Antwortmöglichkeiten vorgegeben, die durch Knopfdruck beantwortet wurden. Bei der späteren Auswertung dienen diese Angaben zur Segmentierung des Datensatzes. So können z.B. die Herzfrequenz und andere physiologische Parameter für jene Fernsehminuten ermittelt werden, in denen der Schüler z.B. einen Abenteuerfilm gesehen hat. Die Häufigkeitsabschätzung bestimmter Tätigkeiten im Tagesablauf ist damit ebenfalls möglich.

> Bei den Schülern wurde ein tragbares Datenerfassungssystem verwendet, das kontinuierlich mehrere physiologischen Parameter als Indikatoren der objektiven Beanspruchung aufzeichnete. Die Registrierung erstreckte sich über einen Zeitraum von 23 Stunden, wobei die Schulzeit, die Freizeit und der Nachtschlaf eingeschlossen waren. Die Herzfrequenz diente als Indikator der Gesamtbeanspruchung, die Bewegungsaktivität als Indikator der energetischen Beanspruchung

und die Herzfrequenzvariabilität als Indikator der mentalen Beanspruchung. Eine neu entwickelte Methode zur Erfassung emotional bedingter Erhöhungen der Herzfrequenz entspricht der emotionalen Beanspruchung. Zur Erfassung der subjektiven Belastung wurden die Schüler alle 15 Minuten über ein akustisches Signal dazu aufgefordert, ihr Befinden und Verhalten zu beschreiben. Hierzu dienten kurze Fragen mit vorgegebenen Antworten auf dem Bildschirm des Gerätes, die durch Knopfdruck beantwortet wurden.

2. Hypothesen

2.1 Hypothesen aus der Literatur

Anhand der Literaturübersicht (Kap. 2) lassen sich mehrere Hypothesen ableiten. Die Gliederung der Hypothesen in diesem Abschnitt folgt der Literaturübersicht.

2.1.1 Fernsehnutzung

- Es wird eine durchschnittliche Fernsehdauer von knapp zwei Stunden erwartet. Dabei werden die 11jährigen Schüler kürzer, die 15jährigen länger fernsehen.
- Zumindest bei den 11jährigen Schülern werden Zeichentrickfilme besonders häufig gesehen.
- Sendungen des privaten Fernsehens werden von den Vielsehern prozentual häufiger genutzt als die Sendungen der öffentlich-rechtlichen Anstalten.

2.1.2 Motivation zum Fernsehen

- Fernsehen dient häufig zur Verbesserung der Stimmung, vor allem dann, wenn sich eine Person langweilt. Es kann vermutet werden, dass diese Aussage öfter für Vielseher zutrifft. Langeweile wird dann eintreten, wenn die Schüler viel allein sind.
- Nach Kubey (1986) sollen Vielseher während unstrukturierter Zeitabschnitte eine schlechtere Stimmung aufweisen als Wenigseher.

2.1.3 Fernsehwirkungen

- Vielseher werden im Vergleich zu Wenigsehern Sendungen mit pädagogischem Anspruch eher meiden.

- Wenigseher werden im Vergleich zu Vielsehern ein regeres Freizeitverhalten (Freunde besuchen, musizieren, Bücher lesen, etc.) aufweisen.
- Wenigseher werden bessere Schulnoten als Vielseher aufweisen. Diese Hypothese gilt speziell für den Deutschunterricht, da für dieses Fach das Lesen von Büchern wichtig ist.
- Die körperliche Aktivität der Vielseher wird geringer als die der Wenigseher sein.

2.1.4 Psychophysiologische Hypothesen

- Die Bewegungsaktivität der Vielseher wird während der Freizeit geringer als die der Wenigseher sein. Entsprechend niedriger wird auch die Herzfrequenz sein.
- Sendungen mit bestimmten formalen Elementen (emotionaler Inhalt bei sachlichem Text; schnelle Schnittfolge) werden eine höhere physiologische Erregung bewirken als Sendungen mit zueinander passenden Elementen. In diesem Zusammenhang ist vor allem an Nachrichten und Reportagen sowie Zeichentrickfilme gedacht.
- Vielseher werden im Vergleich zu Wenigsehern während des Fernsehens emotional schwächer reagieren (Habituationshypothese).
- Die emotionale Beanspruchung beim Fernsehen wird im Vergleich zu anderen Tätigkeiten während der Freizeit bei allen Schülern höher sein.

2.2 Spezielle Hypothesen zur vorliegenden Untersuchung

- Es werden sich Altersunterschiede bei der Herzfrequenz zeigen. Diese wird bei den jüngeren Schülern höher sein als bei den älteren.
- Im Schulunterricht werden sog. Kernfächer eine grössere subjektive Belastung und objektive Beanspruchung hervorrufen als sog. Nebenfächer.
- Unterrichtsstunden, in denen eine Klassenarbeit geschrieben wird, werden im Vergleich zu normalen Schulstunden gleichfalls eine grössere subjektive Belastung und objektive Beanspruchung bedingen.
- Die Habituationshypothese unterstellt den Vielsehern eine geringere emotionale Reaktivität beim Fernsehen. Es wird postuliert, dass sich bei anderen Tätigkeiten kein Unterschied in der physiologischen Reaktivität der Vielseher im Vergleich zu den Wenigsehern zeigen wird.
- Die objektive, physiologisch gemessene Beanspruchung wird nicht mit der subjektiv wahrgenommenen Belastung korrelieren.

Kapitel 4:

Methodik

1. Stichproben und Datenerhebung

In einer ersten Erhebung wurden N = 54 Schüler der 5. und 6. Klassen eines Gymnasiums in einer Kleinstadt Baden Württembergs untersucht. Vier Registrierungen wurden bei der Auswertung aus folgenden Gründen nicht verwendet: Vorzeitiger Abbruch der Registrierung durch den Schüler selbst, gestörtes EKG infolge von Elektrodenproblemen und Störungen bei der Aufzeichnung der ST-Strecke (Kabelproblem); ein Schüler hatte an diesem Tage wider Erwarten keine Schule. Das Durchschnittsalter der N = 50 verbleibenden Schüler betrug 11,1 Jahre (Standardabweichung SD = 0,7 Jahre). Eine zweite Untersuchung an diesem Gymnasium erfasste N = 55 Schüler der 9. und 10. Klassen. Fünf Registrierungen konnten aus den vorstehend genannten Gründen nicht verwendet werden. Das Durchschnittsalter dieser Gruppe betrug 15,4 Jahre (SD = 0,9).

Eine dritte Untersuchung wurde an N = 56 Schülern der 9. und 10. Klassen einer Realschule in derselben Kleinstadt durchgeführt. Das Durchschnittsalter der N = 50 Schüler mit brauchbaren Registrierungen betrug ebenfalls 15,4 Jahre (SD = 0,9). Schliesslich wurden in einer vierten Untersuchung N = 58 Schüler der 5. und 6. Klassen dieser Realschule untersucht, wobei 8 Registrierungen nicht verwendet werden konnten (Durchschnittsalter 11,7 Jahre, SD = 0,7). Die Untersuchungen fanden in den Jahren 1991 bis 1993 statt. Durch die aufwendigen Auswertungen und wegen personeller Engpässe kann ein zusammenfassender Bericht erst jetzt erfolgen.

Der Untersuchungsplan wurde zunächst dem zuständigen Oberschulamt vorgelegt und nach Prüfung durch verschiedene Experten (Jurist, Psychologe) genehmigt. Nachdem die Direktoren der beiden Schulen bereit waren, diese Untersuchungen zu unterstützen, übernahmen diese die Information des Lehrerkollegiums. Die Schüler der entsprechenden Klassen wurden über die Untersuchung mündlich informiert und auf die freiwillige Teilnahme und den Datenschutz hingewiesen. Sie erhielten ein Informationsblatt für ihre Eltern, auf dem diese gebeten wurden, die Teilnahme ihres Sohnes schriftlich zu bestätigen. Für ihre Teilnahme erhielten die jüngeren Schüler ein Sachgeschenk, die älteren ein Taschengeld.

Das Anlegen der Elektroden und der Bewegungsaufnehmer fand in Räumen der Schulen statt. Dabei wurden die Schüler über die Handhabung des Gerätes genau instruiert und insbesondere die Befindens- und Verhaltensabfrage geübt. Es wurde ihnen auch erklärt, dass sie bei Problemen zu jeder Tages- und Nachtzeit den Versuchsleiter konsultieren können. – Insgesamt gestaltete sich die Untersuchung problemlos. Von den insgesamt 223 Registrierungen konnten 200 verwendet werden, was einer Ausfallrate von 10,3 % entspricht. Bei Untersuchungen im Labor rechnet man mit Ausfallraten von 5 bis 10 %. Insofern ist die Rate bei diesen schwierigen Felduntersuchungen als gering einzuschätzen.

> In zwei Schulen (Realschule und Gymnasium) einer Kleinstadt in Baden-Württemberg wurden insgesamt 223 Schüler mit dem ambulanten Monitoring-System über 23 Stunden hinweg registriert. Von den Registrierungen konnten 200 verwendet werden; bei 23 Registrierungen kam es aus technischen Gründen zu Datenverlusten. In beiden Schulen wurden jeweils 50 Schüler der 5. und 6. Klassen (Alter 11 Jahre) und jeweils 50 Schüler der 9. und 10. Klassen (Alter 15 Jahre) registriert.

2. Erfassung der physiologischen Daten

2.1 Beschreibung des Datenerfassungssystems

Das System besteht aus einem Mini-Computer (Multitalent, MT) der eine On-line-Analyse der Herzfrequenz und Bewegungsaktivität durchführt. Es ist u.a. mit drei Analogeingängen für zwei EKG-Signale und die Bewegungsaktivität ausgerüstet. Weiterhin besitzt es ein Tastenfeld mit 20 Tasten für die Eingabe von Daten sowie einen kleinen Bildschirm (LCD-Anzeige). Die Programme für die Verarbeitung der Biosignale (Herzfrequenz, etc.) sind in EPROMs abgespeichert. Weitere Speicher dienen der minütlichen Ablage der verarbeiteten Biosignale. Das erste EKG-Signal diente zur Ermittlung der Herzfrequenz, am zweiten EKG-Signal wurde eine Vermessung der sog. ST-Strecke vorgenommen, die aber in der vorliegenden Darstellung nicht berücksichtigt wird. Das Auslesen der gespeicherten Daten zur weiteren Verarbeitung erfolgte über einen PC. Für das Gerät wurde ein stabiler Behälter aus Aluminium entwickelt. Dieser Behälter war wiederum in einer Umhängetasche aus Leder untergebracht. Die komplette Tasche (einschliesslich des 4 m langen EKG-Kabels, der Bewegungsaufnehmer, etc.) wiegt 1,5 kg.

2.2 EKG-Ableitungen und Bewegungsaufnehmer

Das EKG wurde über Brustwandelektroden jeweils bipolar abgeleitet. Dabei wurde die erste EKG-Ableitung so gelegt, dass eine möglichst hohe R-Zacke (markanteste Zacke im EKG) entsteht, um die Erkennung des Signals für die On-line-

Analyse der Herzfrequenz (Puls/min) zu erleichtern. Die zweite EKG-Ableitung diente zur Analyse der ST-Strecke. Einschliesslich einer Elektrode zur Erdung wurden fünf Elektroden pro Registrierung benötigt. Mit Hilfe eines Oszilloskops wurde die günstigste Lage der Elektroden ermittelt. Um eine gute Signalqualität sicherzustellen, wurden die Ableitungen zudem in den verschiedenen Körperpositionen untersucht.

Die Bewegungsaktivität (Einheiten/min) wurde mit Aufnehmern gemessen, welche die Aktivität in allen drei Raumachsen ermitteln (Piezoaufnehmer). Um die grobe Muskelaktivität des Schülers zu erfassen, sind zwei Aufnehmer notwendig, die zusammengeschaltet sind. Als Ableitorte dienten die rechte bzw. linke Grube unter dem Schlüsselbein und der Oberschenkel.

2.3 On-line-Analyse emotional bedingter Herzfrequenzerhöhungen

Im einlaufenden EKG-Signal wird die R-Zacke erkannt, pro Minute die Herzfrequenz (HF) ermittelt und dieser Wert abgespeichert. Simultan werden die Impulse der Aktivitätsaufnehmer (BA) integriert und der Minutenwert ebenfalls abgespeichert. Zur Analyse emotional bedingter Herzfrequenzerhöhungen werden die HF und BA-Werte jeder Minute mit den gleitenden Mittelwerten der vorhergehenden drei Minuten verglichen. Eine emotionale Erhöhung der Herzfrequenz wird dann angenommen, wenn die HF einer gegebenen Minute mindestens 3 Puls/min grösser ist als der gleitende Mittelwert der HF bei keinem oder nur einem geringen Anstieg der BA ($\leq$ 10 Einheiten). Bei Zunahme der Bewegungsaktivität wird zur Indikation einer emotionalen Frequenzerhöhung ein zunehmend grösser werdender Anstieg der Herzfrequenz (HFPLUS) gefordert, wobei folgender Algorithmus verwendet wird: HF > gleitender Mittelwert der HF (über 3 min) + HFPLUS, wobei HFPLUS = (BA + 90)/PAR. Der Parameter PAR dient zur individuellen Optimierung der Rückmeldung emotionaler Herzfrequenzerhöhungen, was hier aber nicht näher dargestellt werden soll. Diese individuelle Optimierung der Rückmeldung wurde bei der Auswertung zwecks Vergleichbarkeit der Schüler wieder zurückgenommen, indem der Parameter PAR generell auf 30 gesetzt wurde. So wird z.B. bei PAR = 30 und BA = 0 eine minimale Erhöhung der Herzfrequenz (HFPLUS) von 3 Puls/min gefordert, bei PAR = 30 und BA = 60 dagegen eine minimale Erhöhung der Herzfrequenz von 5 Puls/min. Der Algorithmus fordert also bei zunehmender Bewegungsaktivität eine höhere emotional bedingte Erhöhung der Herzfrequenz, damit ein emotionales Ereignis indiziert wird. Damit können Vergleiche zwischen Segmenten mit relativ hoher und relativ niedriger Bewegungsaktivität problematisch werden, z.B. Vergleich zwischen der Schulzeit und dem Fernsehen. Daher wurde in einem zweiten Auswertungsschritt diese Korrektur für Bewegungsaktivität zurückgenommen, d.h. es wurde für alle

Segmente eine minimale Erhöhung der Herzfrequenz von 3 Puls/min gefordert, um ein emotionales Ereignis anzuzeigen. Bei der Ergebnisdarstellung werden beide Auswertungen berücksichtigt.

Die Gesamtsumme der emotionalen Herzfrequenzerhöhung für eine Registrierung oder ein bestimmtes Segment der Registrierung ergibt sich naturgemäss aus der Anzahl solcher Ereignisse und den dabei erzielten HFPLUS. Zur Quantifizierung wurde der Mittelwert der HFPLUS für ein Segment gebildet und dieser Wert durch 3 geteilt, was den Faktor, um den die minimal geforderte Herzfrequenzerhöhung überschritten wird, ergibt (Einheiten emotionale Herzfrequenz/min). Bei der

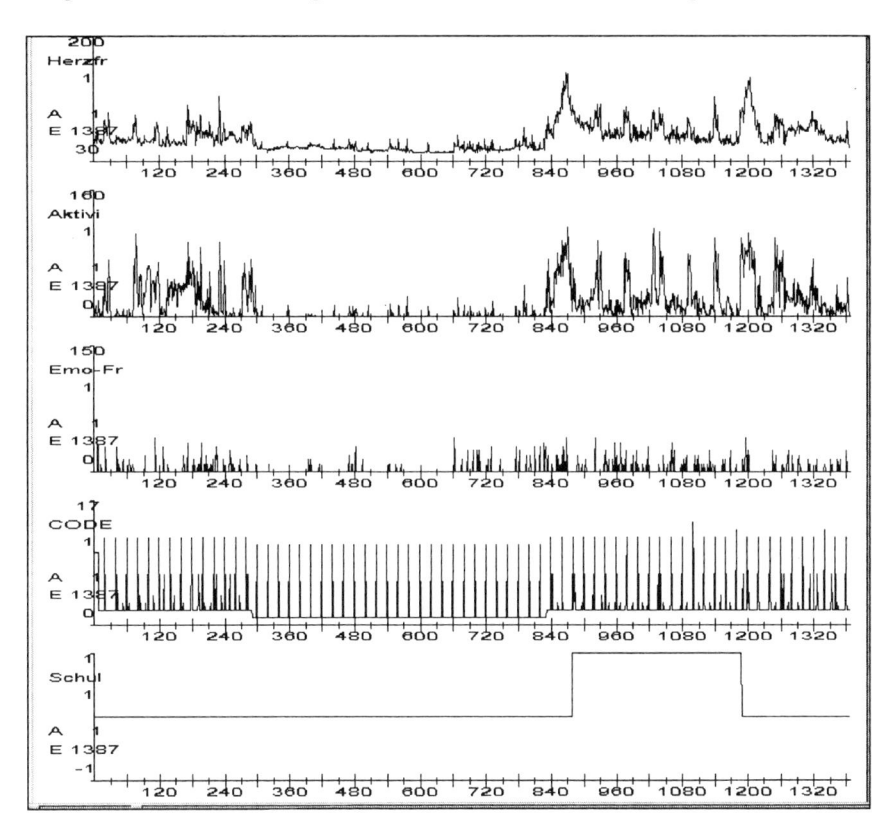

Abbildung 2: Registrierung eines 15jährigen Schülers über 23 Stunden (von oben nach unten): Herzfrequenz (Puls/min), Bewegungsaktivität (Einheiten/min), emotionale Erhöhungen der Herzfrequenz (Einheiten/min), Code zur Segmentierung (z.B. 1 = Nacht, 2 = Tag, 3 = echte Rückmeldung, 4 = Zufallsrückmeldung, etc.), Schulzeit (0 = keine Schulzeit, 1 = Schulzeit).

Darstellung der Ergebnisse wurde dieser Wert noch mit 10 multipliziert. Die Werte der emotionalen Herzfrequenz einzelner Minuten variieren nach dem dargestellten Algorithmus zwischen 0 und HFPLUS, sind also zunächst nicht normalverteilt. Durch die Mittelwertbildung über mehrere bis viele Minuten wird aber Normalverteilung erreicht. Der dargestellte Algorithmus wurde aufgrund von Überlegungen über die Höhe zu erwartender Veränderungen der Herzfrequenz und aufgrund zahlreicher Vorversuche empirisch entwickelt.

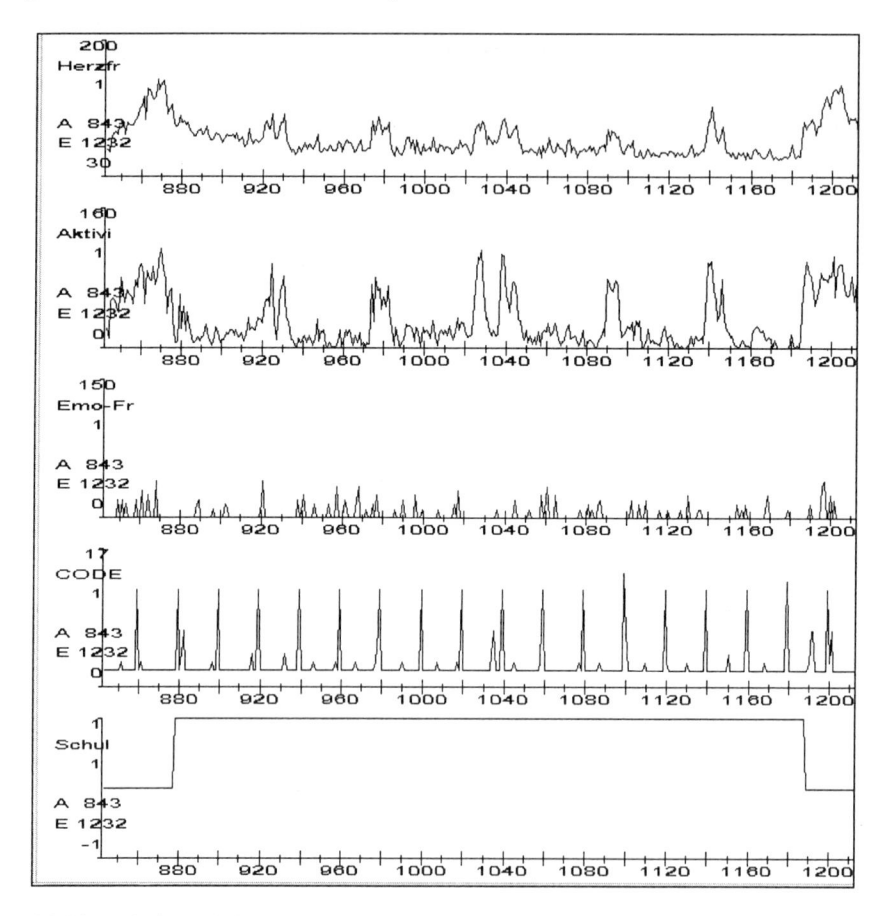

Abbildung 3: Ausschnitt aus Abbildung 2 während der Schulzeit.

In Abbildung 2 ist ein typischer Verlauf der physiologischen Parameter über die insgesamt 1 387 Registrierminuten hinweg für einen Schüler dargestellt. Man erkennt die geringe Bewegungsaktivität und die niedrigere Herzfrequenz während der Nacht. Wie man sieht, sind beide Parameter hoch miteinander korreliert, was man entsprechend der energetisch bedingten Kopplung beider Parameter erwarten kann. Abbildung 3 zeigt eine Detaildarstellung der Abbildung 2 während der Schulzeit. Deutlich ist die niedrigere Herzfrequenz bzw. Bewegungsaktivität während der einzelnen Schulstunden zu erkennen, während die Pausen durch eine hohe Frequenz und Bewegungsaktivität gekennzeichnet sind.

2.4 Herzfrequenzvariabilität

Als Parameter der Herzfrequenzvariabilität wurde das Mittlere Quadrat der sukzessiven Differenzen (MQSD) verwendet. Dabei wird von zwei aufeinanderfolgenden RR-Abständen die Differenz der Momentanfrequenzen (Puls/min) gebildet und hiervon das Quadrat errechnet. Diese Quadrate werden aufaddiert und durch die Zahl der Differenzen geteilt. Hieraus wird schliesslich noch die Wurzel gezogen. Die Dimension ist Puls/min.

2.5 Erhebung der Baseline

Ein wichtiger Aspekt ist die Wahl geeigneter Bezugspunkte für die belastungsbedingten Veränderungen der physiologischen Indikatoren (Baseline). Die exakte und reproduzierbare Bestimmung der Baseline ist notwendig, da man wegen der grossen interindividuellen Unterschiede, etwa bedingt durch Unterschiede im körperlichen Trainingszustand, nicht direkt die während der Belastung gemessenen physiologischen Parameter — mit Ausnahme der emotionalen Herzfrequenzerhöhungen – zur Beanspruchungsbeurteilung verwenden kann. In der Literatur werden oft schlecht definierte Situationen, z.B. kurzes Sitzen im Arbeitsraum, als Ausgangspunkt für die Veränderungen genommen. In den eigenen Untersuchungen wurde dieses Problem durch die Bestimmung des Mittelwertes der physiologischen Parameter während des Tiefschlafs gelöst. Mit einem speziellen Auswerteprogramm wurde für jeden Schüler jene Stunde des Nachtschlafes ermittelt, in dem die Herzfrequenz ein Minimum annimmt. Als Bezugspunkt für die physiologischen Indikatoren während der Belastung dienen dann die für diese Stunde errechneten Mittelwerte. Die Variation der so definierten Baseline kann beträchtlich sein. In einer Stichprobe mit Angestellten und Arbeitern wurden z.B. Baseline-Werte der Herzfrequenz zwischen 42 und 80 Puls/min beobachtet (Myrtek et. al., 1999). Würde man bei einer leichten Arbeit, die z.B. zu einer Erhöhung der Herzfrequenz um 15 Puls/min führt, diese beiden Arbeitnehmer miteinander vergleichen, dann hätte der erste einen Puls von 57 und der zweite einen Puls von 95 pro Minute. Ohne Bezug auf die Baseline würde man bei ersterem eine geringe, bei dem zweiten eine hohe Beanspruchung feststellen.

Das Monitoring-System besteht aus einem Mini-Computer, der in Echtzeit eine simultane Analyse der Herzfrequenz und der Bewegungsaktivität vornimmt. Der

Computer besitzt weiterhin ein Tastenfeld zur Eingabe von Daten sowie einen kleinen Bildschirm. Mit fünf Brustwandelektroden werden zwei EKG-Ableitungen (zur Analyse der Herzfrequenz und anderer Parameter) erfasst. Die Bewegungsaktivität, die zur Abschätzung der energetischen Beanspruchung dient, wird mit zwei Aufnehmern an Rumpf und am Oberschenkel gemessen.

Mit einem speziellen Algorithmus werden die Herzfrequenz und Bewegungsaktivität einer aktuellen Minute zu den gleitenden Mittelwerten aus den vorhergehenden drei Minuten in Beziehung gesetzt. Überschreitet die Herzfrequenz der aktuellen Minute den Mittelwert der vorhergehenden Minuten um einen bestimmten Betrag und ändert sich gleichzeitig die aktuelle Bewegungsaktivität nur unwesentlich, so wird auf ein emotionales Ereignis erkannt (emotionale Herzfrequenzerhöhungen als Indikator der emotionalen Beanspruchung). Als Parameter der Variabilität der Herzfrequenz (zur Abschätzung der mentalen Beanspruchung) wurde das sog. «Mittlere Quadrat der sukzessiven Differenzen (MQSD)» verwendet, das man aus den Abständen der R-Zacken im EKG errechnen kann.

Als Bezugspunkte (Baseline) für die physiologischen Parameter (Herzfrequenz, Bewegungsaktivität, MQSD) wurden die Mittelwerte dieser Parameter im Tiefschlaf gewählt. Als Tiefschlaf wurde jene Stunde definiert, in der die Herzfrequenz ein Minimum annimmt. Dieser Bezug ist notwendig, da es grosse individuelle Unterschiede in den physiologischen Parametern gibt, welche die Verwendung dieser Parameter als Indikatoren der Beanspruchung verfälschen können.

3. Erfassung der Befindens- und Verhaltensdaten

Wie bereits ausgeführt, wurden die emotionalen Herzfrequenzerhöhungen unter bestimmten Rahmenbedingungen dem Schüler über ein akustisches Signal zurückgemeldet (sog. «echte Rückmeldungen») mit der Aufforderung, sein augenblickliches Verhalten und Befinden zu beschreiben. Um Vergleichsdaten zu erhalten, aber auch um Konditionierungsvorgänge zu vermeiden, erfolgten die Rückmeldungen nicht nur dann, wenn der Schüler eine psychisch bedingte Herzfrequenzerhöhung aufwies, etwa bei einem längeren unangenehmen Gespräch, sondern auch zufällig (sog. «Zufallsrückmeldungen»). Dabei wusste der Schüler nicht, dass die Befindens- und Verhaltensabfrage über die Herzfrequenz und Bewegungsaktivität gesteuert wird. Ihm wurde lediglich erklärt, dass die Rückmeldungen zum Protokollieren der Tagesereignisse dienen.

Die Gesamtzahl der Rückmeldungen muss naturgemäss begrenzt werden, um den Probanden nicht zu stark zu belasten. Dabei kann er die Rückmeldungen auch ganz abschalten, z.B. beim Nachtschlaf. Bei einer 23-Stunden-Registrierung (eine

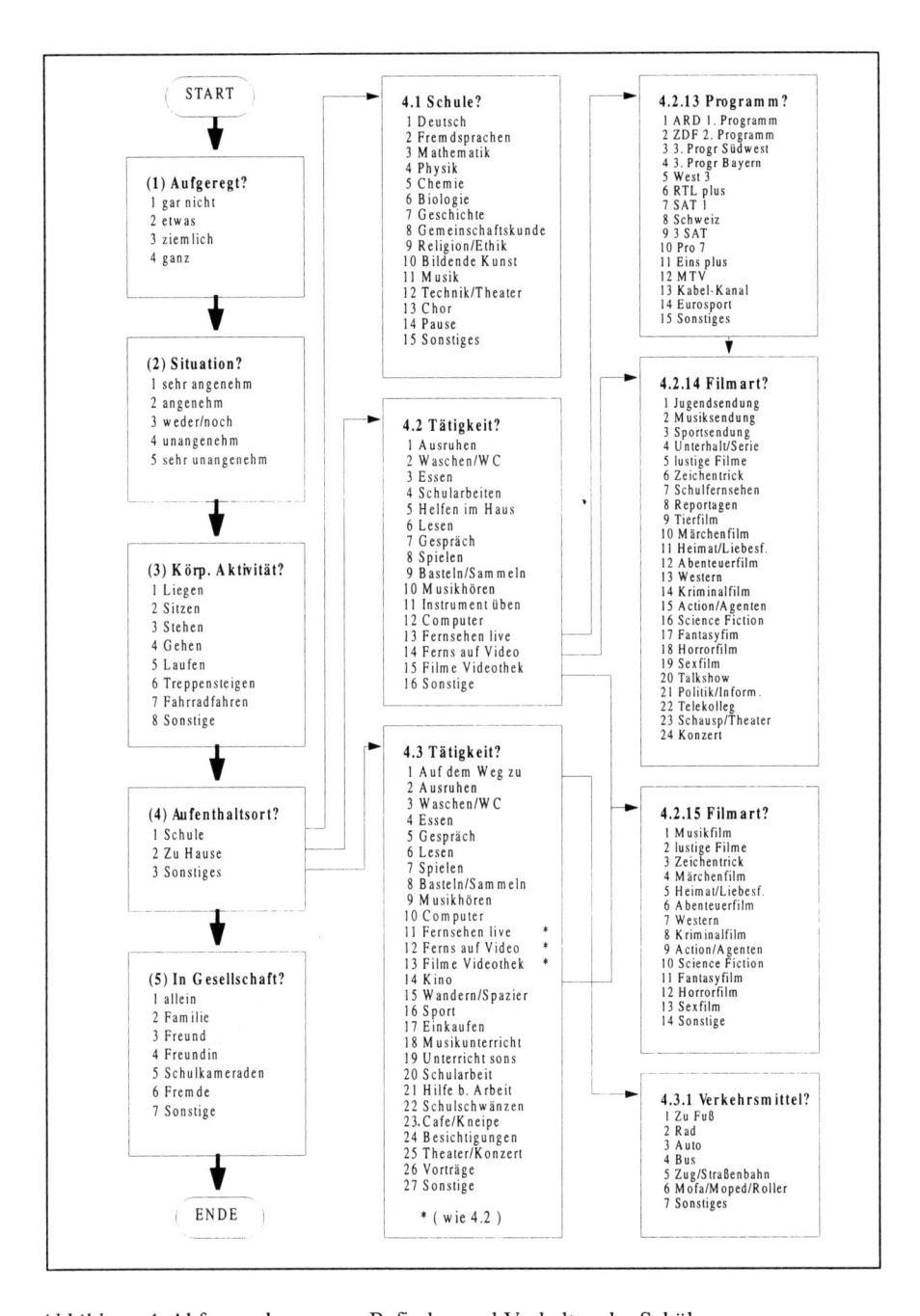

```
                                    4.1 Schule?              4.2.13 Programm?
        START                       1 Deutsch                1 ARD 1. Programm
                                    2 Fremdsprachen          2 ZDF 2. Programm
                                    3 Mathematik             3 3. Progr Südwest
                                    4 Physik                 4 3. Progr Bayern
  (1) Aufgeregt?                    5 Chemie                 5 West 3
  1 gar nicht                       6 Biologie               6 RTL plus
  2 etwas                           7 Geschichte             7 SAT 1
  3 ziemlich                        8 Gemeinschaftskunde     8 Schweiz
  4 ganz                            9 Religion/Ethik         9 3 SAT
                                    10 Bildende Kunst        10 Pro 7
                                    11 Musik                 11 Eins plus
                                    12 Technik/Theater       12 MTV
                                    13 Chor                  13 Kabel-Kanal
  (2) Situation?                    14 Pause                 14 Eurosport
  1 sehr angenehm                   15 Sonstiges             15 Sonstiges
  2 angenehm
  3 weder/noch
  4 unangenehm                                               4.2.14 Filmart?
  5 sehr unangenehm                 4.2 Tätigkeit?           1 Jugendsendung
                                    1 Ausruhen               2 Musiksendung
                                    2 Waschen/WC             3 Sportsendung
                                    3 Essen                  4 Unterhalt/Serie
                                    4 Schularbeiten          5 lustige Filme
  (3) Körp. Aktivität?              5 Helfen im Haus         6 Zeichentrick
  1 Liegen                          6 Lesen                  7 Schulfernsehen
  2 Sitzen                          7 Gespräch               8 Reportagen
  3 Stehen                          8 Spielen                9 Tierfilm
  4 Gehen                           9 Basteln/Sammeln        10 Märchenfilm
  5 Laufen                          10 Musikhören            11 Heimat/Liebesf.
  6 Treppensteigen                  11 Instrument üben       12 Abenteuerfilm
  7 Fahrradfahren                   12 Computer              13 Western
  8 Sonstige                        13 Fernsehen live        14 Kriminalfilm
                                    14 Ferns auf Video       15 Action/Agenten
                                    15 Filme Videothek       16 Science Fiction
                                    16 Sonstige              17 Fantasyfim
                                                             18 Horrorfilm
  (4) Aufenthaltsort?                                        19 Sexfilm
  1 Schule                                                   20 Talkshow
  2 Zu Hause                        4.3 Tätigkeit?           21 Politik/Inform.
  3 Sonstiges                       1 Auf dem Weg zu         22 Telekolleg
                                    2 Ausruhen               23 Schausp/Theater
                                    3 Waschen/WC             24 Konzert
                                    4 Essen
                                    5 Gespräch
                                    6 Lesen                  4.2.15 Filmart?
  (5) In Gesellschaft?              7 Spielen                1 Musikfilm
  1 allein                          8 Basteln/Sammeln        2 lustige Filme
  2 Familie                         9 Musikhören             3 Zeichentrick
  3 Freund                          10 Computer              4 Märchenfilm
  4 Freundin                        11 Fernsehen live   *    5 Heimat/Liebesf.
  5 Schulkameraden                  12 Ferns auf Video  *    6 Abenteuerfilm
  6 Fremde                          13 Filme Videothek  *    7 Western
  7 Sonstige                        14 Kino                  8 Kriminalfilm
                                    15 Wandern/Spazier       9 Action/Agenten
                                    16 Sport                 10 Science Fiction
                                    17 Einkaufen             11 Fantasyfilm
                                    18 Musikunterricht       12 Horrorfilm
                                    19 Unterricht sons       13 Sexfilm
                                    20 Schularbeit           14 Sonstige
                                    21 Hilfe b. Arbeit
                                    22 Schulschwänzen
                                    23.Cafe/Kneipe           4.3.1 Verkehrsmittel?
                                    24 Besichtigungen        1 Zu Fuß
                                    25 Theater/Konzert       2 Rad
                                    26 Vorträge              3 Auto
                                    27 Sonstige              4 Bus
                                                             5 Zug/Straßenbahn
        ENDE                        * ( wie 4.2 )            6 Mofa/Moped/Roller
                                                             7 Sonstiges
```

Abbildung 4: Abfrageschema zum Befinden und Verhalten der Schüler.

Stunde ist bei den Registrierungen für die Abnahme und das Anlegen der Geräte vorgesehen) entfallen bei 15jährigen Schülern ca. acht Stunden auf die Schlafzeit. In den verbleibenden 15 Stunden betrug die durchschnittliche Rückmelderate vier Rückmeldungen/Stunde, so dass sich maximal 60 Rückmeldungen ergeben. Der Mindestabstand zweier Rückmeldungen betrug dabei 10 Minuten, der maximale Abstand 20 Minuten. Im Mittel erfolgte nach ein bzw. zwei herzfrequenzgesteuerten Rückmeldungen eine Zufallsrückmeldung, so dass sich ca. 35 frequenzgesteuerte und 25 Zufallsrückmeldungen ergeben.

Durch die akustische Rückmeldung (wahlweise über Ohrhörer oder Gerätesignal) wurde der Schüler aufgefordert, seine aktuelle Situation und sein Befinden zu beschreiben. Dabei wurde der Bildschirm des MT angesteuert, und die Fragen mit den entsprechenden Antwortmöglichkeiten erschienen nacheinander in der LCD-Anzeige. Nach Beantwortung der ersten Frage durch entsprechendes Positionieren des Cursors, erschien automatisch die nächste Frage. Durch eine Korrekturtaste konnte die jeweils letzte Frage wiederholt werden. Da im Mittel pro Stunde vier Rückmeldungen erfolgen, muss die Eingabe auf ein Minimum beschränkt werden. Dabei sind die Besonderheiten der jeweils untersuchten Stichprobe zu beachten. Durch Verzweigungen der Abfrage lassen sich aber auch kompliziertere Sachverhalte klären (Abb. 4).

Standardmässig wurden folgende Fragen gestellt: Ausmass der Aufgeregtheit des Schülers (4stufige Skala, 1 = gar nicht, 4 = ganz aufgeregt), Bewertung der augenblicklichen Situation nach angenehm bzw. unangenehm (5stufige Skala, 1 = sehr angenehm, 5 = sehr unangenehm), Art der aktuellen körperlichen Belastung (Liegen, Sitzen, Stehen, Gehen, etc.), Aufenthaltsort (Schule, zu Hause, anderswo), Art der aktuellen Tätigkeit (Ausruhen, Lesen, Essen, Gespräch, etc.) und soziale Kontakte (allein, in Gesellschaft von Freunden, Fremden, etc.). Verzweigungen erfolgten vor allem bei der Abfrage des Aufenthaltsortes und bei der «Tätigkeit Fernsehen». Wurde z.B. als Aufenthaltsort «Schule» angegeben, so präsentierte das Programm die verschiedenen Unterrichtsfächer. Da die Schüler den Inhalt der Abfragen kannten, konnte die Beantwortung der Fragen sehr zügig vorgenommen werden; sie dauerte in der Regel nicht länger als 20 Sekunden.

Unter bestimmten Bedingungen wurden die emotionalen Herzfrequenzerhöhungen den Schülern über ein akustisches Signal zurückgemeldet (sog. echte Rückmeldungen). Dabei wurden die Schüler aufgefordert, ihr augenblickliches Befinden und Verhalten zu beschreiben. Nach ein bis zwei echten Rückmeldungen erfolgten sog. Zufallsrückmeldungen, bei denen keine emotionalen Herzfrequenzerhöhungen vorlagen. Der Zeitabstand zwischen zwei Rückmeldungen variierte zwischen 10 und 20 Minuten, im Mittel betrug er 15 Minuten. Nachts wurde die Befindensabfrage ausgeschaltet, die Registrierung der physiologischen Parameter lief aber weiter. Bei der Abfrage wurde der Bildschirm des Computers angesteuert und

Fragen mit vorgegebenen Antwortmöglichkeiten gestellt. Die Fragen wurden durch entsprechendes Positionieren des Cursors mittels Knopfdruck beantwortet. Standardmässig wurden Fragen nach der Aufgeregtheit des Schülers, nach der Bewertung der Situation, nach der aktuellen körperlichen Belastung, nach dem Aufenthaltsort und nach dem sozialen Kontakt gestellt. Verzweigungen der Abfrage ergaben sich mit dem Aufenthaltsort (Schule, zu Hause und anderswo), wobei z.B. nach den Unterrichtsfächern oder den aktuellen Tätigkeiten gefragt wurde. Bei der Antwort «Tätigkeit Fernsehen» erfolgten weitere Verzweigungen mit Fragen nach dem Sender und nach der Art des Programms.

4. Fragebogen

Zur näheren Charakterisierung der Schüler wurde ein Fragebogen verwendet. Dieser enthielt die Skala Allgemeinbefinden aus der Freiburger Beschwerdenliste (Fahrenberg, 1994). Mehrere Fragen erfassten die Lebensgewohnheiten: Schlafzeit, sportliche Aktivitäten (z.B. Schwimmen, Ballspiele, etc.), Krankenhausaufenthalte, Arztbesuche und Einnahme von Tabletten. Im schulischen Bereich wurde nach der Beliebtheit einzelner Fächer, nach den Schulnoten, den Schularbeiten zu Hause und nach der subjektiven Belastung durch die Schule gefragt. An sozialen Daten wurden das Alter, die Anzahl der Geschwister und die Wohnverhältnisse erhoben.

Bestimmte Lebensgewohnheiten der Schüler und sozioökonomische Daten wurden mit einem Fragebogen erfasst. der Fragebogen enthielt auch eine Skala zu körperlichen Beschwerden. Schliesslich wurden die Schulnoten und die subjektive Belastung durch die Schule erfragt.

5. Auswertung

5.1 Datenorganisation und Artefaktkontrolle

Nach der Registrierung wurden die MT-Daten auf einen PC ausgelesen. Im einzelnen handelte es sich um die Variablen: Herzfrequenz (Puls/min), Bewegungsaktivität (Einheiten/min), Variabilität der Herzfrequenz (MQSD, Puls/min), Codierung der Rückmeldungen und Codierung der Abschaltzeiten des MT.

Bei den Registrierungen wurde für jede Minute ein sog. Artefaktparameter ermittelt. Wie dargelegt, wurden zum Errechnen der Herzfrequenz die R-Zacken im EKG herangezogen. In einer Minute wird vom Programm eine bestimmte

Anzahl von RR-Abständen (in ms) erkannt, wobei deren Zeitdauer addiert wird. Die Zeitdauer aller erkannten RR-Abstände in einer Minute ist in der Regel etwas kleiner als 60 000 ms, da es zwischen der vorangehenden Minute und der folgenden Minute zu Überlappungen der Herzzyklen kommt. Daher wird die Zahl der erkannten RR-Abstände auf 60 000 ms hochgerechnet. Der Artefaktparameter ist als die Differenz zwischen der errechneten Herzfrequenz und der Zahl der erkannten RR-Abstände definiert und liegt meist bei einem Puls/min. Werden nun aus irgendwelchen Gründen (z.B. Zug an den Elektroden und damit schlechtes EKG) nur wenige RR-Abstände als gültig erkannt, steigt der Parameter stark an. Dieser Parameter sowie alle weiteren Variablen der Registrierung wurden mit einem speziellen Graphikprogramm interaktiv kontrolliert. Artefaktverdächtige Daten wurden im jeweiligen Datensatz als Missing Data (fehlende Daten) codiert. Die dabei auftretenden Datenverluste sind meist sehr gering (Myrtek et al., 1996b).

5.2 Sekundärauswertung

Anhand der Primärdatei wurde mit einem speziellen Programm das Herzfrequenzminimum (Baseline, bezogen auf 60 Minuten) während des Nachtschlafs ermittelt und für die Tagwerte eine zweite Datei mit den Differenzen zum Tiefschlaf für alle Parameter mit Ausnahme der emotionalen Herzfrequenzerhöhung erstellt. Für die statistische Auswertung wurde mit diesen Dateien eine Ergebnisdatei angelegt, indem der Datensatz anhand der Codierungen und Abfragen in Segmente zerlegt wurde, z.B. Tagsegment, Nachtsegment, Segmente entsprechend den unterschiedlichen körperlichen Aktivitäten, Segmente entsprechend den verschiedenen Tätigkeiten etc. Um die Datenbasis zu verbreitern, wurden die zwischen zwei identischen Codierungen liegenden Minuten ebenfalls diesen Codierungen zugerechnet, da die gebildeten Segmente sonst nur Teilmengen der maximal 60 Abfragen darstellen würden. Für jedes Segment wurden die Mittelwerte und Standardabweichungen der Parameter berechnet sowie die Zahl der Minuten, in denen diese Codierungen auftraten, erfasst. Dieser Ergebnisdatei wurden auch die Daten aus dem Fragebogen (Lebensgewohnheiten, soziale Daten, etc.) zugeführt.

5.3 Statistische Auswertung

Im vorliegenden Zusammenhang interessieren vor allem die Effekte des Fernsehkonsums (Wenigseher vs Vielseher) und die Effekte des Alters (junge vs ältere Schüler). Als dritter Faktor kommt meist noch eine Messwiederholung hinzu, z.B. Schulzeit vs Fernsehen zu Hause. Die Einteilung der jeweiligen Stichprobe in Wenig- und Vielseher erfolgte am Median der Stichprobe anhand der Rückmeldungen, in denen als Tätigkeit «Fernsehen» angegeben wurde. Für das skizzierte Design sind multivariate Varianzanalysen (MANOVA) geeignet. Dabei werden die Haupteffekte «Alter», «Fernsehen» und «Aufenthaltsort» getestet. Weiterhin ergeben sich mehrere sog. Wechselwirkungen: Alter * Fernsehen, Aufenthaltsort * Alter, Aufenthaltsort * Fernsehen und Aufenthaltsort * Alter * Fernsehen. Da bestimmte Parameter, z.B. die Variabilität der Herzfrequenz, mit anderen Variablen korreliert sind, wurden letztere in die MANOVAs als Kovariaten eingeführt, um die unabhängigen Effekte des Parameters zu analysieren. Bei Datensätzen ohne Messwiederholungen wurden einfache Varianzanalysen (ANOVA) mit den Faktoren Fernsehen und Alter berechnet. Alle Auswertungen wurden mit dem Programmsystem SAS (SAS Institute, 1993) vorgenommen. Folgende Signifikanzniveaus wurden zugrundegelegt: $p < .050$ (signifikant), $p < .010$ (sehr signifikant) und $p < .001$ (hoch signifikant). Mitunter wird auch ein Niveau von $p < .100$ angeführt und als Tendenz interpretiert. In den Diagrammen werden die exakten p-Werte angegeben.

Bei Felduntersuchungen ist insbesondere auf Artefakte in den Daten zu achten. Um Artefakte zu erkennen, wurde fortlaufend ein spezieller Artefaktparameter mitregistriert. Weitere Kontrollen aller Parameter (Herzfrequenz, Bewegungsaktivität, MQSD) erfolgten durch visuelle Inspektion mit Hilfe eines Graphikprogramms. Artefaktverdächtige Daten wurden im jeweiligen Datensatz als Missing Data (fehlende Daten) codiert. Bei der Auswertung der Daten wurden zunächst die Differenzen der physiologischen Parameter (Tagwerte) zum Tiefschlaf berechnet. Danach erfolgte die Segmentierung des Datensatzes anhand der Codierungen und Abfragen. Für jedes Segment (z.B. Tagsegment, Schulsegment, etc.) wurden weiterhin die Mittelwerte und Standardabweichungen der Parameter berechnet. Schliesslich wurden dieser Ergebnisdatei die Fragebogendaten zugeführt.
Die statistische Auswertung erfolgte im wesentlichen mit multivariaten Varianzanalysen, die zum besseren Verständnis in Form von Säulendiagrammen in den Abbildungen dargestellt werden. Bei der Auswertung interessieren zunächst die sog. Haupteffekte des Fernsehkonsums (Frage: Unterscheiden sich Wenigseher von Vielsehern?) und des Alters (Frage: Unterscheiden sich die jüngeren von den älteren Schülern?). Als dritter Haupteffekt kommt in der Regel eine Messwiederholung hinzu, z.B. Schulzeit vs Freizeit. In diesem Beispiel wird gefragt, ob sich die Beanspruchung (Herzfrequenz, Bewegungsaktivität, etc.) in der Schule von der Beanspruchung während der Freizeit unterscheidet. Darüber hinaus gibt es mehrere sog. Wechselwirkungen. So könnten sich in einem Merkmal vielleicht «ältere Vielseher» von «jüngeren Vielsehern» und umgekehrt «ältere Wenigseher» von «jüngeren Wenigsehern» unterscheiden (Beispiel in Abb. 14). In diesem Fall würde die Wechselwirkung «Alter * Fernsehen» statistisch signifikant. Als

weiteres Beispiel mag die Abbildung 37 dienen. Dabei ergab sich für die gemessene Bewegungsaktivität u.a. eine Wechselwirkung «Tageszeit * Alter». Diese Wechselwirkung ist darauf zurückzuführen, dass sich die jüngeren Schüler am Tag mehr bewegten als die älteren Schüler, während sich nachts keine Unterschiede zwischen den jüngeren und älteren Schülern finden liessen.

Kapitel 5:

Ergebnisse und Diskussion

Da es in den Analysen um die Effekte des Fernsehens (Wenigseher vs Vielseher), des Alters (11jährige vs 15jährige Schüler) und der Messwiederholungen (z.B. Schule vs Freizeit) geht, wird eine Darstellung in Tabellenform schnell unübersichtlich, zumal man sich Wechselwirkungen nur schlecht vorstellen kann. Daher wurden alle wesentlichen Ergebnisse in Form von Säulendiagrammen dargestellt. Aus den Diagrammen ist zudem das Signifikanzniveau ersichtlich. Mitunter weicht die Anzahl der Schüler, deren Mittelwerte in den Säulen dargestellt sind, von N = 50 ab. So fanden sich unter den Wenigsehern in der jüngeren Gruppe sechs Schüler, die am Untersuchungstag gar nicht ferngesehen haben und in der älteren Gruppe sieben Schüler. Dies ist in den Diagrammen ebenfalls eingetragen, in diesem Beispiel also N = 44/50/43/50. Ist nichts anderes vermerkt, stellt jede Säule den Mittelwert aus 50 Schülern dar.

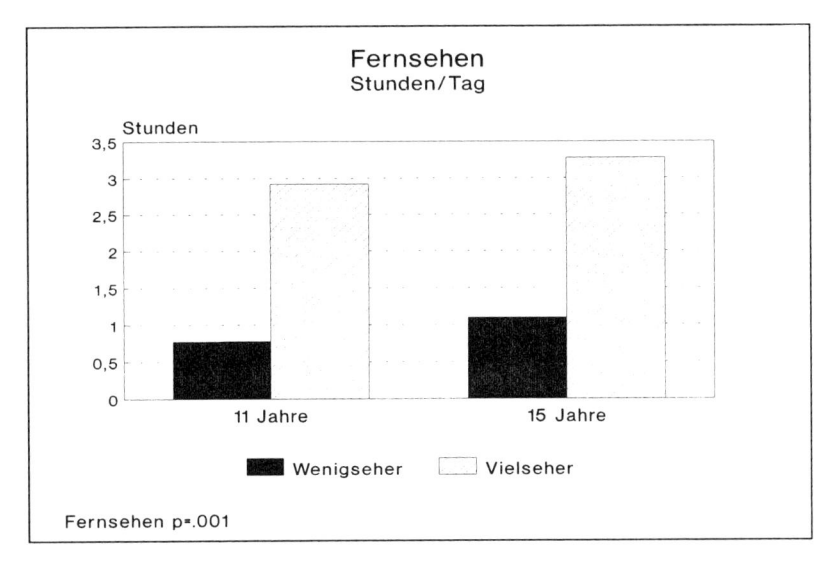

Abbildung 5: Fernsehzeit an einem normalen Schultag.

Da der Faktor Fernsehen neben dem Alter das wichtigste Kriterium darstellt, sei das Ausmass der vor dem Fernseher verbrachten Zeit schon hier dargestellt. Dabei erfolgte die Berechnung aus den Angaben bei den Rückmeldungen, die hochgerechnet wurden. Die Freizeit der jüngeren Schüler, ohne Schlaf- und Schulzeit, betrug im Durchschnitt 558 Minuten. Bei einem Fernsehkonsum von 19,9 % der Freizeit sind dies 111 Minuten oder 1,85 Stunden. Die älteren Schülern hatten 632 Minuten Freizeit. Bei einem Fernsehkonsum von 20,8 % der Freizeit demnach 131 Minuten oder 2,19 Stunden. Abbildung 5 zeigt die Verteilung der Fernsehzeit auf die Wenig- bzw. Vielseher und auf die Altersstufen. Mit dem Alter nimmt die Sehzeit sowohl prozentual als auch absolut noch zu, wobei diese Zunahme bei den Vielsehern sogar etwas ausgeprägter ist als bei den Wenigsehern.

Man muss sich fragen, ob die Bestimmung des Fernsehkonsums aus den Daten der Registrierung, die nur an einem Tag pro Schüler vorgenommen wurde, überhaupt aussagekräftig sein kann. Offenbar ist der Fernsehkonsum aber individuell sehr stabil, so dass die Registrierung eines einzigen Tages als ausreichend angesehen werden kann. So zeigte sich in der Untersuchung von Groebel (1981) an 405 11jährigen Schülern, die dreimal im Jahresabstand befragt wurden, dass das Vielsehen die stabilste Eigenschaft darstellte. Im übrigen wären die zahlreichen Unterschiede zwischen den Viel- und Wenigsehern, die in der vorliegenden Untersuchung beobachtet wurden, bei einer instabilen Fernsehnutzung nicht zustande gekommen.

Die Jüngeren sahen öfter im Kreis der Familie fern (58 % der gesamten Fernsehnutzung) als die Älteren (41 %; p = .001). Dementsprechend sassen die Älteren häufiger allein vor dem Fernseher (46 %) als die Jüngeren (32 %; p = .009). Wichtig erscheint der tendenziell signifikante Haupteffekt Fernsehen (p = .085), wonach die Vielseher mehr Zeit allein vor dem Gerät sitzen als die Wenigseher. Gemeinsames fernsehen mit Freunden und Schulkameraden war selten; 10 % bei den Jüngeren und 13 % bei den Älteren.

Entsprechend der Literatur wurde eine durchschnittliche Fernsehdauer von knapp zwei Stunden erwartet, wobei dies ziemlich genau zutrifft. Zutreffend ist auch, dass die jüngeren Schüler kürzer fernsehen als die älteren. Als Motiv für das Fernsehen wurde in der Literatur vermutet, dass fernsehen zur Verbesserung der Stimmung beiträgt, vor allem dann, wenn sich eine Person langweilt. Daraus wurde abgeleitet, dass Langeweile vor allem dann eintritt, wenn der Schüler viel allein ist. Entsprechend dieser Hypothese sollten Vielseher häufiger allein sein und auch öfter allein fernsehen. Dies trifft zu; siehe auch Abbildung 35.

Die 11jährigen Schüler sehen im Mittel 1,9 Stunden, die 15jährigen 2,2 Stunden an einem normalen Schultag fern. Teilt man die Schüler am Median in Wenig- und Vielseher auf, wird die grosse Diskrepanz zwischen den Gruppen deutlich. Junge Vielseher sehen knapp 2,9 Stunden, junge Wenigseher nur 0,8 Stunden fern. Bei den älteren Vielsehern sind es 3,3 Stunden bzw. 1,1 Stunden. Jüngere Schüler sehen öfter im Kreis der Familie fern als ältere Schüler, die häufiger allein vor dem Fernseher sitzen. Es wird auch deutlich, dass Vielseher öfter allein fernsehen als Wenigseher.

1. Beschreibung der Stichproben

1.1 Soziale Daten und Lebensgewohnheiten

Bei den sozialen Daten wurde nur nach der Anzahl der Geschwister und nach den Wohnverhältnissen gefragt. Im Durchschnitt hatten alle Schüler 1,5 Geschwister, wobei sich keine signifikanten Unterschiede zwischen den Gruppen zeigten. Auch für die Wohnverhältnisse ergaben sich keine Unterschiede. Es lebten 33,7 % der Schüler in einer Mietwohnung, 11,1 % in einer Eigentumswohnung und 55,2 % in einem Eigenheim.

Die Schlafdauer (Abb. 6) wurde im Fragebogen mit 9,5 Stunden für die jüngeren und mit 8,0 Stunden für die älteren Schüler angegeben, wobei der Unterschied hoch signifikant ist. Kein Unterschied zeigte sich zwischen den Wenig- und Vielsehern. Bei der Registrierung, welche die gesamte Nacht einschloss, wurden für die jüngeren 9,7 und für die älteren 8,7 Stunden Schlafzeit ermittelt (siehe auch Tab. 7). Auch hier zeigte sich kein Unterschied beim Faktor Fernsehen. Die Schlafqualität (5stufige Skala Schlafstörungen) wurde im Durchschnitt mit 1,5, d.h. zwischen «niemals Schlafstörungen» und «Schlafstörungen etwa einmal im Monat» bewertet. Bei beiden Faktoren, Alter und Fernsehen, zeigten sich keine Unterschiede.

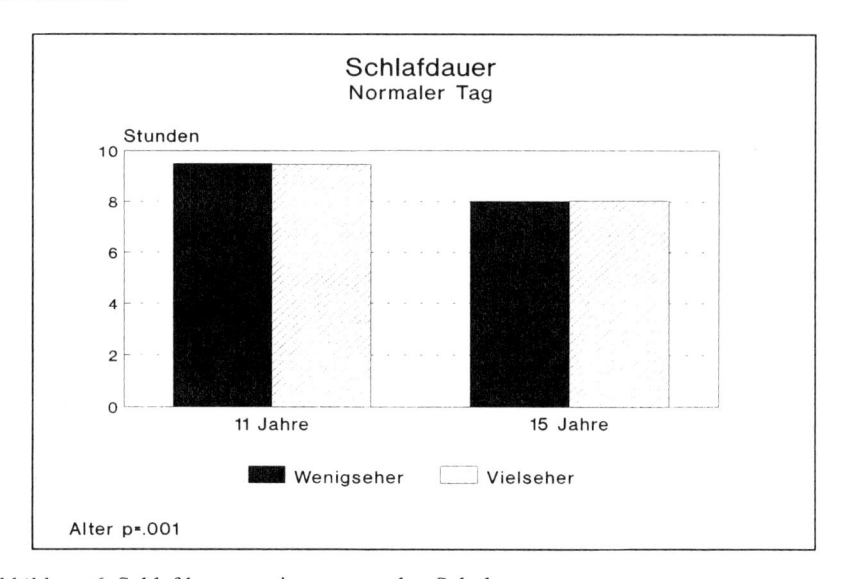

Abbildung 6: Schlafdauer an einem normalen Schultag.

Einige Unterschiede zwischen den Gruppen zeigten sich bei der körperlichen Betätigung. Beim Spazierengehen bzw. Wandern (Abb. 7) zeigte sich die Tendenz, dass die Vielseher in beiden Altersgruppen weniger Stunden pro Woche

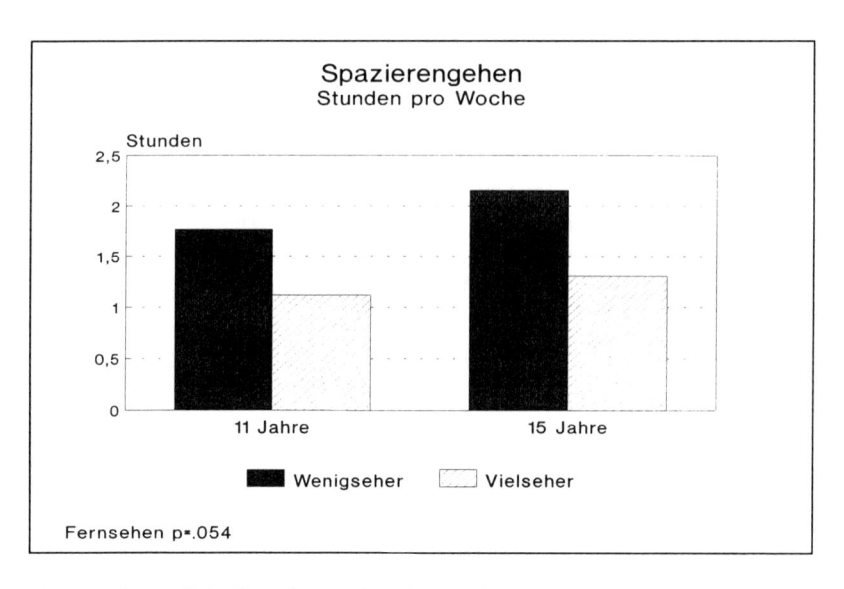

Abbildung 7: Körperliche Betätigung: Spazierengehen.

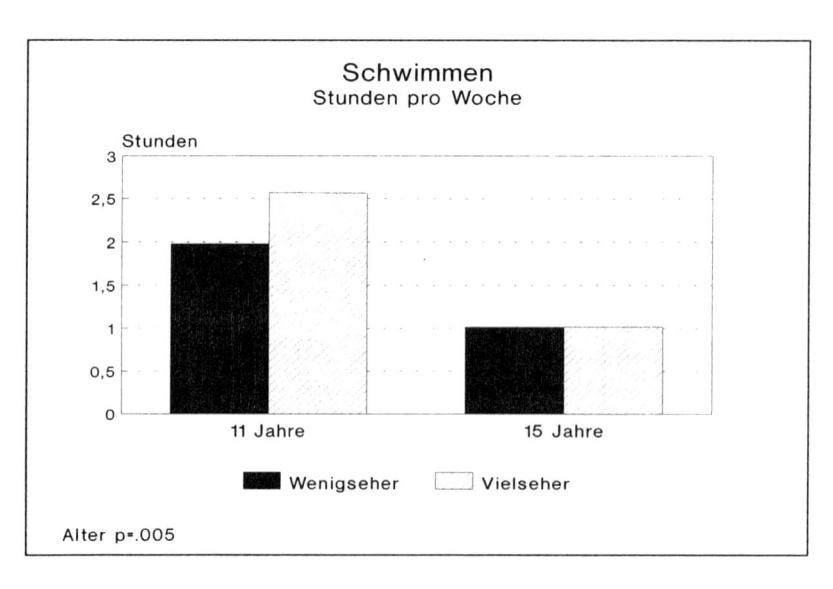

Abbildung 8: Körperliche Betätigung: Schwimmen.

hierfür aufwandten. Signifikante Altersunterschiede ergaben sich beim Schwimmen (Abb. 8) und beim Dauerlauf (Abb. 9). Bei den jüngeren Schülern ist Schwimmen deutlich beliebter als bei den älteren, während es für die Betätigung «Dauerlauf» gerade umgekehrt ist. Weiterhin wurden die körperlichen Betätigungen Tischtennis/Skilaufen und Ballspiele/Turnen/Radfahren erfragt. Hierbei gab es keine signifikanten Unterschiede zwischen den Gruppen.

Dauerlauf
Stunden pro Woche

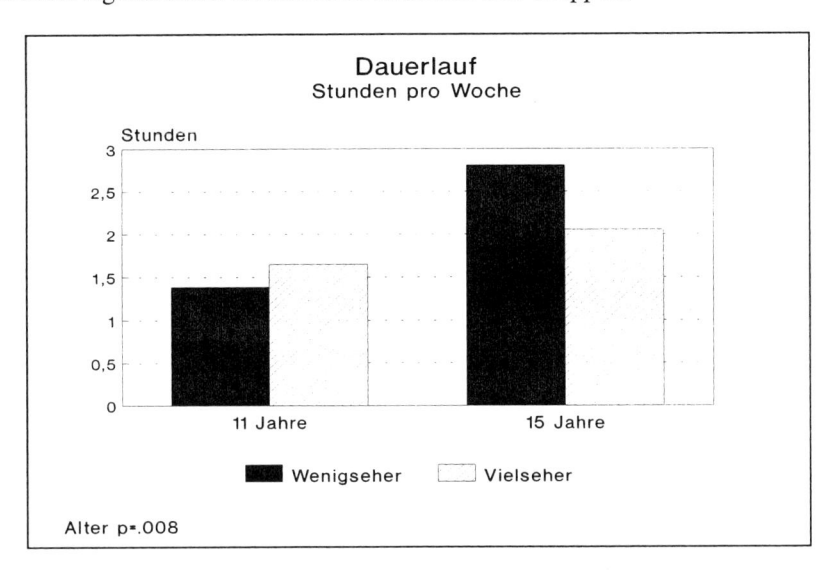

[Balkendiagramm: Stunden pro Woche für Dauerlauf, 11 Jahre und 15 Jahre, Wenigseher vs. Vielseher. Alter p=.008]

Abbildung 9: Körperliche Betätigung: Dauerlauf.

> Nach den Wohnverhältnissen zu urteilen, kommen die Schüler wohl eher aus der Mittel- und zum Teil aus der Oberschicht, denn ca. zwei Drittel der Familien verfügen über Wohnungseigentum. Die Schlafdauer der Schüler ist altersgemäss; es besteht kein Unterschied zwischen Viel- und Wenigsehern. Tendenziell neigen Vielseher dazu, weniger spazierenzugehen und zu wandern. Altersunterschiede ergaben sich bei den Sportarten «Schwimmen» und «Dauerlauf». Jüngere Schüler schwimmen lieber als ältere, während ältere Schüler mehr am Dauerlauf interessiert sind.

1.2 Allgemeiner Gesundheitszustand und Krankheiten

Dabei ergaben sich deutliche Altersunterschiede. Die Arztbesuche (ohne Zahnarzt) nahmen von 2,4 bei den 11jährigen auf 3,6 bei den 15jährigen zu (Abb. 10). Bei den Zahnarztbesuchen ergab sich kein Unterschied. Auch die Zahl der Krankenhausaufenthalte lag bei den Älteren höher, was aber durch das höhere Lebensalter bedingt sein könnte (Abb. 11). Parallel zur Zunahme der Arztbesuche werden von den älteren Schülern mehr körperliche Beschwerden geklagt (Abb. 12). Auch die Einnahme von Schmerztabletten ($p = .001$) und sonstigen Tabletten ($p = .014$) lag bei den älteren Schülern höher als bei den jüngeren. Keine Unterschiede waren bei den Beruhigungsmitteln zu beobachten. Allerdings ist der Tablettenkonsum generell nicht hoch. Er liegt im Bereich zwischen «nie» und «einige Male im Jahr».

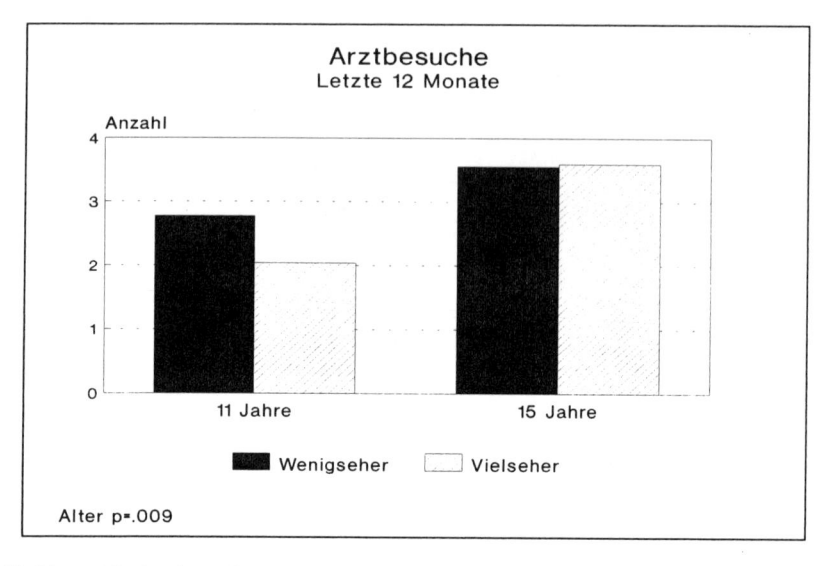

Abbildung 10: Arztbesuche.

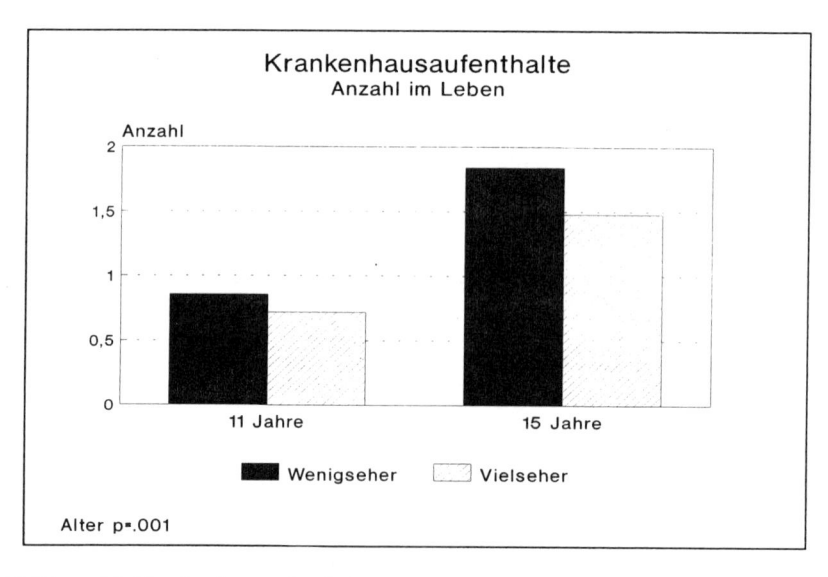

Abbildung 11: Krankenhausaufenthalte.

Mit dem Alter nimmt auch die subjektive Belastung in der Schule (siehe 1.3) und durch ausserschulische Tätigkeiten zu (Abb. 13). Bei letzterer ist auch der Faktor

Fernsehen signifikant, wobei sich die Wenigseher als belasteter einstufen als die Vielseher. Die Wechselwirkung Alter * Fernsehen besagt, dass der Unterschied zwischen den Wenig- und Vielsehern nur bei den älteren und nicht bei den jüngeren Schülern zu beobachten ist. Möglicherweise hat die subjektive Belastung der älteren Wenigseher einen realen Hintergrund, da diese z.B. öfter Musikinstrumente üben als die Vielseher (siehe unten).

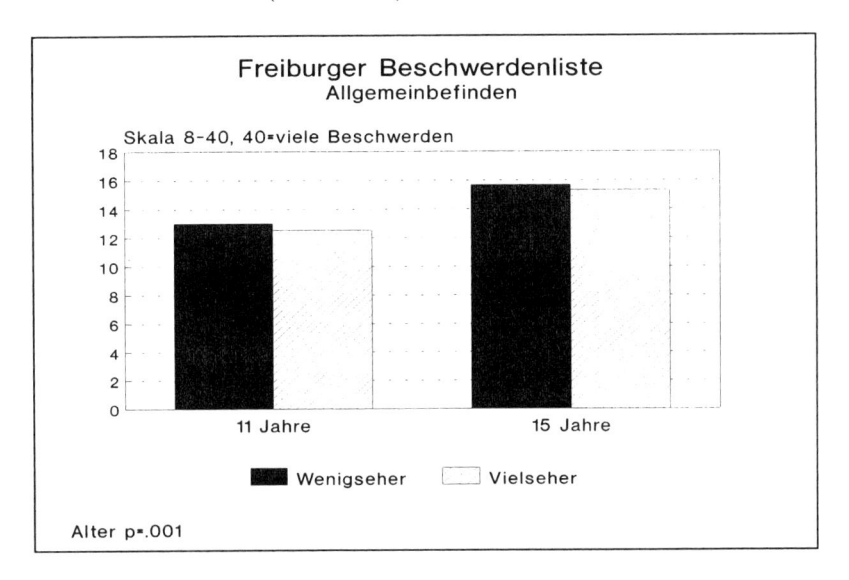

Abbildung 12: Körperliche Beschwerden.

Insgesamt ist die Zunahme der körperlichen Beschwerden und der subjektiven Belastung der älteren Schüler gegenüber den jüngeren Schülern bemerkenswert. Hierzu bieten sich zwei Erklärungen an. Die Verschlechterung des subjektiven Befindens könnte einen realen Hintergrund haben, sofern 15jährige Schüler tatsächlich einen schlechteren Gesundheitszustand aufweisen als 11jährige, was möglicherweise mit der Pubertät zusammenhängen könnte. Dafür würden die Arztbesuche und die vermehrte Einnahme von Medikamenten sprechen. Diese Hypothese ist aber eher unwahrscheinlich; jedenfalls ist ein schlechterer Gesundheitszustand der älteren Schüler in der Medizin nicht bekannt. Wahrscheinlich handelt es sich um ein Lernphänomen, wobei allmählich das Verhalten der Erwachsenen übernommen wird. So betragen die Werte für die Skala Allgemeinbefinden 13,8 für die 16 bis 24jährigen Männer einer Normstichprobe, 14,8 für die 25 bis 44jährigen und 17,3 für die 45 bis 59jährigen Männer (Fahrenberg, 1994). In einer gerade durchgeführten Untersuchung an 50 Studenten (23 Jahre) ergab sich ein Wert von 15,4. Die Werte der vorliegenden Untersuchung betragen 12,8 für die jüngeren und 15,5 für die älteren Schüler. Zahlreiche Untersuchungen belegen die Rolle des sozialen Lernens bei der Klage von körperlichen Beschwerden (Jamison & Walker, 1992; Walker, Garber & Greene, 1993; Walker & Zeman, 1992; Whitehead et al., 1992, 1994). In einer eigenen Untersuchung wurde in diesem Zusammenhang festgestellt, dass sich mit zunehmender Dauer einer Krankheit die Krankenrolle festigt und die Klage körperlicher Beschwerden zunimmt. So wiesen Patienten mit noch frischem Infarkt (2 Monate) deutlich weni-

Subjektive Belastung
Außerschulische Tätigkeiten

Skala 1-5, 5=hohe Belastung

[Balkendiagramm: 11 Jahre und 15 Jahre, Wenigseher und Vielseher]

Alter p=.001, Fernsehen p=.034
Alter·Fernsehen p=.034

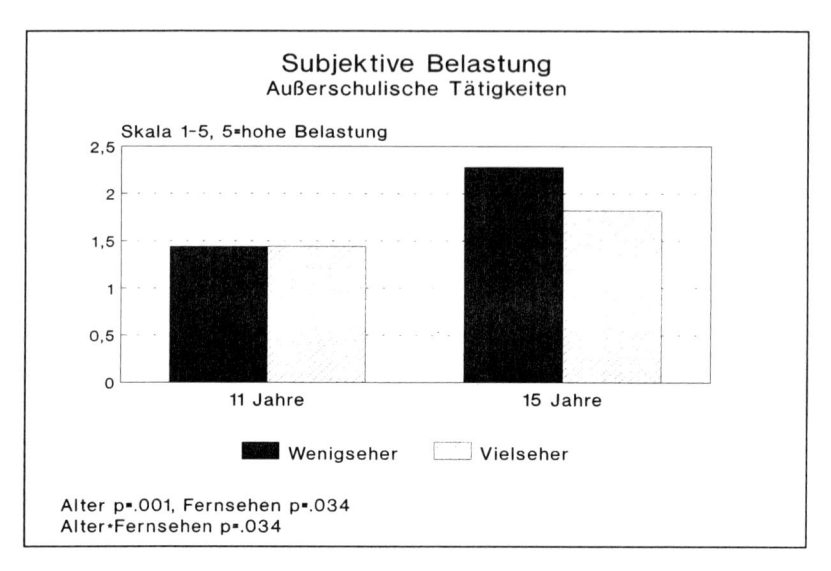

Abbildung 13: Subjektive Belastung durch ausserschulische Tätigkeiten.

ger körperliche Beschwerden als Patienten mit älterem Infarkt (9 Monate) auf (Myrtek, 1998). Mit der zunehmenden Klage körperlicher Beschwerden sind aber auch entsprechende Arztbesuche verbunden, die in der Folge auch zu einem höheren Verbrauch von Medikamenten führen können.

> Deutliche Altersunterschiede ergaben sich bei den Arztbesuchen, der Einnahme von Medikamenten und bei den allgemeinen körperlichen Beschwerden. Ältere Schüler suchten im Vergleich zu jüngeren öfter einen Arzt auf, nahmen häufiger Medikamente ein und klagten öfter über Störungen des Allgemeinbefindens. Auch wird von den Älteren häufiger über eine höhere subjektive Belastung durch Schule und Alltag geklagt. Besonders hoch ist die subjektive Belastung der älteren Wenigseher, die infolge der vielen Aktivitäten dieser Gruppe einen realen Hintergrund haben könnte. Die häufigere Klage über körperliche Beschwerden bei den Älteren ist unseres Erachtens medizinisch unbegründet. Hierbei handelt es sich wahrscheinlich um ein Lernphänomen.

1.3 Vorlieben, Schulnoten und subjektive Belastung

An der Spitze der Beliebtheit für alle Schüler stehen auf einer 5stufigen Skala Sport (4,1), Bildende Kunst (3,3) und Biologie (3,3); Deutsch (2,5) und Religion (2,6) sind relativ unbeliebt. Dazwischen rangieren Mathematik (2,9), Fremdsprachen (2,9) und Musik (2,8). Die Beliebtheit bestimmter Fächer nimmt mit dem Alter deutlich ab. So sind Sport ($p = .010$), Biologie ($p = .012$), Fremdsprachen ($p = .001$), Deutsch ($p = .002$), Musik ($p = .013$) und Religion ($p = .047$) bei den älteren Schülern signifikant weniger beliebt als bei den jüngeren. Eine Wechselwirkung Alter * Fernsehen ergibt sich für Bildende Kunst (Abb. 14). Danach nimmt die Beliebtheit bei den Vielsehern mit dem Alter zu und bei den Wenigsehern mit dem Alter ab. Wie noch gezeigt wird, besteht bei den älteren Vielsehern eine Tendenz, in der Schule schlechter abzuschneiden als die Wenigseher. Somit könnte es sein, dass bei den ganz anderen Anforderungen des Faches Bildende Kunst die Beliebtheit bei den Vielsehern zunimmt, da sie hier vergleichbare Leistungen wie die Wenigseher erreichen können.

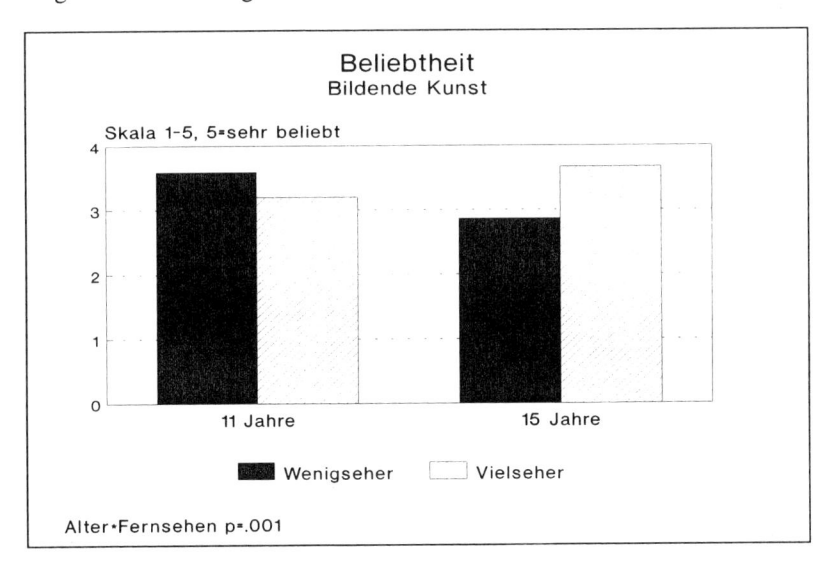

Abbildung 14: Beliebtheit des Faches Bildende Kunst.

Bei den Schulnoten ergibt sich für alle Schüler die Folgende Rangreihe der Schulnoten: Sport 2,0, Religion 2,1, Kunst 2,2, Musik 2,2, Biologie 2,4, Mathematik 2,4, Fremdsprachen 2,7 und Deutsch 2,8. Dabei erreichen die älteren Schüler geringere Leistungen in den Fremdsprachen (Abb. 15) und in Deutsch (Abb. 16). Im Fach Deutsch haben die Vielseher zudem schlechtere Noten als die Wenigseher. Damit wird die für die Schulleistungen formulierte Hypothese bestätigt. Hier war speziell im Fach Deutsch eine geringere Leistung der Vielseher erwartet worden. Vermutlich hängt dieser Befund mit der numerisch geringeren Lesehäufigkeit der Vielseher zusammen (siehe Tab. 3).

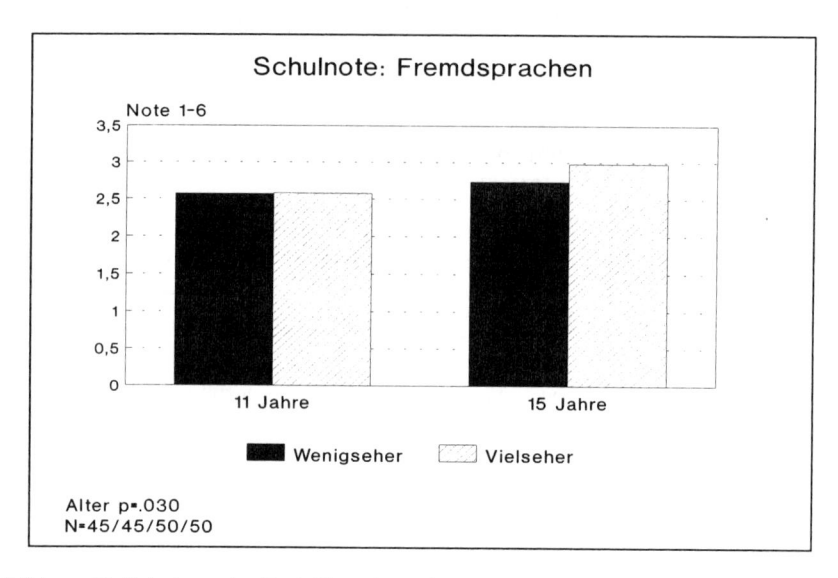

Abbildung 15: Schulnote im Fach Fremdsprachen.

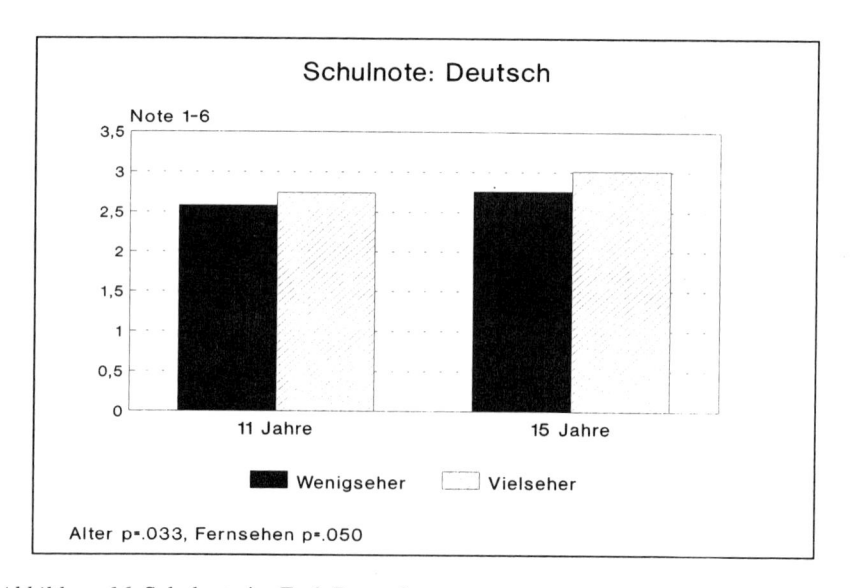

Abbildung 16: Schulnote im Fach Deutsch.

Die subjektive Belastung durch die Schule («Schulstress») nimmt mit dem Alter der Schüler zu (Abb. 17). Dies scheint besonders für die Vielseher zu gelten, wobei sich die 11jährigen etwas weniger, die 15jährigen etwas stärker belastet fühlen als die Wenigseher. Allerdings verfehlte diese Wechselwirkung das Signifikanzniveau (p = .119). Dabei entspricht ein Wert von zwei «etwas belastet», ein Wert von drei «ziemlich belastet». Insgesamt ist die subjektive Belastung eher mässig.

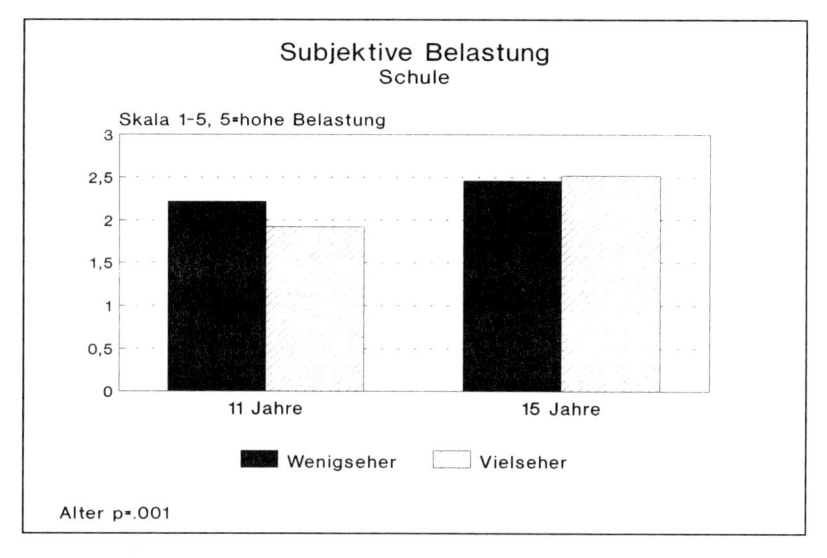

Abbildung 17: Subjektive Belastung durch die Schule.

In diesem Zusammenhang ist auch der häusliche Aufwand für die Schularbeiten wichtig. Von den Schülern wurden folgende Durchschnittswerte geschätzt (Stunden pro Woche): junge Wenigseher 6,4, junge Vielseher 5,1, ältere Wenigseher 5,3, ältere Vielseher 5,6. Weder der Faktor Alter noch der Faktor Fernsehen sind bei den Schularbeiten signifikant verschieden. Die sich in den Zahlen andeutende Wechselwirkung verfehlt ebenfalls das Signifikanzniveau (p = .140). In diesem Zusammenhang ist es interessant, diese Schätzungen mit den Abfragen während der Registrierung zu vergleichen. Dabei ergaben sich die folgenden Werte für die Gruppen (in % der Freizeit): 11,7, 8,9, 8,8 und 8,9. Auch hier ergeben sich keine signifikanten Unterschiede. Rechnet man die Prozentzahlen auf Minuten um, so ergeben sich folgende Werte (Minuten Schularbeit pro Schultag): 69, 52, 59 und 59 Minuten. Bei fünf Schultagen ergeben sich 5,8, 4,3, 4,9 und 4,9 Stunden. Der tatsächliche Aufwand für die Schularbeiten wird also generell etwas überschätzt, deckt sich aber doch weitgehend mit den Angaben im Fragebogen. Danach arbeiten die älteren Schüler keineswegs mehr als die jüngeren. Die Meinung, als älterer Schüler mehr dem Schulstress ausgesetzt zu sein, kann hinsichtlich der Belastung durch Hausaufgaben nicht bestätigt werden. Vermutlich liegt auch hier ein Lernphänomen vor, wie es bereits oben mit den körperlichen Beschwerden erläutert wurde. Wahrscheinlich übernimmt man ab einem bestimmten Alter auch das populäre Stresskonzept. Relativ am meisten arbeiten die jungen Wenigseher. Insgesamt erstaunt der relativ geringe Aufwand für die häuslichen Schulaufgaben.

> Sport und Bildende Kunst sind bei den Schülern sehr beliebt, während Deutsch und Religion zu den weniger beliebten Fächern zählen. Allgemein nimmt mit zunehmendem Alter die Beliebtheit der Schulfächer ab. Eine Ausnahme macht das Fach Bildende Kunst. Hier nimmt die Beliebtheit bei den Vielsehern mit dem Alter sogar noch etwas zu, bei den Wenigsehern aber ab. Möglicherweise hängt dies mit der vergleichbaren Leistung der Viel- und Wenigseher in diesem Fach zusammen, da die Vielseher in der Schule tendenziell schlechter abschneiden. Mit zunehmendem Alter werden die Schulnoten etwas schlechter; signifikant ist dies in den Fächern Fremdsprachen und Deutsch. Im Fach Deutsch haben die Vielseher signifikant schlechtere Noten. Damit wird die eingangs formulierte Hypothese bestätigt. Mit steigendem Alter wird zudem über grösseren «Schulstress» geklagt, wobei die älteren Vielseher die höchsten Werte aufweisen.
>
> Der wöchentliche Aufwand für Schularbeiten, der aus den Daten der Registrierung errechnet wurde, bewegt sich, je nach Gruppe, zwischen 4,3 und 5,8 Stunden. Diese Werte decken sich im wesentlichen mit den von den Schülern im Fragebogen gemachten Angaben. Dabei zeigen sich weder Alterseffekte noch Effekte des Fernsehkonsums. Geht man von den Hausaufgaben aus, so lässt sich der von den älteren Schülern geklagte Schulstress objektiv nicht bestätigen.

2. Analyse des Verhaltens

2.1 Fernsehnutzung

Über die Fernsehdauer der beiden Altersgruppen wurde bereits berichtet. Im folgenden soll zunächst die prozentuale Verteilung der einzelnen Fernsehprogramme auf diese Zeit dargestellt werden (Tab. 1). Die Angaben bei den jüngeren Wenigsehern beruhen auf N = 44 und die der älteren Wenigseher auf N = 43.

Die Auflistung der Programme spiegelt das Fernsehangebot aus dem Jahr 1993 wider. Zwischenzeitlich sind vor allem weitere private Programmanbieter hinzugekommen. An dem grundsätzlichen Unterschied zwischen öffentlichen und privaten Rundfunkanstalten dürfte sich aber zwischenzeitlich kaum etwas verändert haben. Bei den öffentlichen Rundfunkanstalten dominieren das ZDF und die ARD, wobei kein Unterschied zwischen den Schülergruppen festzustellen ist. Von den dritten Programmen wird in nennenswertem Umfang nur Südwest3 gesehen, die anderen Programme spielen keine Rolle (Abb. 18). Dieses Programm wird im wesentlichen nur von den 11jährigen Wenigsehern genutzt (Wechselwirkung

Tabelle 1: Prozentualer Anteil einzelner Fernsehprogramme an der Fernsehdauer, getrennt nach Wenig- und Vielsehern sowie nach Altersstufen.

Programme	11 Jahre Wenig-seher	11 Jahre Vielseher	15 Jahre Wenig-seher	15 Jahre Vielseher
ZDF	27.2	26.6	20.6	21.7
ARD	25.1	20.3	25.8	23.5
RTLplus	9.2	17.5	12.6	17.6
PRO7	7.2	10.1	12.5	7.7
SAT1	2.3	4.9	12.0	8.5
TELE5	6.1	8.9	3.0	5.5
Südwest3	13.8	3.7	0.3	4.1
Eurosport	1.7	0.3	2.9	2.0
Super Channel	0.0	0.5	3.7	3.2
West3	2.9	0.8	0.0	0.4
3SAT	0.0	0.4	0.3	1.9
Eins plus	0.0	0.9	0.0	0.3
Schweiz	0.0	0.3	0.3	0.5
Bayern3	0.0	0.0	0.8	0.0
Sonstiges	4.5	4.7	5.2	3.1

Fernsehprogramm: Südwest 3

% der Fernsehzeit

Wenigseher — Vielseher

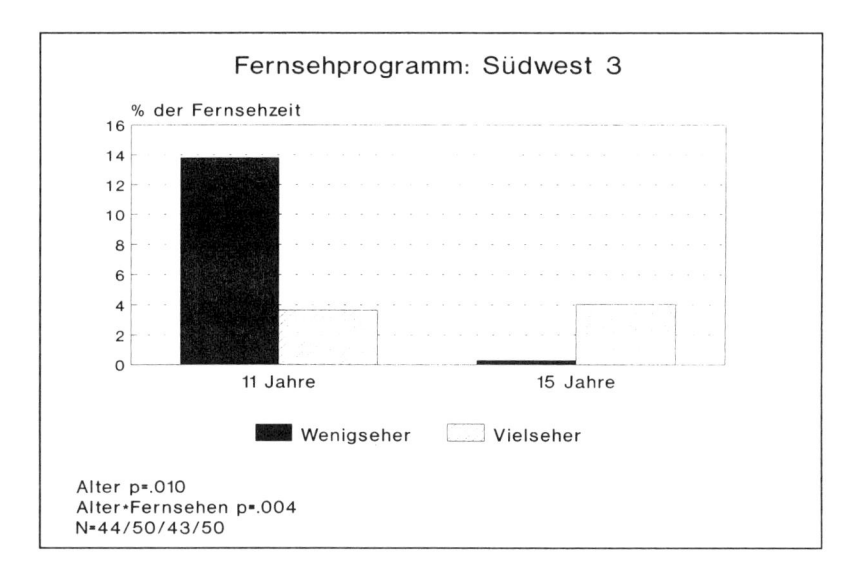

Alter p=.010
Alter*Fernsehen p=.004
N=44/50/43/50

Abbildung 18: Nutzung des Fernsehprogramms Südwest 3.

Alter * Fernsehen). Möglicherweise verbirgt sich dahinter eine Kontrolle des Fernsehens durch die Eltern.

Fernsehprogramm: RTL

% der Fernsehzeit

Fernsehen p=.073
N=44/50/43/50

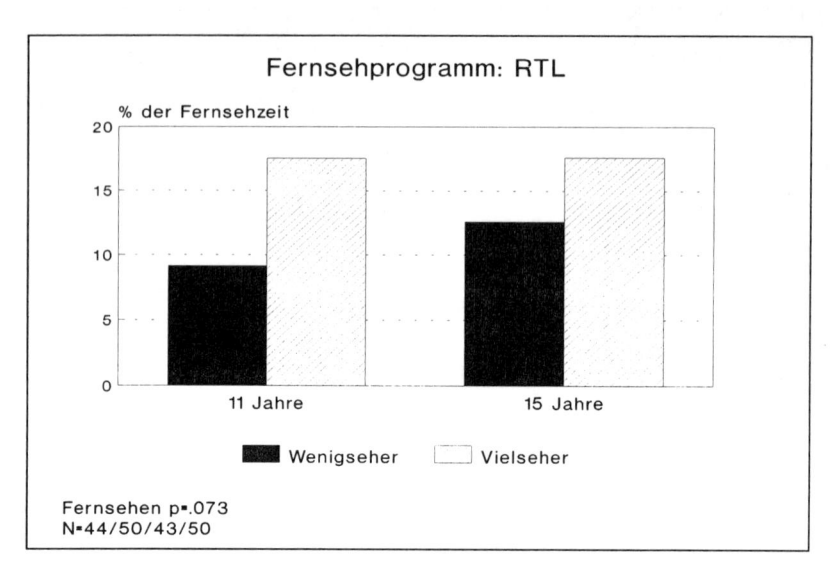

Abbildung 19: Nutzung des Fernsehprogramms RTLplus.

Fernsehprogramm: SAT 1

% der Fernsehzeit

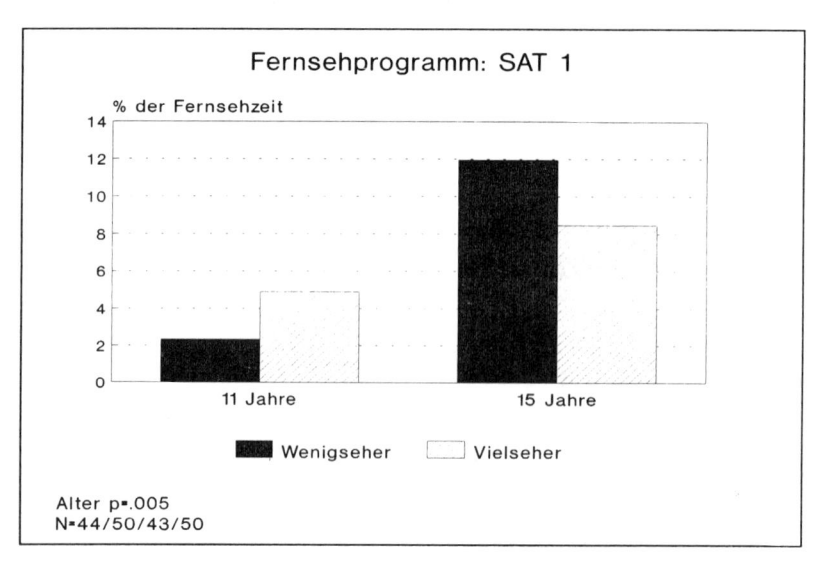

Alter p=.005
N=44/50/43/50

Abbildung 20: Nutzung des Fernsehprogramms SAT1.

Bei den Privatsendern stehen RTL, PRO7 und SAT1 im Vordergrund. Dabei wird RTL vor allem von den Vielsehern bevorzugt (Abb. 19), wobei der Unterschied tendenziell signifikant ist. Damit wird die o.g. Hypothese, wonach Vielseher zu einer stärkeren Nutzung der privaten Anbieter neigen sollen, bestätigt. Deutliche Altersunterschiede bei der Programmwahl ergeben sich für SAT1 (Abb. 20) und Super Channel (Abb. 21). Diese Programme werden von den älteren Schülern bevorzugt.

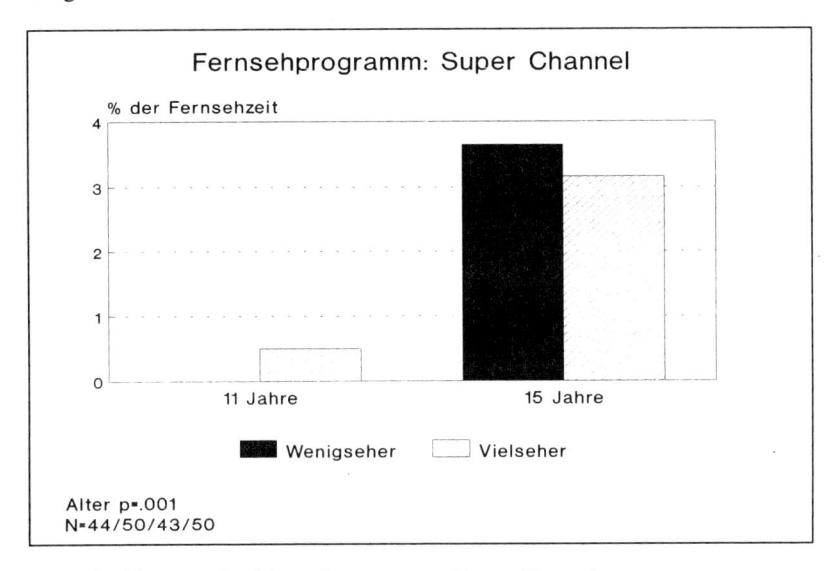

Abbildung 21: Nutzung des Fernsehprogramms Super Channel.

Tabelle 2 schlüsselt die einzelnen Sendungen auf. Zu den beliebtesten Sendungen bei allen Schülern gehören Unterhaltung, Zeichentrickfilme, Comedy, Kriminalfilme, Jugendsendungen, Reportagen, Sport und Actionfilme. Praktisch keine Bedeutung haben Schulfernsehen, Telekolleg, Schauspiel, Heimat- und Fantasyfilme, Konzerte und Märchenfilme. Bei den 15jährigen Schülern wurde auch nach Sexfilmen gefragt. Der Anteil dieser Filme war unbedeutend. Im Mittelfeld der Rangfolge mit Anteilen von ca. 0,8 bis 3,7 % der Fernsehdauer liegen Abenteuerfilme, Musiksendungen, Politik, Talkshows, Tierfilme, Western, Science Fiction und Horrorfilme.

Naturgemäss ergeben sich mehrere Altersunterschiede. So werden Zeichentrickfilme (Abb. 22) und Jugendsendungen (Abb. 23) vor allem von den jüngeren Schülern gesehen, womit die zu den Zeichentrickfilmen formulierte Hypothese gestützt wird. Unterhaltungssendungen (Abb. 24), Sportsendungen (Abb. 25) und Musiksendungen (Abb. 26) sind dagegen eine Domäne der älteren Schüler.

Es zeigt sich auch ein Unterschied zwischen den Viel- und Wenigsehern, wobei Vielseher deutlich mehr Talkshows sehen (Abb. 27). Bei der Sparte Tierfilme deutet sich eine Wechselwirkung Alter * Fernsehen an (Abb. 28). Tierfilme werden praktisch nur von jungen Wenigsehern gesehen. Man kann vermuten, dass dieses

Ergebnis auf die elterliche Kontrolle der Fernsehnutzung zurückzuführen ist und nicht unbedingt dem Wunsch des Schülers entspricht, da (unkontrollierte) junge Vielseher Tierfilme nicht sehen. Es wurde die Hypothese aufgestellt, dass Vielseher im Vergleich zu Wenigsehern Sendungen mit pädagogischen Anspruch eher meiden werden. Dass diese Hypothese zutreffen könnte, belegen die prozentualen

Tabelle 2: Prozentualer Anteil einzelner Sendungen an der Fernsehdauer, getrennt nach Wenig- und Vielsehern sowie nach Altersstufen.

Sendungen	11 Jahre Wenigseher	11 Jahre Vielseher	15 Jahre Wenigseher	15 Jahre Vielseher
Unterhaltung	9.9	20.3	24.2	23.7
Zeichentrick	20.3	22.8	2.5	3.9
Comedy	8.3	7.1	14.5	12.5
Kriminalfilme	9.4	7.8	11.1	9.5
Jugendsendung	17.1	11.1	5.6	3.3
Reportagen	7.3	6.0	9.2	11.6
Sport	2.9	2.8	7.9	9.5
Action/Agentenfilme	5.3	5.9	6.8	2.2
Abenteuerfilme	3.4	3.0	5.2	3.2
Musiksendung	1.6	1.9	4.6	6.7
Politik/Information	2.9	1.7	7.2	2.8
Talkshows	1.6	3.5	0.0	4.5
Tierfilme	4.4	0.2	0.0	0.6
Western	2.7	1.4	0.0	0.2
Science Fiction	0.9	2.1	0.4	0.6
Horrorfilme	0.4	0.8	0.0	1.8
Schulfernsehen	1.1	0.2	0.0	0.2
Telekolleg	0.5	0.3	0.0	0.6
Schauspiel/Theater	0.0	0.0	0.0	1.3
Heimat/Liebesfilme	0.0	0.6	0.0	0.3
Fantasyfilme	0.0	0.5	0.0	0.1
Konzert	0.0	0.0	0.0	0.6
Märchenfilme	0.0	0.0	0.5	0.0
Sexfilm	---	---	0.3	0.3

Anteile bei Jugendsendungen und Politik/Information. Das Signifikanzniveau wird mit $p = .144$ für Jugendsendungen und $p = .088$ für Politik nur knapp verfehlt. Allerdings kann bei dieser Tendenz nicht ausgeschlossen werden, dass die Bevorzugung von anspruchsvolleren Sendungen bei den Wenigsehern lediglich eine Folge elterlicher Kontrolle darstellt und nicht unbedingt die Neigung der Schüler repräsentieren muss.

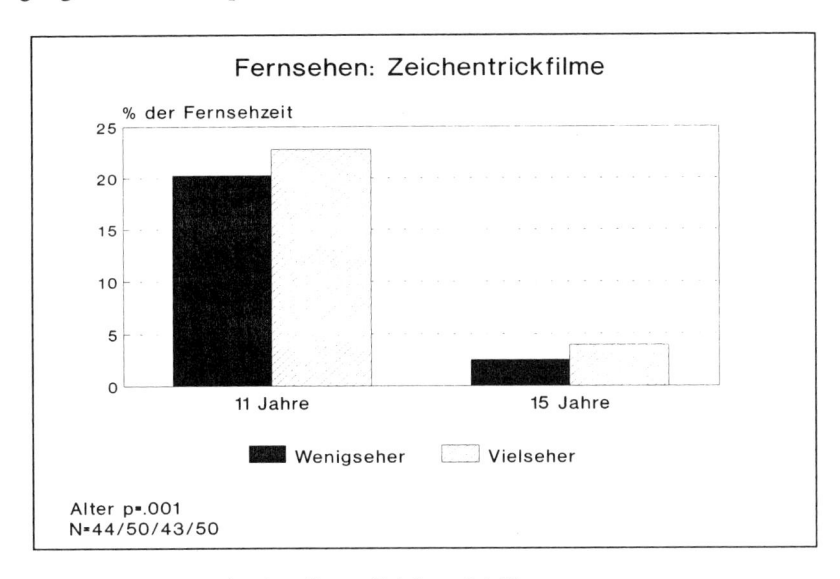

Abbildung 22: Prozentualer Anteil von Zeichentrickfilmen.

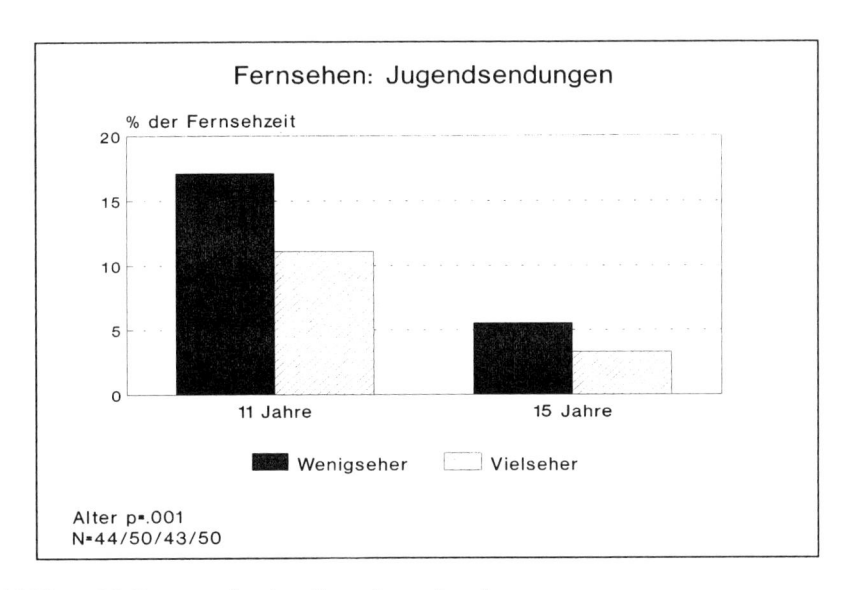

Abbildung 23: Prozentualer Anteil von Jugendsendungen.

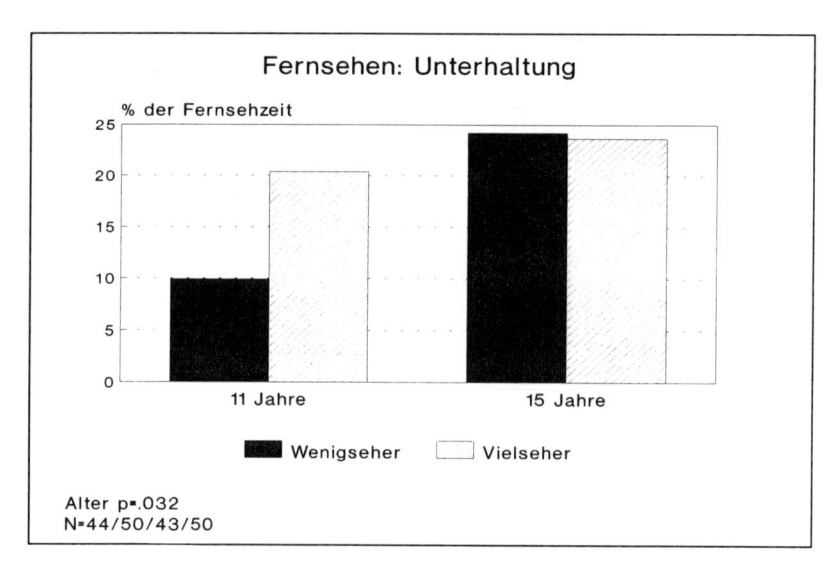

Abbildung 24: Prozentualer Anteil von Unterhaltungssendungen.

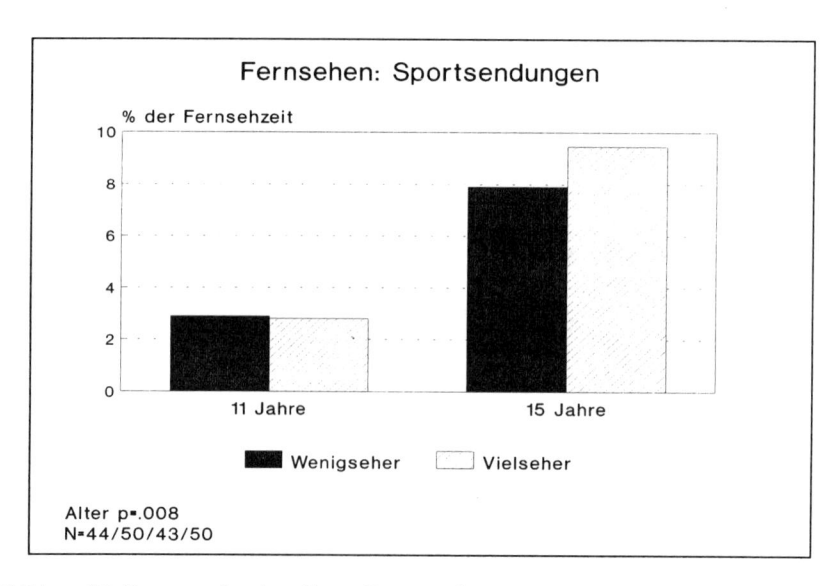

Abbildung 25: Prozentualer Anteil von Sportsendungen.

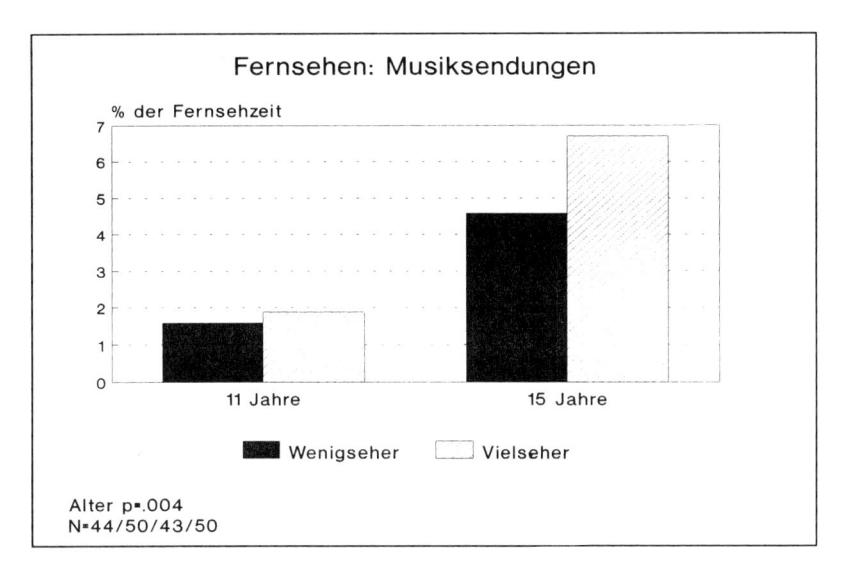

Abbildung 26: Prozentualer Anteil von Musiksendungen.

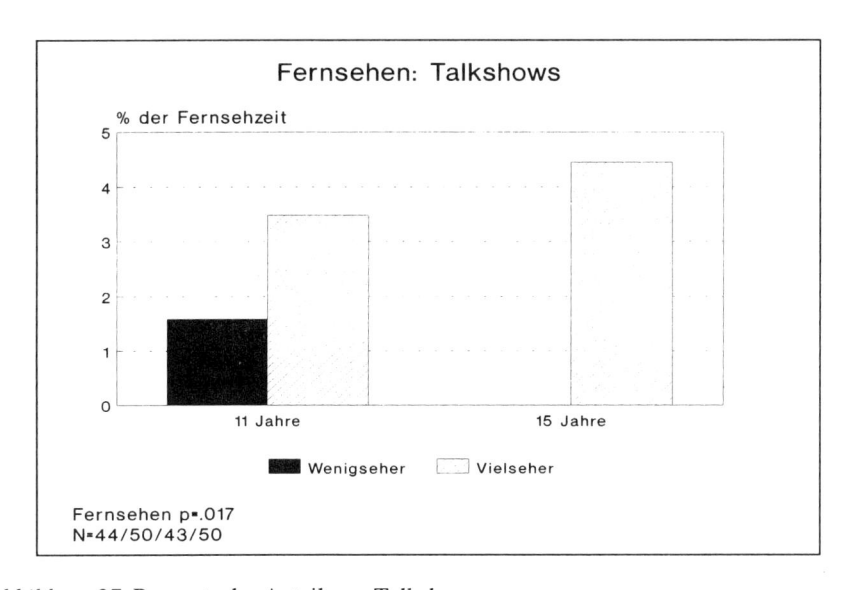

Abbildung 27: Prozentualer Anteil von Talkshows.

Fernsehen: Tierfilme

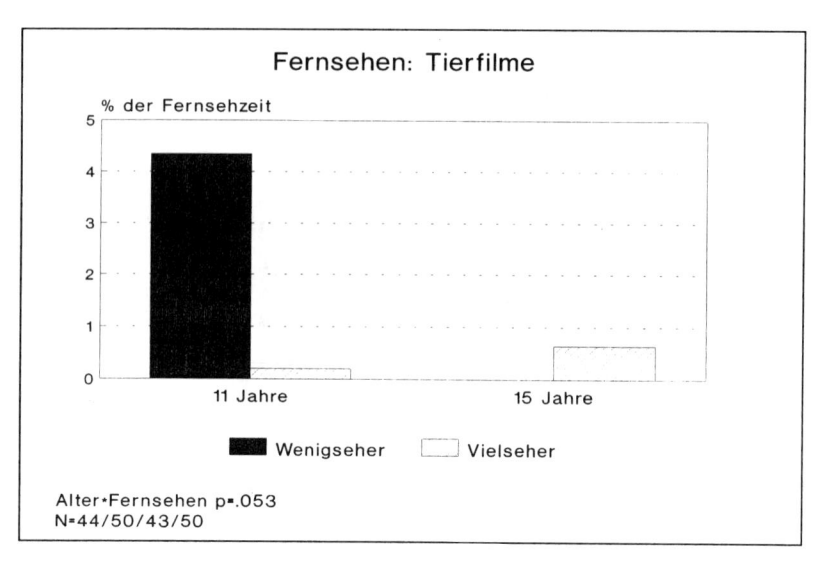

Abbildung 28: Prozentualer Anteil von Tierfilmen.

Bei den öffentlichen Rundfunkanstalten dominieren in der Gunst der Schüler das ZDF und die ARD. Unterschiede zwischen den Gruppen lassen sich nicht feststellen. Die dritten Programme werden kaum gesehen, mit Ausnahme von Südwest3, das öfter von den jungen Wenigsehern genutzt wird. Von den Privatsendern werden vor allem RTL, PRO7 und SAT1 gesehen. Dabei wird RTL tendenziell stärker von den Vielsehern genutzt, was die oben formulierte Hypothese stützt. Altersunterschiede ergeben sich bei den Sendern SAT1 und Super Channel; diese Anbieter werden häufiger von den älteren Schülern gesehen.
Betrachtet man alle Schüler zusammen, so gehören Unterhaltung, Zeichentrickfilme, Comedy, Kriminalfilme, Jugendsendungen, Reportagen, Sport und Actionfilme zu den beliebtesten Sendungen, wobei sich deutliche Altersunterschiede abzeichnen. Zeichentrickfilme und Jugendsendungen werden vor allem von den jüngeren Schülern gesehen; Unterhaltung, Sport und Musiksendungen mehr von den älteren Schülern. Damit wird die Hypothese hinsichtlich der Beliebtheit von Zeichentrickfilmen bei jüngeren Schülern bestätigt. Bei den Vielsehern erfreuen sich Talkshows einer grösseren Beliebtheit als bei den Wenigsehern. Tierfilme dagegen sind eine Domäne der jungen Wenigseher. Tendenziell bevorzugen Wenigseher eher anspruchsvollere Sendungen. Möglicherweise ist dies auf eine stärkere Kontrolle durch die Eltern zurückzuführen.

2.2 Schulzeit

Bei der Schulzeit zeigten sich erwartungsgemäss keine Unterschiede zwischen den Wenig- und Vielsehern. Auch ein Altersunterschied liess sich nicht nachweisen. Im Durchschnitt ergab sich eine Schulzeit von 4,00 Stunden für die jüngeren und 3,85 Stunden für die älteren Schüler. Diese Zeiten sind im Durchschnitt zu kurz, da die Registrierung nicht volle 24 Stunden, sondern nur 23 Stunden und 11 Minuten betrug. Somit können sich die Schulzeiten bis zu 49 Minuten verlängern. An folgenden Unterrichtsfächern nahmen alle Schüler teil: Deutsch, Fremdsprachen, Mathematik, Biologie, Religion, Bildende Kunst, Technik und Chor. Die jüngeren Schüler hatten neben den genannten Fächern noch Erdkunde und die älteren Schüler Physik, Chemie, Gemeinschaftskunde und Geschichte. Die Schüler wurden gebeten, am Tag der Registrierung nicht am Sportunterricht teilzunehmen, da bestimmte sportliche Aktivitäten durch das Gerät behindert werden.

> Die Aufzeichnung mit dem ambulanten Monitoring ergab ein durchschnittliche Schulzeit von 4,00 Stunden bei den jüngeren und von 3,85 Stunden bei den älteren Schülern. Naturgemäss ergaben sich keine Unterschiede zwischen den Viel- und Wenigsehern. Die Schulzeiten sind ca. 45 Minuten zu kurz, da die Registrierungen nicht über volle 24 Stunden hinweg durchgeführt wurden.

2.3 Freizeit

Betrachtet man alle Schüler gemeinsam, so stellt das Fernsehen die wichtigste Freizeitbeschäftigung dar (Tab. 3). Weitere nennenswerte Tätigkeiten während der Freizeit sind: Wegezeiten, Schularbeiten, das Führen von Gesprächen, Ausruhen, Essen, Lesen und Körperpflege. Kaum eine Rolle spielen bei diesen Schülern die Tätigkeiten Wandern bzw. Spazierengehen, Sport, Theater bzw. Konzerte, Besichtigungen, Vorträge und zusätzlicher Unterricht. Ins Kino ging am Tag der Untersuchung kein einziger Schüler. Videoaufzeichnungen vom Fernsehen und Filme aus Videotheken wurden nur selten genutzt. Auch Klingler und Groebel (1994) stellten in ihrer Untersuchung fest, dass die Videonutzung im Vergleich zu anderen Medien gering ist. Sonstige Tätigkeiten, also Tätigkeiten, die mit der Abfrage nicht erfasst werden konnten, machen nur 5 bis 8 % aus. Daraus ist zu schliessen, dass mit der Abfrage das Verhalten der Schüler während der Freizeit weitgehend aufgeklärt werden konnte. Der Anteil sportlicher Tätigkeiten während der Freizeit dürfte unterschätzt worden sein, da das Datenerfassungssystem gewisse Einschränkungen bedingt.

Bei den Vielsehern entfällt auf das Fernsehen fast ein Drittel der gesamten Freizeit. Der exzessive Fernsehkonsum beschränkt naturgemäss die Zeit, die anderen

Tätigkeiten gewidmet werden kann (Displacement-Hypothese). So sind die Wenigseher signifikant öfter unterwegs (zu Fuss, mit dem Rad) als die Vielseher (Abb. 29). Die reduzierte körperliche Aktivität der Vielseher kann sich auf längere Sicht negativ auf die Gesundheit auswirken, z.B. durch Reduzierung des Trainingszustandes und Begünstigung von Adipositas.

Tabelle 3: Prozentuale Verteilung einzelner Tätigkeiten während der Freizeit, getrennt nach Wenig- und Vielsehern sowie nach Altersstufen.

Tätigkeiten	11 Jahre Wenigseher	11 Jahre Vielseher	15 Jahre Wenigseher	15 Jahre Vielseher
Fernsehen	8.4	31.3	10.5	31.2
Unterwegssein	14.3	8.1	12.8	7.3
Schularbeiten	11.7	8.9	8.8	8.9
Gespräch führen	8.2	6.3	15.2	8.4
Ausruhen	10.6	8.8	7.0	7.3
Essen	10.0	8.4	6.8	7.5
Lesen	6.4	3.9	5.1	4.7
Waschen/WC	4.1	3.7	4.5	4.1
Spielen	6.1	6.3	1.7	1.4
Computer	3.0	2.6	5.9	3.4
Musikhören	1.8	1.4	5.7	4.6
Instrument üben	1.8	0.9	4.4	1.3
Helfen im Haus	1.8	1.0	2.0	2.1
Basteln/Sammeln	1.4	0.7	1.4	1.1
Einkaufen	0.9	0.2	0.1	0.1
Video	0.3	0.1	0.6	0.0
Wandern/Spazieren	0.4	0.0	0.1	0.4
Sport	0.2	0.3	0.4	0.0
Theater/Konzert	0.1	0.0	0.7	0.0
Besichtigung	0.1	0.0	0.3	0.1
Vortrag	0.0	0.0	0.3	0.0
Unterricht	0.1	0.0	0.0	0.0
Kino	0.0	0.0	0.0	0.0
Sonstige Tätigkeit	8.2	7.0	5.5	6.1

Einen ganz wesentlichen Befund stellt die Einschränkung der Kommunikation bei den Vielsehern im Vergleich zu den Wenigsehern dar (Abb. 30). Wie später noch dargestellt wird, ist auch der Kontakt mit Freunden verringert. Gespräche mit gleichaltrigen Schülern sind insbesondere für die älteren Schüler wichtig, wie der signifikante Altersunterschied belegt. Die Wechselwirkung Alter * Fernsehen zeigt, dass die Zunahme der Gespräche mit dem Alter die Wenigseher betrifft und kaum die Vielseher.

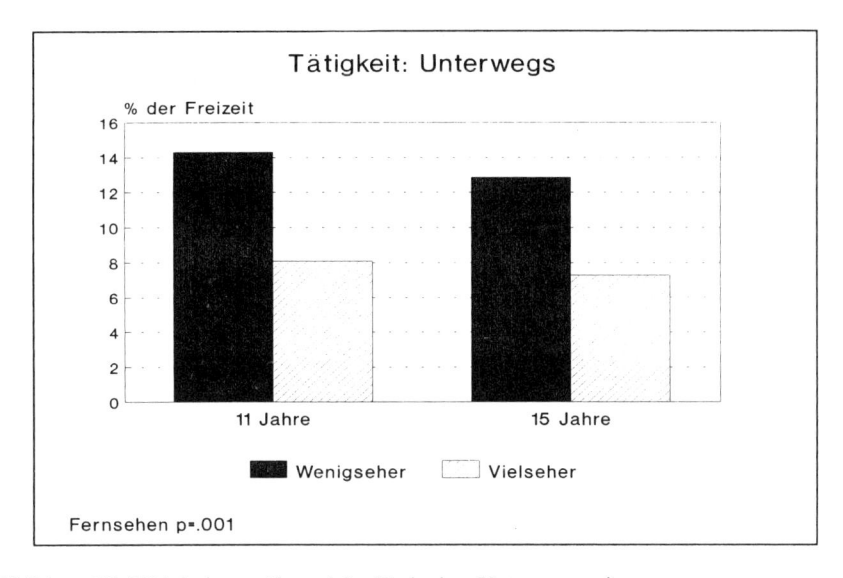

Abbildung 29: Tätigkeiten während der Freizeit: «Unterwegssein».

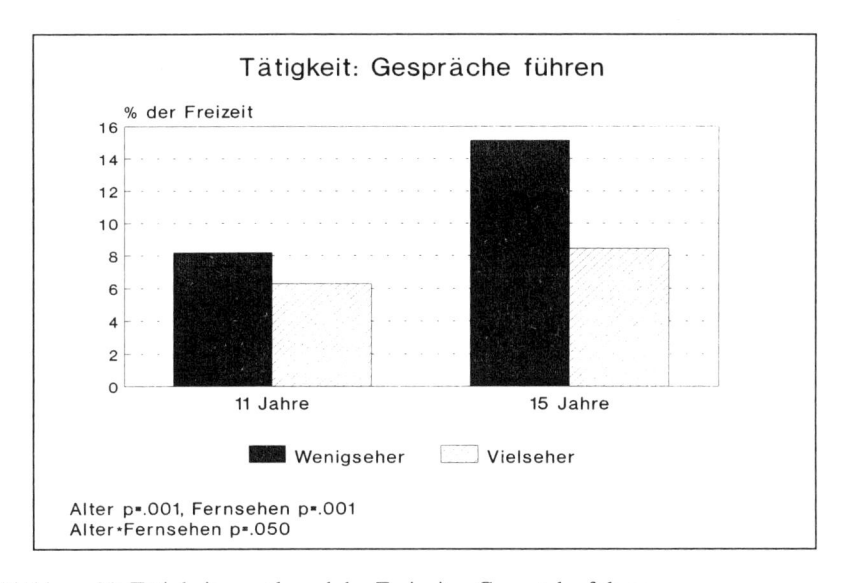

Abbildung 30: Tätigkeiten während der Freizeit: «Gespräche führen».

Bei den Vielsehern scheinen überdies bestimmte Interessen eingeschränkt zu sein. So spielen sie seltener ein Musikinstrument als die Vielseher (Abb. 31). Die Abbildung zeigt auch, dass mit zunehmendem Alter das Interesse an einem Musikinstrument zunimmt. Die Hypothese, wonach Wenigseher ein regeres Freizeitverhalten aufweisen, wird bestätigt.

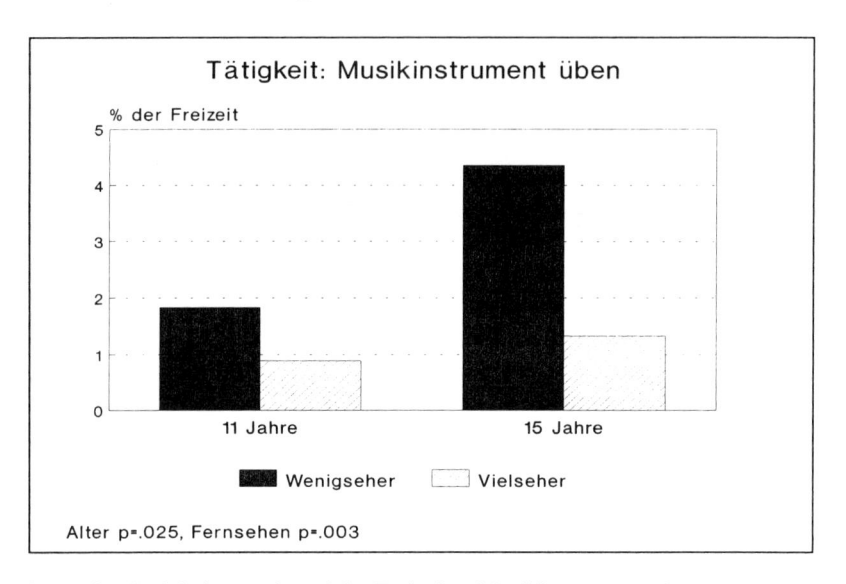

Abbildung 31: Tätigkeiten während der Freizeit: «Musikinstrument üben».

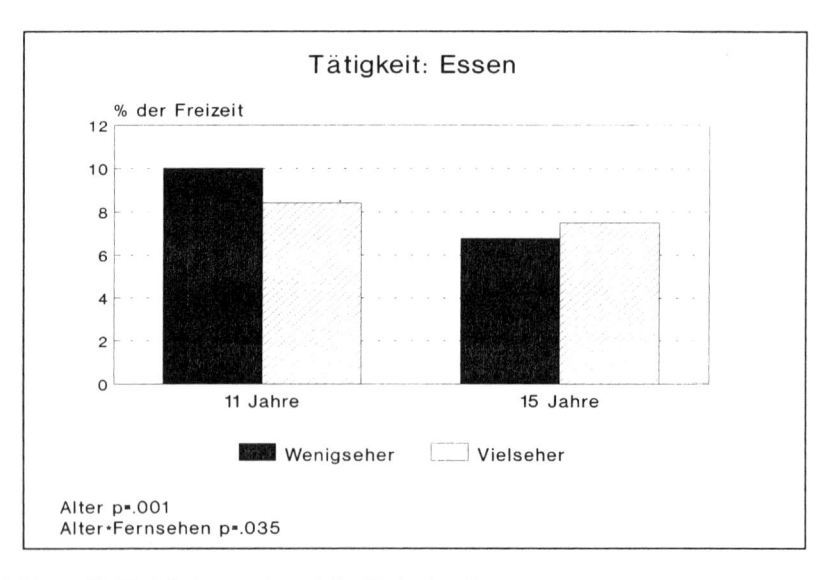

Abbildung 32: Tätigkeiten während der Freizeit: «Essen».

90

Mit dem Alter scheint die Unternehmungslust zuzunehmen, da sich die älteren Schüler weniger Zeit zum Essen lassen (Abb. 32). Die Wechselwirkung Alter * Fernsehen belegt jedoch, dass diese Aussage vor allem auf die Wenigseher zutrifft. Erwartungsgemäss zeigen sich noch weitere Altersunterschiede. Jüngere Schüler spielen öfter als ältere ($p = .001$), während ältere Schüler häufiger Musik hören ($p = .001$). Jüngere Schüler geben zudem häufiger an, sich auszuruhen als ältere Schüler ($p = .025$). Dies stützt die vorherige Aussage, dass die Älteren unternehmungslustiger sind. Schliesslich gehen jüngere Schüler öfter einkaufen als ältere ($p = .030$), möglicherweise zusammen mit der Familie.

> Betrachtet man die Gesamtheit der Schüler, so stellt das Fernsehen die wichtigste Freizeitbeschäftigung dar, gefolgt von Wegezeiten, Schularbeiten, Gesprächen, Ausruhen, Essen, Lesen und Körperpflege. Durch die Verhaltensabfrage während der Registrierung konnte zwischen 92 % und 95 % des Schülerverhaltens aufgeklärt werden. Die generelle Aussage zur Fernsehnutzung trifft jedoch nur für die Vielseher zu, bei denen Fernsehen fast ein Drittel der Freizeit ausmacht. Dadurch wird die Zeit für andere Tätigkeiten knapp und die Displacement-Hypothese bestätigt. Wenigseher sind öfter unterwegs, führen häufiger Gespräche und lernen öfter ein Musikinstrument. Damit wird auch die Hypothese, dass Wenigseher ein regeres Freizeitverhalten aufweisen, gestützt. Als besonders schwerwiegend muss die Einschränkung der Kommunikation bei den Vielsehern bewertet werden. Naturgemäss zeigen sich im Verhalten mehrere Altersunterschiede. Mit zunehmendem Alter werden Gespräche wichtiger. Auch nimmt das Interesse am Spielen eines Musikinstrumentes zu. Beides betrifft aber fast nur die Wenigseher; die Vielseher zeigen hierbei nur wenig Veränderungen. Jüngere Schüler spielen öfter, ruhen sich häufiger aus und kaufen öfter ein als die älteren Schüler. Die älteren Schüler wiederum hören häufiger Musik.

2.4 Körperliche Belastungen

Bei der Abfrage wurde auch nach den körperlichen Belastungen gefragt. Aus Tabelle 4 wird deutlich, dass die sitzende Lebensweise auch für Schüler zutrifft, da Sitzen etwa zwei Drittel des Tages ausmacht. Stärkere körperliche Belastungen wie Gehen (ca. 4,2 %), Fahrradfahren (ca. 2,5 %), Treppensteigen (ca. 0,4 %) und Laufen (ca. 0,3 %) machen zusammen nur etwa 7,4 % aus; das entspricht etwa einer Stunde pro Tag.

Bei den Vielsehern ist die körperliche Belastung noch geringer als bei den Wenigsehern. Abbildung 33 zeigt, dass die Vielseher öfter liegen als die Wenigseher. Vermutlich liegen die Vielseher häufiger während des Fernsehens. Zudem liegen die älteren Schüler öfter als die jüngeren. Das Stehen ist bei den Vielsehern und bei den älteren Schülern reduziert (Abb. 34). Weitere signifikante Einschränkungen der körperlichen Belastung bei den Vielsehern zeigen sich beim Gehen (p = .036), beim Treppensteigen (p = .019) und beim Radfahren (p = .014). Die Hypothese der verringerten körperlichen Aktivität der Vielseher wird eindrucksvoll bestätigt. Es ist offensichtlich, dass die Reduktion der körperlichen Aktivität ein Gesundheitsrisiko birgt.

Tabelle 4: Prozentuale Verteilung der körperlichen Belastungen während der Schul- und Freizeit, getrennt nach Wenig- und Vielsehern sowie nach Altersstufen.

Belastung	11 Jahre Wenigseher	11 Jahre Vielseher	15 Jahre Wenigseher	15 Jahre Vielseher
Sitzen	65.1	70.4	67.2	67.8
Stehen	19.9	16.4	16.7	14.0
Liegen	4.8	6.7	7.7	12.3
Gehen	5.8	3.5	3.9	3.4
Fahrradfahren	3.3	2.2	2.8	1.7
Treppensteigen	0.4	0.3	0.7	0.2
Laufen	0.3	0.1	0.5	0.3
Sonstiges	0.4	0.4	0.5	0.3

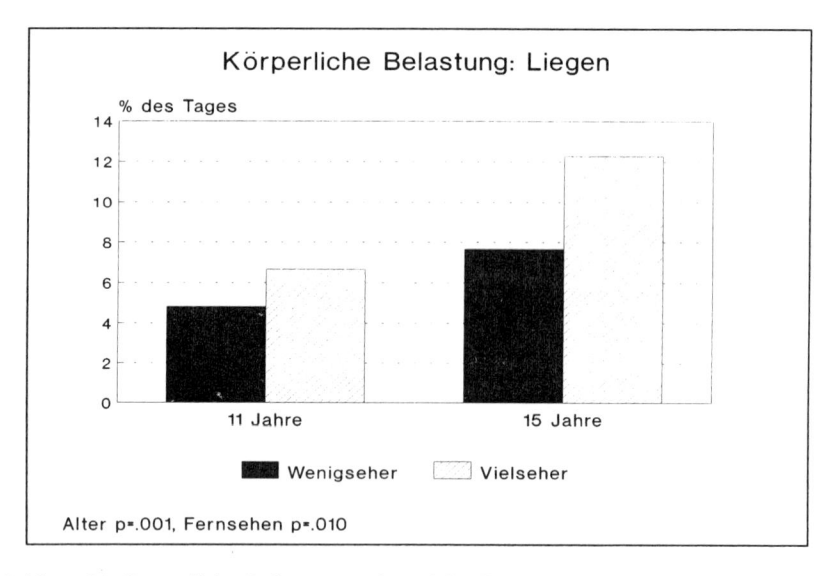

Abbildung 33: Körperliche Belastung während des Tages: «Liegen».

Diesem Ergebnis entspricht die Wahl der Verkehrsmittel (Tab. 5). Wenigseher gehen öfter zu Fuss (p = .005) und fahren mehr Rad (p = .005) als Vielseher. Allerdings sind erstere häufiger mit dem Auto unterwegs (p = .035). Rechnet man die Werte für das Autofahren in Tabelle 5 in Minuten um, so ergeben sich für die älteren Vielseher ca. vier Minuten und für die jüngeren Wenigseher ca. 14 Minuten. Vermutlich ist der höhere Wert der jüngeren Wenigseher in Zusammenhang mit dem relativ hohen Wert bei der Tätigkeit «Einkaufen» zu sehen.

Körperliche Belastung: Stehen

Alter p=.008, Fernsehen p=.004

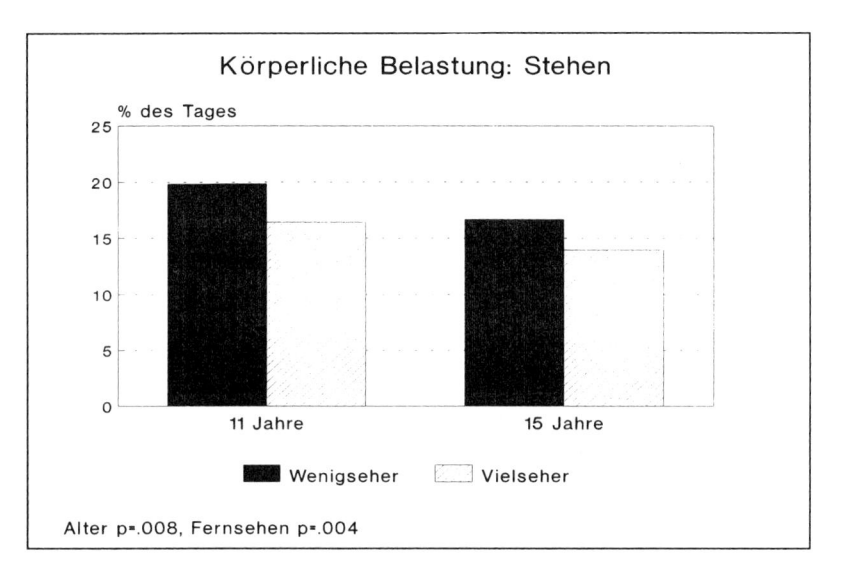

Abbildung 34: Körperliche Belastung während des Tages: «Stehen».

Tabelle 5: Verkehrsmittel während des Tages (% der Tagzeit), getrennt nach Wenig- und Vielsehern sowie nach Altersstufen.

Verkehr	11 Jahre Wenigseher	11 Jahre Vielseher	15 Jahre Wenigseher	15 Jahre Vielseher
Rad	3.6	2.2	3.0	1.6
Zu Fuss	3.4	1.6	3.1	2.1
Auto	1.8	1.0	1.2	0.5
Bus	0.6	0.5	1.3	0.7
Zug/Strassenbahn	0.3	0.2	0.3	0.1

Die körperlichen Belastungen der Schüler sind gering. Zwei Drittel des Tages werden im Sitzen verbracht. Stärkere Belastungen wie Gehen und Fahrradfahren machen nur eine Stunde pro Tag aus. Noch geringer ist die körperliche Belastung

bei den Vielsehern. Sie liegen öfter als die Wenigseher, vermutlich vor dem Fernseher. Weiterhin sind die stärkeren körperlichen Belastungen bei den Vielsehern reduziert. Dies zeigt sich beim Stehen, Gehen, Radfahren und Treppensteigen. Die Hypothese einer verringerten körperlichen Aktivität der Vielseher wird untermauert.
Im Einklang mit diesen Ergebnissen sind die Befunde zur Wahl der Verkehrsmittel. Vielseher gehen im Vergleich zu Wenigsehern seltener zu Fuss und fahren auch seltener mit dem Fahrrad.

2.5 Soziale Kontakte

Es wurde in Zusammenhang mit der Tätigkeit «Gespräche führen» bereits dargelegt, dass die Kommunikation der Vielseher signifikant geringer ist als die der Wenigseher. Dies wird auch bei der Darstellung der sozialen Kontakte während des gesamten Tages deutlich (Tab. 6).

Tabelle 6: Soziale Kontakte während des Tages (% der Tageszeit), getrennt nach Wenig- und Vielsehern sowie nach Altersstufen.

Kontakte	11 Jahre Wenigseher	11 Jahre Vielseher	15 Jahre Wenigseher	15 Jahre Vielseher
Allein	20.5	25.1	34.9	41.2
Familie	34.2	33.1	15.7	20.1
Schulkameraden	28.3	27.2	26.6	25.3
Freunde	15.3	13.2	19.4	10.8
Fremde	0.6	0.3	0.5	0.8
Sonstige	1.1	1.1	2.9	1.8

Abbildung 35 ist zu entnehmen, dass die Vielseher signifikant häufiger allein sind als die Wenigseher. In der Einleitung zu diesem Kapitel wurde bereits festgestellt, dass die Vielseher auch öfter allein vor dem Fernseher sitzen. Dort wurde auch vermutet, dass die Vielseher generell öfter allein sind als die Wenigseher. Wie im Literaturteil dargelegt, soll Fernsehen auch zur Verbesserung der Stimmung dienen, vor allem dann, wenn man sich langweilt. Die Wahrscheinlichkeit, sich zu langweilen, ist vermutlich grösser wenn man oft allein ist. Dies trifft für die Vielseher zu. Vielsehen ist daher auch eine Funktion der familiären Verhältnisse. Wenn beide Eltern berufstätig sind, werden die Schüler zwangsläufig öfter allein sein, was wiederum den Fernsehkonsum fördert. Die Hypothese einer Verbesserung der Stimmung durch das Fernsehen bei Langeweile ist nach diesem Befund vermutlich zutreffend.

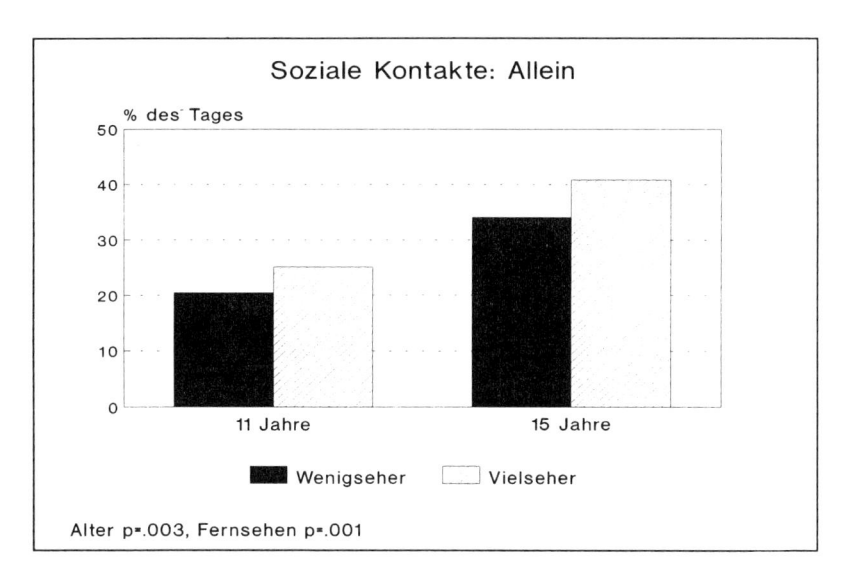

Abbildung 35: Soziale Kontakte während des Tages: «Allein».

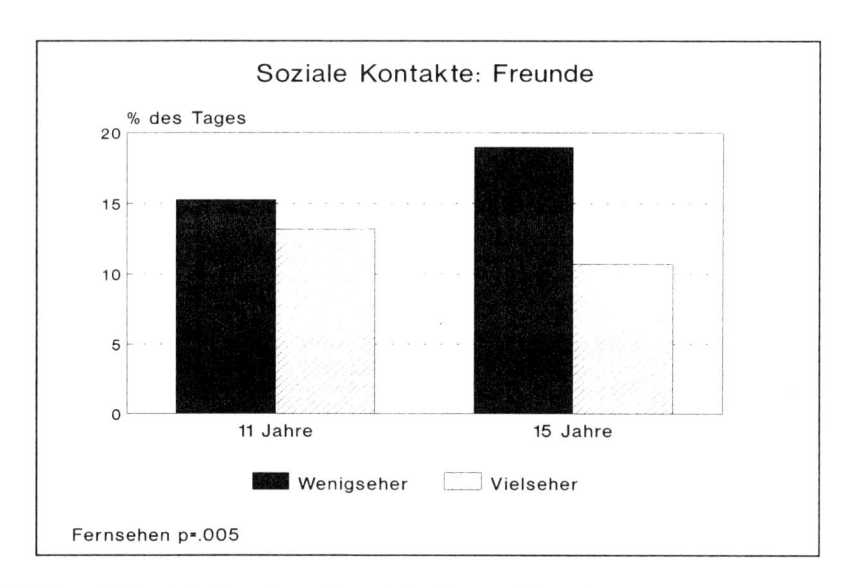

Abbildung 36: Soziale Kontakte während des Tages: «Freunde».

Wie zu erwarten, zeigt sich ein Altersunterschied, wobei die jüngeren Schüler seltener allein sind als die älteren. Jüngere haben zudem häufiger Kontakt mit Familienangehörigen als Ältere (p = .001), aber geringeren Kontakt mit «sonstigen Personen» (p = .021). Ein deutlicher Unterschied zwischen den Wenig- und

Vielsehern zeigt sich bei dem Kontakt mit Freunden, wobei die Vielseher seltener Kontakt mit Freunden haben (Abb. 36). Auch dieses Ergebnis unterstützt die Vermutung, dass sich Vielseher öfter langweilen. Dieser Befund ist besonders schwerwiegend, da allgemein angenommmen wird, dass der Kontakt mit Gleichaltrigen während der Pubertät wichtig ist. Die sozialen Kontakte mit den Schulkameraden zeigen dagegen keine Unterschiede zwischen den Gruppen, da die Schulzeiten für alle Gruppen annähernd gleich lang sind.

In Zusammenhang mit der Langeweile ist auch die Hypothese von Kubey (1986) zu sehen nach der Vielseher während unstrukturierter Zeitabschnitte eine schlechtere Stimmung aufweisen sollen als Wenigseher. Als unstrukturiert kann man in der vorliegenden Untersuchung die Tätigkeit «Ausruhen» ansehen. Daher wurde das Befinden in dieser Situation analysiert. Die Aufgeregtheit zeigt weder einen signifikanten Haupteffekt (Alter, Fernsehen) noch eine signifikante Wechselwirkung. Die Beurteilung der Situation «Ausruhen» nach angenehm bzw. unangenehm ergibt dagegen tatsächlich einen signifikanten Haupteffekt Fernsehen ($p = .049$), wobei die Vielseher die Situation als unangenehmer (Mittelwert 2,0) empfinden als die Wenigseher (Mittelwert 1,8). Der Haupteffekt Alter und die Wechselwirkung Alter * Fernsehen sind nicht signifikant.

Vergleicht man das Befinden der Viel- und Wenigseher während des Fernsehens, so sind weder die Aufgeregtheit noch die Beurteilung der Situation signifikant. Schliesslich wurde noch das gesamte Tagsegment analysiert. Hierbei ergab sich für die Aufgeregtheit ein Haupteffekt Fernsehen ($p = .020$), wonach sich die Wenigseher als generell aufgeregter schildern. Tendenziell signifikant wurde auch der Haupteffekt Alter ($p = .073$), wobei sich die Älteren als aufgeregter darstellen als die Jüngeren. Die Beurteilung der Situation während des ganzen Tages zeigte keinen Unterschied beim Fernsehkonsum, signifikant war aber der Haupteffekt Alter ($p = .016$). Danach beurteilen die älteren Schüler das Tagesgeschehen als unangenehmer. Der Unterschied bei der Tätigkeit «Ausruhen» zwischen den Viel- und Wenigsehern kann also nicht auf eine generelle Tendenz der Vielseher, Situationen als unangenehmer einzustufen, zurückgeführt werden. Somit kann der Befund von Kubey als bestätigt gelten.

Bei den sozialen Kontakten ergeben sich naturgemäss Altersunterschiede. Jüngere Schüler sind während des Tages seltener allein und haben mehr Kontakt zu Angehörigen der Familie als ältere Schüler. Wichtig sind die deutlichen Unterschiede zwischen den Viel- und Wenigsehern. Vielseher sind während des Tages insgesamt häufiger allein. Damit wird die Hypothese, dass fernsehen zur Verbesserung der Stimmung bei Langeweile dient, gestützt. Der Kontakt mit Freunden ist bei den Vielsehern zudem seltener als bei den Wenigseher. Auch dieser Befund spricht dafür, dass sich Vielseher öfter langweilen und daher fernsehen. Bestätigt wurde auch die Hypothese, dass Vielseher unstrukturierte Zeit schlechter vertragen können als Wenigseher.

3 Emotionale Beanspruchung und subjektives Befinden

3.1 Basisdaten der Registrierung

Zunächst soll auf einige Basisdaten der Registrierung eingegangen werden. Dies dient auch zur Abschätzung der Güte der Registrierung. Danach folgt die systematische Darstellung der physiologischen Parameter und des subjektiven Befindens mit multivariaten Varianzanalysen, wobei die Haupteffekte Alter, Fernsehen und Aufenthaltsort getestet werden. Zusätzlich ergeben sich die Wechselwirkungen: Alter * Fernsehen, Aufenthaltsort * Alter, Aufenthaltsort * Fernsehen und Aufenthaltsort * Alter * Fernsehen.

Tabelle 7: Basisdaten der Registrierung in Minuten, getrennt nach Wenig- und Vielsehern sowie nach Altersstufen.

Minuten	11 Jahre Wenigseher	11 Jahre Vielseher	15 Jahre Wenigseher	15 Jahre Vielseher
Gesamt	1382	1381	1385	1380
Tag	800	796	867	860
Nacht	582	585	518	520

Die gesamte Registrierdauer zeigt zwischen den Gruppen keine nennenswerten Unterschiede (Tab. 7). Hieraus kann gefolgert werden, dass die technische Qualität der Registrierung für alle Gruppen vergleichbar ist. Die Tagregistrierung ist naturgemäss bei den jüngeren Schülern kürzer und die Nachtregistrierung entsprechend länger ($p = .001$). Weitere signifikante Unterschiede sind nicht zu beobachten.

Tabelle 8 führt die Herzfrequenzen der beiden Altersstufen auf. Der Mittelwert über die $N = 100$ 11jährigen Schüler für die gesamte Zeit der Registrierung (Tag und Nacht) beträgt 83 Puls/min. Dabei hatte der Schüler mit der niedrigsten Herzfrequenz (Tag und Nacht zusammen) nur 64, der Schüler mit der höchsten Herzfrequenz dagegen 102 Puls/min. Betrachtet man die minimale Herzfrequenz in der Gesamtregistrierung aller $N = 100$ Schüler, so liegt der Mittelwert bei 56 Puls/min. Die niedrigste Herzfrequenz, die überhaupt bei einem Schüler gemessen wurde, liegt bei 43 Puls/min; ein anderer Schüler kam dagegen während der gesamten Registrierung nicht unter eine Herzfrequenz von 74 Puls/min. Der Mittelwert der jeweils höchsten Herzfrequenz, die bei den $N = 100$ Schülern gemessen wurde, liegt bei 161 Puls/min. Hierbei erreichte der Schüler mit der höchsten Herzfrequenz, die überhaupt gemessen wurde, 208 Puls/min. Die niedrigste maximale Herzfrequenz beträgt dagegen 119 Puls/min. Die Herzfrequenzwerte für die Tag- bzw. Nachtregistrierung sowie die Herzfrequenzen der älteren N = 100 Schüler sind dem entsprechend zu interpretieren.

Auch bei den Schülern wird die Notwendigkeit einer Baseline ersichtlich. Der 11jährige Schüler mit dem niedrigsten Nachtmittelwert hatte nur 50, der Schüler mit dem höchsten Nachtmittelwert aber 87 Puls/min. Bei den älteren Schülern ist diese Diskrepanz noch ausgeprägter. Hier wurden 45 bzw. 92 Puls/min beobachtet. Deutlich wird zudem eine erhebliche Altersabhängigkeit der Herzfrequenz, wie sie auch von anderen Autoren berichtet wird (Voors, Webber & Berenson, 1982; Murphy, Alpert, Willey & Somes, 1988). Die Daten der Tabelle 8 eignen sich zum Vergleich mit Studien aus der Literatur.

Tabelle 8: Herzfrequenzen getrennt nach den Altersstufen (MW = Mittelwert über 100 Schüler, SD = Standardabweichung).

11jährige Schüler

Zeit	MW	SD	Minimum	Maximum
Gesamt	83	8	64	102
Gesamt Minimum	56	6	43	74
Gesamt Maximum	161	17	119	208
Tag	93	9	68	114
Nacht	69	7	50	87

15jährige Schüler

Zeit	MW	SD	Minimum	Maximum
Gesamt	78	8	60	100
Gesamt Minimum	51	6	37	78
Gesamt Maximum	155	17	112	197
Tag	87	8	68	106
Nacht	62	7	45	92

Ausführliche Daten aus dem 24-Stunden-EKG von Kindern verschiedener Altersstufen stammen aus Japan (Nagashima et al., 1987), die in Tabelle 9 dargestellt sind. Ein Vergleich mit den Daten der vorliegenden Untersuchung zeigt, dass die Minima und Maxima sehr gut übereinstimmen.

Romano et al. (1988) ermittelten das in Tabelle 10 angegebene Spektrum der Herzfrequenz bei 20 Jungen und 12 Mädchen mit dem Langzeit-EKG. Auch hier ist die Übereinstimmung mit den eigenen Daten sehr gut. Im Durchschnitt sind die Werte von Romano et al. etwas höher, was auf das geringere Alter dieser Stichprobe zurückzuführen ist. Zusammenfassend kann festgestellt werden, dass die vorliegenden Daten gut mit vergleichbaren Daten aus der Literatur korrespondieren, was für die Güte der vorliegenden Untersuchung spricht.

Tabelle 9: Herzfrequenzen aus der Untersuchung von Nagashima et al. (1987).

9 bis 12jährige Schüler (N = 97)

Zeit	MW	SD	Minimum	Maximum
Gesamt Minimum	56	7	40	---
Gesamt Maximum	158	16	---	196

13 bis 15jährige Schüler (N = 97)

Zeit	MW	SD	Minimum	Maximum
Gesamt Minimum	51	6	40	---
Gesamt Maximum	159	18	---	192

Tabelle 10: Herzfrequenzen aus der Untersuchung von Romano et al. (1988).

6 bis 11jährige gesunde Kinder (N = 32)

Zeit	MW	SD	Minimum	Maximum
Gesamt	87	10	72	104
Gesamt Minimum	61	10	51	79
Gesamt Maximum	160	20	129	186
Tag	93	10	71	148
Nacht	74	11	54	98

Die gesamte Registrierdauer ist für alle Gruppen gleich. Dies bedeutet, dass die technische Qualität der Registrierungen für alle Gruppen vergleichbar ist. Da die jüngeren Schüler länger schlafen als die älteren, ergeben sich naturgemäss Unterschiede in der Dauer des Tag- bzw. Nachtsegments. Die durchschnittliche Herzfrequenz der jüngeren Schüler beträgt 83 Puls/min (Tag und Nacht zusammen), die der älteren Schüler 78 Puls/min. Dieser Unterschied entspricht der Erwartung, da die Herzfrequenz aus physiologischen Gründen mit zunehmendem Alter geringer wird. Es zeigen sich grosse individuelle Unterschiede der Herzfrequenz, die vor allem nachts deutlich werden und auf die Notwendigkeit einer individuellen Baseline verweisen. Der Vergleich der Herzfrequenzen mit entsprechenden Daten aus anderen Untersuchungen in der Literatur zeigt eine hervorragende Übereinstimmung. Dies spricht für die Qualität der vorgelegten Daten.

3.2 Vergleich Tag versus Nacht

Dieser Vergleich wird mit den absoluten Messwerten (Rohwerten) und nicht mit den Differenzwerten zum Tiefschlaf vorgenommen. Die Bewegungsaktivität ist nachts natürlich geringer als tagsüber (Abb. 37; Haupteffekt Zeit). Der signifikante Altersunterschied (Haupteffekt Alter) besagt, dass sich die jüngeren Schüler mehr bewegen als die älteren. Dies gilt allerdings nur für die Tagwerte, denn nachts sind die Unterschiede zwischen den jüngeren und älteren Schülern nur gering (Wechselwirkung Zeit * Alter). Wie man nach der Analyse der körperlichen Belastung vermuten konnte (Abschnitt 2.4 dieses Kapitels), zeigen die Vielseher eine geringere Aktivität als die Wenigseher (Haupteffekt Fernsehen). Auch diese Aussage gilt nur für die Tagwerte, da nachts die Aktivität der Vielseher jener der Wenigseher entspricht (Wechselwirkung Zeit * Fernsehen). Die im Kapitel 3 (Abschnitt 2.1.4) formulierte Hypothese einer verringerten Bewegungsaktivität bei den Vielsehern wird durch die Messergebnisse bestätigt.

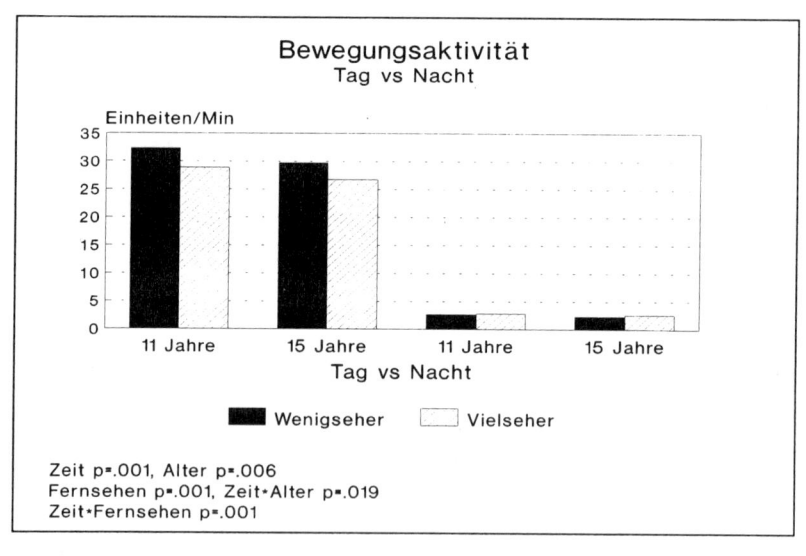

Abbildung 37: Vergleich Tag versus Nacht: Bewegungsaktivität.

Die Herzfrequenz hängt sehr stark von der Bewegungsaktivität ab. Daher ist die Abbildung 38 der Abbildung 37 ähnlich. Der Altersunterschied wird dabei sowohl von der verschiedenen Aktivität der Altersgruppen als auch von der biologischen Entwicklung (mit zunehmendem Alter wird die Herzfrequenz geringer) beeinflusst. Es wurde festgestellt, dass die Bewegungsaktivität nachts kaum Altersunterschiede zeigt. Dennoch ist ein deutlicher Unterschied der Herzfrequenz nachts zu erkennen, was auf die biologische Entwicklung zurückgeführt werden kann. Die Wechselwirkung Zeit * Alter besagt, dass die Unterschiede zwischen den Altersgruppen tagsüber weniger deutlich ausgeprägt sind als nachts. Bei den Vielsehern ist die Herzfrequenz am Tag niedriger, nachts aber etwa gleich hoch wie bei den Wenigsehern (Wechselwirkung Zeit * Fernsehen). Dies spiegelt die geringere körperliche Belastung der Vielseher tagsüber wider. Die Hypothese einer höheren Herzfrequenz der jüngeren Schüler (Kap. 3, Abschnitt 2.2) lässt sich bestätigen.

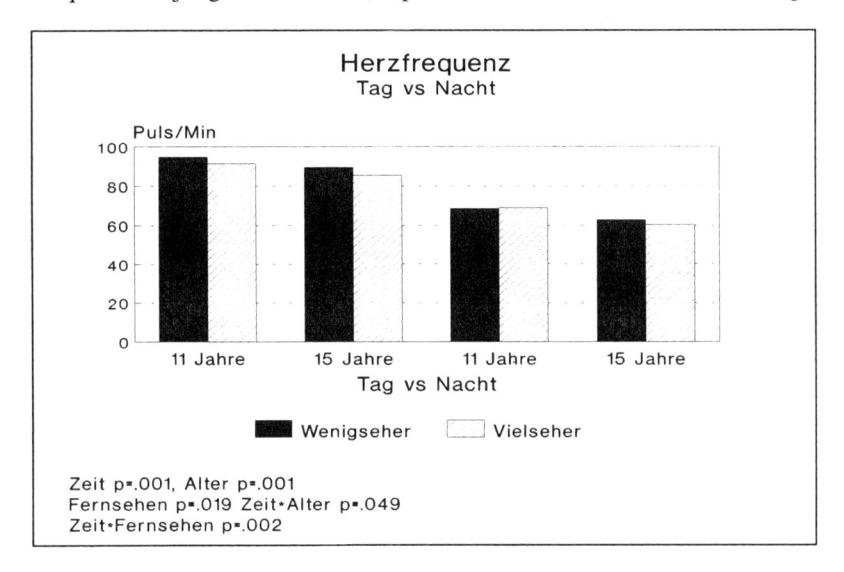

Abbildung 38: Vergleich Tag versus Nacht: Herzfrequenz.

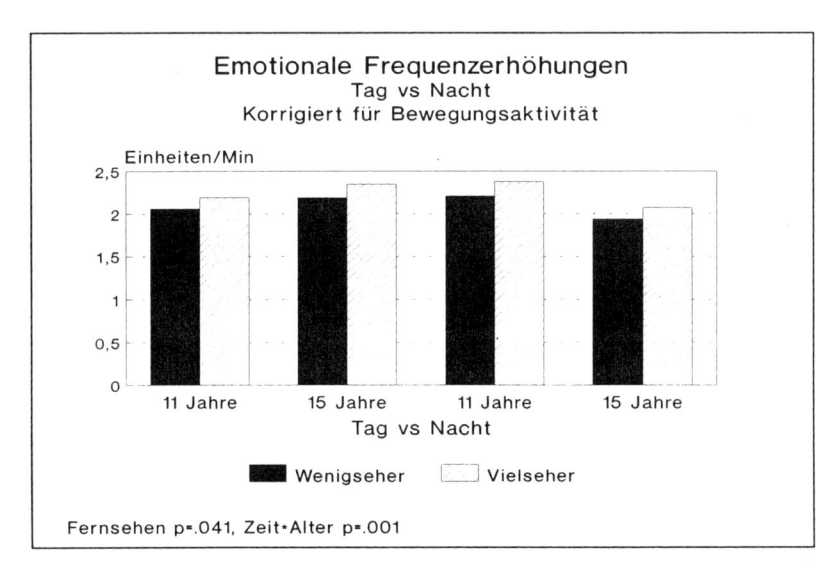

Abbildung 39: Vergleich Tag versus Nacht: Emotionale Frequenzerhöhungen (korrigiert für Bewegungsaktivität).

Aus Abbildung 39 ergibt sich, dass die Vielseher eine höhere emotionale Beanspruchung aufweisen als die Wenigseher (Haupteffekt Fernsehen). Weiterhin besagt die Wechselwirkung Zeit * Alter, dass die älteren Schüler tagsüber emotional etwas stärker beansprucht sind, wobei sich nachts diese Beanspruchung umkehrt. Nachts sind die jüngeren Schüler stärker «beansprucht» als die älteren. Die emotionalen Frequenzerhöhungen in der Nacht sind auf die REM-Phasen im Schlaf (REM = rapid eye movement) zurückzuführen. In diesen Phasen mit schnellen Bewegungen der Augen ist die Traumaktivität sehr lebhaft. Dabei erfolgt eine Erhöhung der Herzfrequenz mit einer Tonusabnahme der Muskulatur und damit einer Verringerung der Bewegungsaktivität (Birbaumer & Schmidt, 1996). Man weiss auch, dass die Gesamtdauer der REM-Phasen mit zunehmendem Alter geringer wird. Es kann vermutet werden, dass die Wechselwirkung diesen Altersunterschied widerspiegelt. Andererseits spiegelt die Wechselwirkung wohl auch reale Beanspruchungsunterschiede (Tagwerte) zwischen den Altersgruppen wieder.

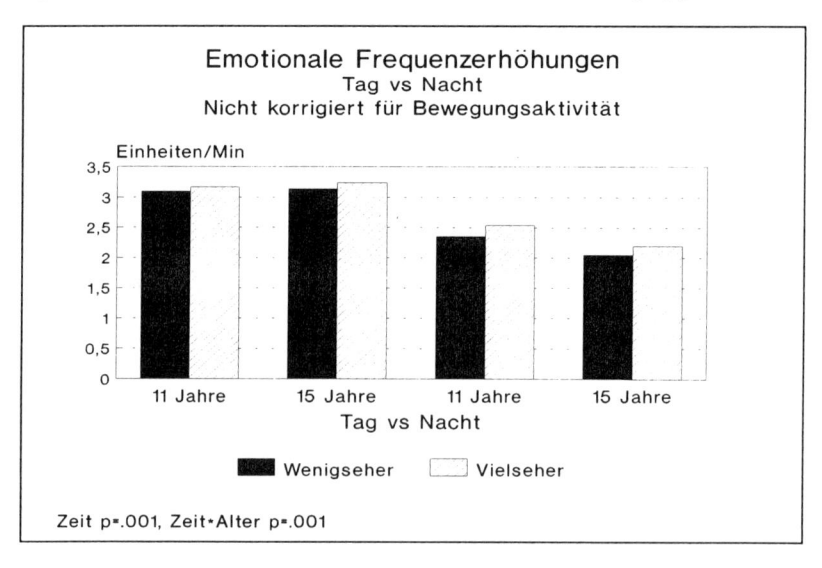

Abbildung 40: Vergleich Tag versus Nacht: Emotionale Frequenzerhöhungen (nicht korrigiert für Bewegungsaktivität).

Wie im Kapitel Methodik (Abschnitt 2.3) ausgeführt wurde, wird mit zunehmender Bewegungsaktivität eine stärkere Zunahme der Herzfrequenz gefordert, damit auf eine emotionale Frequenzerhöhung erkannt wird. Da die Bewegungsaktivität der Vielseher tagsüber geringer ist, könnte dies einen Einfluss auf die emotionalen Frequenzerhöhungen haben. Daher wurde in einer zweiten Berechnung die Korrektur für Bewegungsaktivität ausgeschaltet (Abb. 40). Man erkennt, dass die Tagwerte der emotionalen Frequenzerhöhung nun deutlich höher sind als in Abbildung 39, ca. 3,2 gegenüber 2,2. Hierdurch wird jetzt auch der Unterschied zwischen den Tag- und Nachtwerten signifikant. Allerdings verfehlt nun der Haupteffekt Fernsehen das Signifikanzniveau (p = .118).

Wie bereits ausgeführt, sind mehrere Autoren der Ansicht, dass die Variabilitätsabnahme der Herzfrequenz einen Indikator der mentalen Beanspruchung darstellt (Abb. 41). Nachts ist die Variabilität grösser, was die genannte Interpretation stützt. Die jüngeren Schüler zeigen eine höhere Variabilität als die älteren Schüler. Danach wären die jüngeren mental weniger beansprucht als die älteren Schüler. Allerdings weiss man auch, dass die Variabilität mit dem Alter abnimmt, so dass dieser Befund nicht sicher zu interpretieren ist. Bei den Vielsehern ist die Variabilität höher als bei den Wenigsehern, womit erstere mental weniger beansprucht wären. Auch dieser Befund muss relativiert werden, da die Variabilität mit der Herzfrequenz korreliert (ca. r = -0.30 bis r = -0.50). Um den Einfluss der Herzfrequenz auszuschalten, wurde zusätzlich eine Kovarianzanalyse mit der Herzfrequenz aus der Gesamtregistrierung als Kovariate gerechnet. Dabei bleiben der Tag-Nacht-Unterschied (p = .001) und der Altersunterschied (p = .001) stabil, der Haupteffekt Fernsehen ist aber nicht mehr signifikant (p = .176).

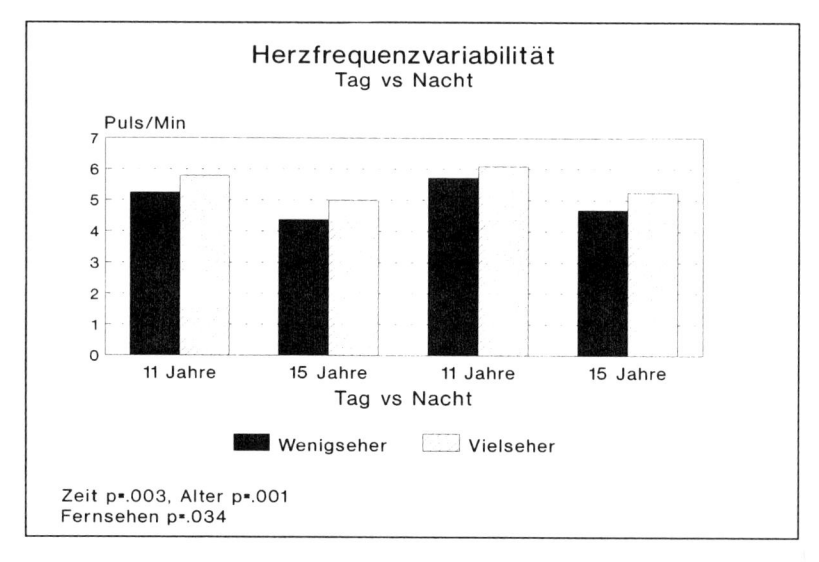

Abbildung 41: Vergleich Tag versus Nacht: Variabilität der Herzfrequenz.

Zwischen dem Tag- und Nachtsegment der Registrierung zeigen sich erwartungsgemäss Unterschiede in den physiologischen Daten. Nachts ist die Bewegungsaktivität und damit auch die Herzfrequenz entsprechend niedriger, während die Variabilität der Herzfrequenz nachts höher ist. Es zeigen sich auch Altersunterschiede. So bewegen sich die jüngeren Schüler tagsüber mehr als die älteren; nachts gibt es diesen Unterschied nicht. Die Herzfrequenz und deren Variabilität ist bei den älteren Schülern allgemein niedriger, was man aus physiologischen Gründen erwarten kann. Bei der Analyse des Verhaltens wurde bereits festgestellt, dass sich die Vielseher im Vergleich zu den Wenigsehern weniger bewegen. Dies belegen auch die Messungen der Bewegungsaktivität, was die hierzu formulierte Hypothese bestätigt. Der Unterschied ist aber nur tagsüber vorhanden; nachts sind die Werte der Viel- und Wenigseher vergleichbar. Ein analoger Befund zeigt sich bei der Herzfrequenz.

Die emotionale Beanspruchung der älteren Schüler (emotionale Herzfrequenzerhöhungen) ist tagsüber grösser als die der jüngeren, nachts ist es umgekehrt. Dieses Ergebnis kann sowohl mit einer altersbedingten Veränderung in der Dauer der REM-Phasen nachts als auch mit einer real stärkeren emotionalen Beanspruchung der älteren Schüler tagsüber erklärt werden. Sowohl am Tag als auch in der Nacht scheinen die Vielseher zunächst emotional stärker beansprucht zu sein als die Wenigseher. Hierbei ist allerdings die systematisch niedrigere Bewegungsaktivität der Vielseher während des Tages in Rechnung zu stellen. Nimmt man die Korrektur der emotionalen Herzfrequenzerhöhungen für die Bewegungsaktivität zurück, so ist das Ergebnis nicht mehr signifikant.

3.3 Beanspruchung und Befinden beim Fernsehen

Am Untersuchungstag haben naturgemäss nicht alle Schüler alle Sendungen gesehen, so dass eine Darstellung nur für die fünf wichtigsten Sendungen, getrennt nach dem Alter, erfolgt. Die emotionale Beanspruchung (emotionale Frequenzerhöhungen) und das Befinden sind in den Tabellen 11 und 12 nach den Werten der Vielseher geordnet.

Geht man von den jüngeren Vielsehern aus, so sind Reportagen im Vergleich zu Comedy-Sendungen emotional relativ stärker beanspruchend (Tab. 11). Diese Rangfolge deckt sich jedoch nicht mit jener der Wenigseher, bei der Jugendsendungen im Vergleich zu Reportagen als stärker beanspruchend erscheinen. Dieser Widerspruch löst sich auf, wenn man sich die Zahl der Schüler anschaut, welche die fraglichen Sendungen gesehen haben. Von den Wenigsehern haben nur acht Schüler Reportagen gesehen. Es kommt hinzu, dass nur ein Schüler sowohl Jugendsendungen als auch Reportagen gesehen hat. Das bedeutet, dass es sich im wesentlichen um verschiedene Schüler handelt, die individuell sehr unterschiedlich emotional reagieren können.

Die Rangreihe der emotionalen Beanspruchung bei den älteren Vielsehern (Tab. 12) ähnelt jener der jüngeren Vielseher. Auch hier beanspruchen die Reportagen am meisten und Comedy-Sendungen relativ am wenigsten. In Kapitel 2 wurde dargelegt, dass in der Untersuchung von Sturm (1991; Sturm et al., 1982) emotional erregende Filme, die mit einem sachlichen Text versehen waren, bei den Kindern eine grössere physiologische Erregung hervorriefen und als unangenehmer erlebt wurden als eine nonverbale Fassung oder eine Fassung mit emotionalen Formulierungen. Die nach diesem Befund formulierte Hypothese (Kap. 3, Abschnitt 2.1.4) kann im wesentlichen bestätigt werden.

Tabelle 11: Emotionale Beanspruchung und subjektives Befinden beim Sehen verschiedener Sendungen bei 11jährigen Schülern, getrennt nach Wenig- und Vielsehern.

Emotionale Frequenzerhöhungen (Einheiten/min)

Sendungen	Wenigs. N	Wenigs. MW	Vielseher N	Vielseher MW
Reportagen	8	3.52	16	4.71
Unterhaltung	7	5.13	32	4.14
Jugendsendung	12	5.49	26	4.14
Zeichentrick	15	5.42	32	3.85
Comedy	7	5.17	14	3.63
Alle Sendungen	**44**	**4.16**	**50**	**3.33**

Aufgeregtheit (1 = gar nicht, 4 = ganz aufgeregt)

Sendungen	Wenigs. N	Wenigs. MW	Vielseher N	Vielseher MW
Jugendsendung	12	1.16	26	1.30
Zeichentrick	15	1.16	32	1.25
Reportagen	8	1.50	16	1.14
Unterhaltung	7	1.03	32	1.14
Comedy	7	1.14	14	1.14
Alle Sendungen	**44**	**1.21**	**50**	**1.19**

Situation angenehm (1 = sehr angenehm, 5 = sehr unangenehm)

Sendungen	Wenigs. N	Wenigs. MW	Vielseher N	Vielseher MW
Comedy	7	1.46	14	1.94
Jugendsendung	12	1.95	26	1.87
Unterhaltung	7	1.58	32	1.87
Reportagen	8	2.25	16	1.83
Zeichentrick	15	1.68	32	1.76
Alle Sendungen	**44**	**1.76**	**50**	**1.84**

Besser steht es mit den Vielsehern, bei denen die Wahrscheinlichkeit, mehrere Sendungen gesehen zu haben, deutlich grösser ist. So handelt es sich immerhin um sieben Schüler, die sowohl Jugendsendungen als auch Reportagen gesehen haben. Somit ist die Rangreihe bei den Vielsehern etwas zuverlässiger. Demnach wären Reportagen emotional beanspruchender als Comedy-Sendungen. Eine Signifikanzprüfung wird aber aus den genannten Gründen nicht vorgenommen. Die jeweils letzte Zeile der Tabellen enthält die Mittelwerte für sämtliche Sendungen (siehe hierzu Tab. 2).

Tabelle 12: Emotionale Beanspruchung und subjektives Befinden beim Sehen verschiedener Sendungen bei 15jährigen Schülern, getrennt nach Wenig- und Vielsehern.

Emotionale Frequenzerhöhungen (Einheiten/min)

Sendungen	Wenigs. N	Wenigs. MW	Vielseher N	Vielseher MW
Reportagen	9	4.19	27	3.59
Unterhaltung	20	4.07	35	3.51
Kriminalfilme	10	3.67	15	3.44
Comedy	13	5.10	19	3.23
Sport	10	4.87	19	2.87
Alle Sendungen	**43**	**3.39**	**50**	**3.18**

Aufgeregtheit (1 = gar nicht, 4 = ganz aufgeregt)

Sendungen	Wenigs. N	Wenigs. MW	Vielseher N	Vielseher MW
Comedy	13	1.17	19	1.16
Sport	10	1.10	19	1.16
Kriminalfilme	10	1.40	15	1.12
Reportagen	9	1.11	27	1.10
Unterhaltung	20	1.15	35	1.04
Alle Sendungen	**43**	**1.25**	**50**	**1.14**

Situation angenehm (1 = sehr angenehm, 5 = sehr unangenehm)

Sendungen	Wenigs. N	Wenigs. MW	Vielseher N	Vielseher MW
Reportagen	9	1.78	27	2.05
Comedy	13	1.56	19	1.93
Unterhaltung	20	1.87	35	1.93
Sport	10	1.71	19	1.93
Kriminalfilme	10	1.75	15	1.76
Alle Sendungen	**43**	**1.88**	**50**	**1.90**

Es fällt auf, dass die subjektiven Einstufungen der Aufgeregtheit und die Bewertung der Situation nach angenehm bzw. unangenehm mit der emotionalen Beanspruchung nur wenig korrespondieren. Insgesamt werden die Sendungen als gar nicht bis etwas aufregend bezeichnet und die Situation beim Fernsehen als angenehm beurteilt. Den Tabellen 11 und 12 ist weiterhin zu entnehmen, dass die Wenigseher auf die einzelnen Sendungen emotional meist stärker reagieren als die Vielseher. Dieser Befund soll anhand des Gesamtmittelwertes der emotionalen Frequenzerhöhungen aller Sendungen varianzanalytisch geprüft werden (Abb. 42). Dabei ergibt sich, dass die Vielseher beim Fernsehen signifikant weniger emotional beansprucht sind als die Wenigseher. Zudem zeigt sich die Tendenz, dass die jüngeren Schüler stärker beansprucht sind als die älteren. Der Befund einer geringeren emotionalen Reaktion der Vielseher auf die Sendungen ist von zentraler Bedeutung.

In Abschnitt 3.2 dieses Kapitels wurde bereits darauf eingegangen, dass die Korrektur der emotionalen Frequenzerhöhungen für die Bewegungsaktivität u.U. die Signifikanz von Gruppenunterschieden beeinflussen kann. Daher wurde die Signifikanzprüfung in einer zweiten Analyse an den unkorrigierten Werten vorgenommen. Die geringere emotionale Beanspruchung der Vielseher ist weiterhin signifikant ($p = .038$). Auch die tendenziell höheren Werte der jüngeren Schüler lassen sich bestätigen ($p = .056$). In einer dritten Analyse an den unkorrigierten Werten für die emotionale Frequenzerhöhung wurde noch die Herzfrequenz der Gesamtregistrierung als Kovariate eingeführt. Sowohl der Haupteffekt Fernsehen ($p = .032$) als auch der Haupteffekt Alter ($p = .039$) ist signifikant. Damit kann die in Kapitel 3 (Abschnitt 2.1.4) formulierte Habituationshypothese auch bei rigoroser Prüfung bestätigt werden.

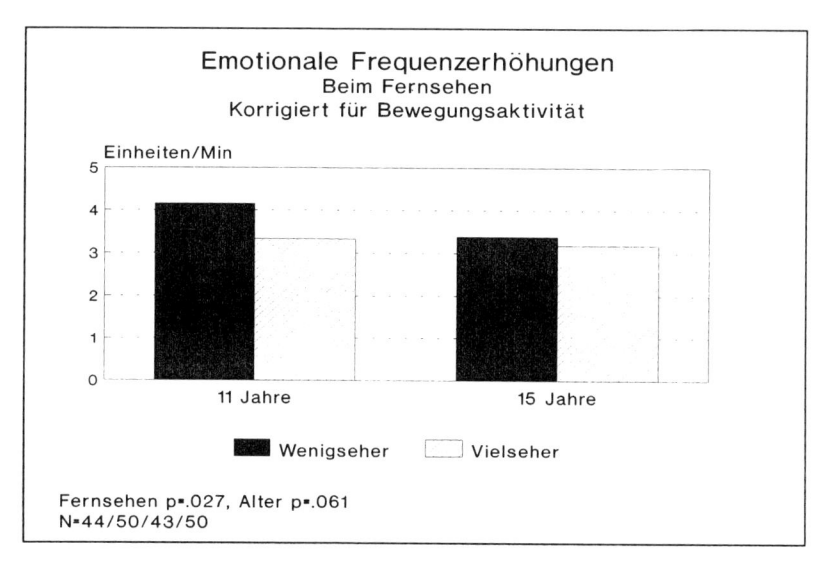

Abbildung 42: Emotionale Beanspruchung beim Fernsehen.

Es zeigt sich also ein stabiles Ergebnis, wonach Vielseher auf die Sendungen emotional schwächer reagieren als Wenigseher. Tendenziell gilt diese verminderte emotionale Reaktivität auch für die älteren im Vergleich zu den jüngeren Schülern. Man kann beide Ergebnisse dahingehend interpretieren, dass häufiges Fernsehen allmählich zu einer emotionalen Abstumpfung gegenüber den Fernsehinhalten führt. Diese Interpretation ist naheliegend, lässt sich aber mit der vorliegenden Studie nicht schlüssig beweisen. Hierzu bräuchte man eine Längsschnittuntersuchung mit Zufallszuweisung der Teilnehmer zu einer Gruppe mit geringem und einer Gruppe mit hohem Fernsehkonsum. Nach einigen Jahren unterschiedlichen Fernsehkonsums könnte man dann beide Gruppen hinsichtlich der emotionalen Beanspruchung durch das Fernsehen vergleichen. Wie man leicht einsehen kann, ist eine derartige Untersuchung aus verschiedenen Gründen nicht zu realisieren. Es gibt aber eine Reihe weiterer Befunde, welche die vorgeschlagene Interpretation stützen. In einer Studie an N = 36 6jährigen Mädchen und Jungen war der Unterschied bei der emotionalen Reaktivität beim Fernsehen zwischen Viel- und Wenigsehern besonders ausgeprägt (Wilhelm et al., 1997). Auch bei N = 52 Studenten war dieser Unterschied zwischen Viel- und Wenigsehern signifikant. Tendenziell war dasselbe Ergebnis bei N = 94 Arbeitern und Angestellten eines Industriebetriebes zu beobachten (Myrtek et al., 1996a). Dieser wichtige Befund wurde also mehrfach repliziert und kann danach als gesichert gelten.

> Von den verschiedenen Sendungen scheinen vor allem Reportagen emotional beanspruchend zu sein. Diese werden zudem subjektiv als relativ unangenehm beurteilt. Damit lässt sich die Hypothese, dass emotional erregende Inhalte, die mit nüchternen Kommentaren versehen sind, zu einer grösseren physiologischen Erregung führen, im wesentlichen bestätigen. Insgesamt werden die verschiedenen Sendungen von den Schülern aber als wenig aufregend und als angenehm beurteilt. Vielseher reagieren auf die Sendungen insgesamt emotional schwächer als Wenigseher. Es besteht zudem eine Tendenz, dass die emotionale Beanspruchung jüngerer Schüler beim Fernsehen höher ist als die der älteren Schüler. Offenbar ist mit einem steigendem Fernsehkonsum (Vielseher im Vergleich zu Wenigsehern, ältere Schüler im Vergleich zu jüngeren Schülern) eine emotionale Abstumpfung verbunden. Dies ist der zentrale Befund der vorliegenden Untersuchung, der inzwischen auch mehrfach repliziert werden konnte. Damit kann die Habituationshypothese als bestätigt gelten.

3.4 Beanspruchung und Befinden in der Schule

Gewöhnlich werden die Schulfächer grob in Kern- und Nebenfächer aufgeteilt, da deren Bedeutung für das Fortkommen in der Schule unterschiedlich ist. Im allgemeinen werden die Kernfächer als schwieriger und wichtiger beurteilt. Sollte dies so sein, könnte man eventuell entsprechende Unterschiede bei den physiologischen Parametern und beim subjektiven Befinden erwarten. Als Kernfächer werden bei dieser Betrachtung für beide Altersstufen die Fächer Deutsch, Fremdsprachen und Mathematik zusammengefasst. Bei den jüngeren Schülern werden als Nebenfächer Erdkunde, Biologie und Religion und bei den älteren Schülern Geschichte, Biologie und Religion zusammengefasst. In einer weiteren Analyse wird die Frage untersucht, ob sich Unterrichtsstunden, in denen eine Klassenarbeit geschrieben wurde oder eine solche zurückbekommen wurde, von normalen Schulstunden ohne direkten Bezug zu einer Klassenarbeit unterscheiden. Als «normale» Schulstunden wurde die Kombination aus den o.g. Kern- und Nebenfächern angesehen. Mit Ausnahme der emotionalen Frequenzerhöhungen wurden die übrigen physiologischen Parameter auf die in Kapitel 4 (Abschnitt 2.5) beschriebene Baseline während der Nacht bezogen. Damit werden die individuell unterschiedlichen konstitutionellen Voraussetzungen (z.B. unterschiedlicher körperlicher Trainingszustand) berücksichtigt.

3.4.1 *Kernfächer versus Nebenfächer*

Die Bewegungsaktivität zeigt zwischen den Fächern einen signifikanten Unterschied, wobei die Aktivität während des Unterrichts in den Nebenfächern grösser ist als während des Unterrichts in den Kernfächern (Abb. 43). Offenbar ist die Konzentration (Stillsitzen) während des Unterrichts in den Kernfächern grösser.

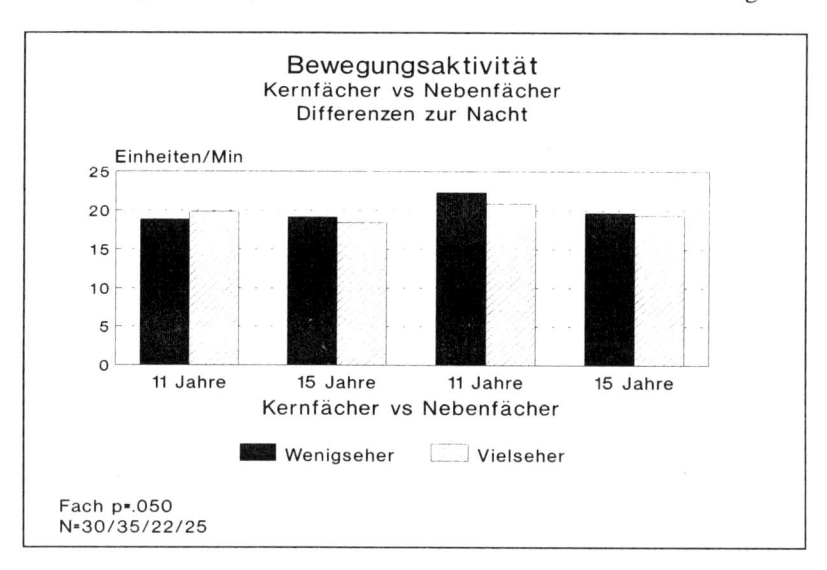

Abbildung 43: Kernfächer versus Nebenfächer: Bewegungsaktivität.

Altersunterschiede oder Unterschiede im Fernsehkonsum zeigen sich nicht. Man beachte, dass diese Vergleiche auf reduzierten Stichproben beruhen, da nicht alle Schüler am Untersuchungstag in den genannten Kern- und Nebenfächern unterrichtet wurden.

Bei der Herzfrequenz lässt sich ein deutlicher Altersunterschied feststellen (Abb. 44). Die älteren Schüler zeigen grössere Reaktionen der Herzfrequenz als die jüngeren, was auf eine höhere Gesamtbeanspruchung der älteren in der Schule schliessen lässt. Aufschlussreich ist die Wechselwirkung Alter * Fernsehen. Danach zeigen ältere Vielseher einen besonders hohen Anstieg der Herzfrequenz, während die Anstiege in den übrigen Gruppen etwa gleich hoch sind.

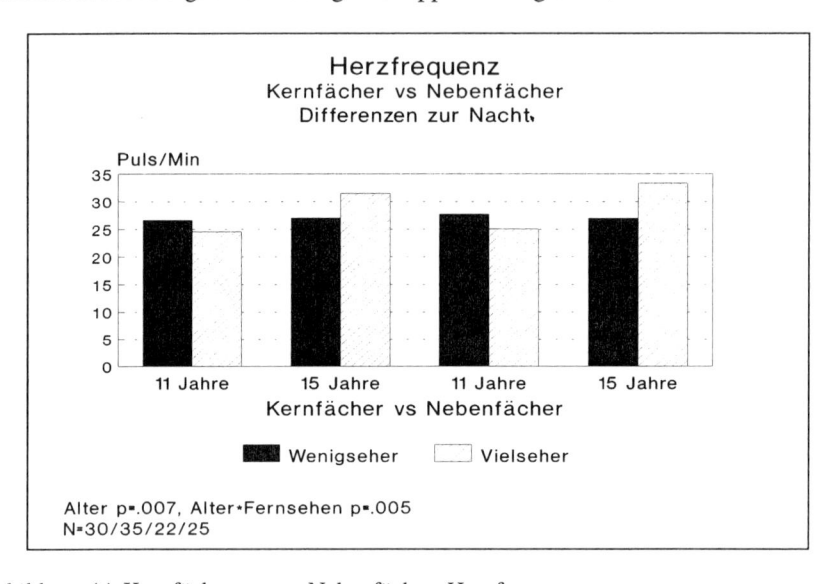

Abbildung 44: Kernfächer versus Nebenfächer: Herzfrequenz.

Betrachtet man die emotionalen Frequenzerhöhungen (Abb. 45), so sind Vielseher im Vergleich zu Wenigsehern durch den Unterricht stärker emotional beansprucht. Dabei ist die emotionale Beanspruchung bei den älteren Vielsehern tendenziell am höchsten (Wechselwirkung Alter * Fernsehen). Diese Befunde bleiben auch dann bestehen, wenn man keine Korrektur der emotionalen Frequenzerhöhungen für die Bewegungsaktivität vornimmt. Die Signifikanzniveaus werden dabei sogar noch höher: Haupteffekt Fernsehen p = .023, Wechselwirkung Alter * Fernsehen p = .048.

Keine signifikanten Unterschiede weist die Variabilität der Herzfrequenz auf (Abb. 46). Numerisch sind die Werte der Vielseher aber etwas geringer, was für eine höhere mentale Beanspruchung spricht und damit in Einklang mit den vorgenannten Ergebnissen steht. Nimmt man in einer weiteren Analyse die Herzfrequenzdifferenzen der Kern- und Nebenfächer als Kovariaten hinzu, so wird die dreifache Wechselwirkung Fach * Alter * Fernsehen signifikant (p = .040), was die vorstehende Interpretation stützt.

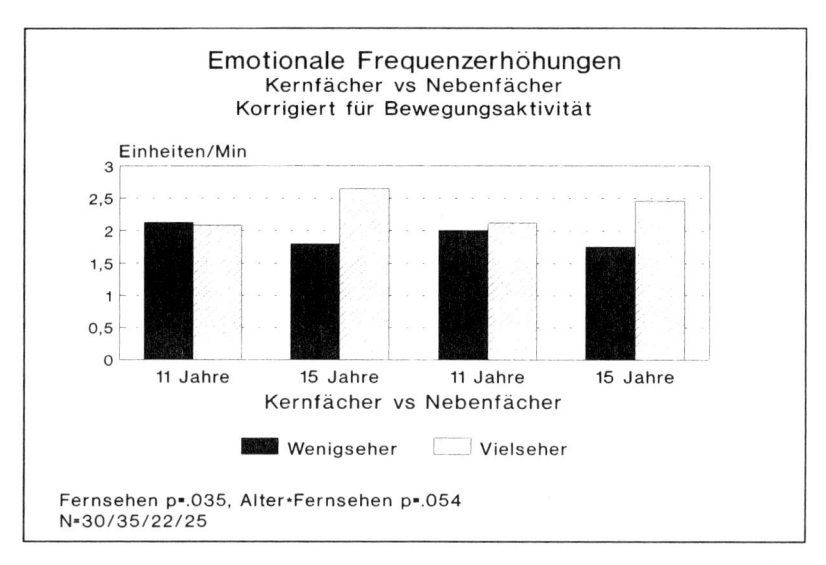

Abbildung 45: Kernfächer versus Nebenfächer: Emotionale Frequenzerhöhungen.

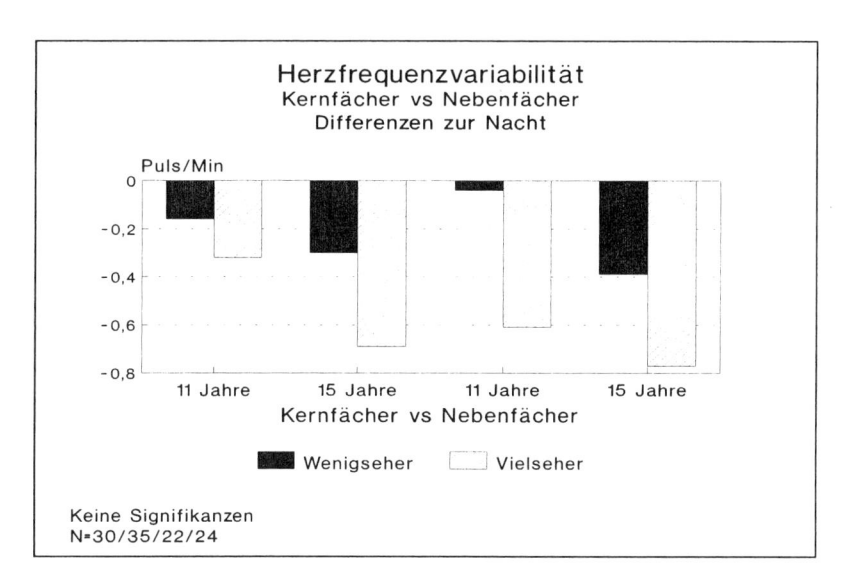

Abbildung 46: Kernfächer versus Nebenfächer: Variabilität der Herzfrequenz.

Abbildung 47 demonstriert die Aufgeregtheit bei der Abfrage des aktuellen Befindens. Der signifikante Altersunterschied besagt, dass die älteren Schüler im Unterricht aufgeregter sind als die jüngeren Schüler. Dies korrespondiert mit der höheren Gesamtbeanspruchung der älteren Schüler (Herzfrequenz). Nicht adäquat wahrgenommen wird dagegen die höhere emotionale Beanspruchung der Vielseher.

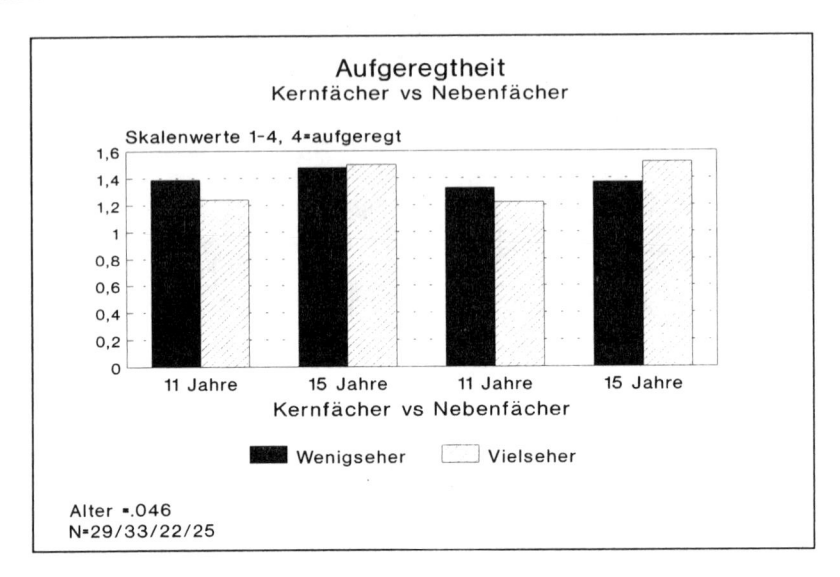

Abbildung 47: Kernfächer versus Nebenfächer: Aufgeregtheit.

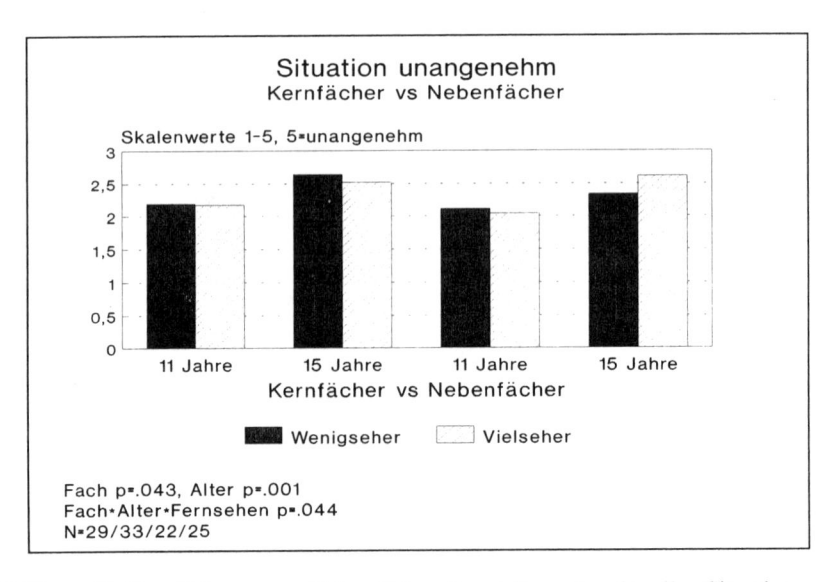

Abbildung 48: Kernfächer versus Nebenfächer: Beurteilung der aktuellen Situation.

Auch bei der Beurteilung der aktuellen Situation nach angenehm bzw. unangenehm stufen die älteren Schüler den Unterricht als unangenehmer ein (Abb. 48). Signifikant wird auch der Haupteffekt Unterrichtsfach. Danach werden die Kernfächer im Vergleich zu den Nebenfächern als unangenehmer eingestuft. Dieser Befund stützt die Hypothese, dass Kernfächer als stärker belastend empfunden werden. Die dreifache Wechselwirkung Fach * Alter * Fernsehen kommt dadurch zustande, dass ältere Wenigseher verglichen mit älteren Vielsehern die Kernfächer als etwas unangenehmer, die Nebenfächer dagegen als etwas angenehmer beurteilen, während die jüngeren Schüler solche Unterschiede nicht aufweisen.

Die emotionale Beanspruchung sowie die Gesamtbeanspruchung zeigen keine Unterschiede zwischen den Kern- und Nebenfächern. Lediglich die Bewegungsaktivität ist in den Nebenfächern etwas grösser. Die niedrigere Bewegungsaktivität beim Unterricht in den Kernfächern ist vermutlich Ausdruck der grösseren Konzentration. Die Hypothese einer höheren Beanspruchung durch die Kernfächer lässt sich nicht erhärten. Hingegen zeigen sich deutliche Altersunterschiede. Im Unterricht ist die Beanspruchung der älteren Schüler grösser als die der jüngeren. Dieser Befund hat wohl einen realen Hintergrund, denn mit zunehmendem Alter werden die Anforderung an die Schüler grösser. Dieses Ergebnis korrespondiert mit den in Abschnitt 1.3 dieses Kapitels gemachten Aussagen. Dabei wurde festgestellt, dass die Beliebtheit bestimmter Fächer mit dem Alter abnimmt, und dass die Schulnoten der älteren Schüler in bestimmten Fächern schlechter werden. Dass die emotionale Beanspruchung bei den Vielsehern grösser als bei den Wenigsehern ist, kann als wichtiges Ergebnis angesehen werden. Besonders emotional beansprucht sind dabei die älteren Vielseher. Auch dieses Ergebnis hat einen realen Hintergrund, da die Vielseher im Fach Deutsch schlechtere Noten als die Wenigseher haben. Die grössere Beanspruchung der älteren Schüler im Vergleich zu den jüngeren äussert sich subjektiv in einer höheren Aufgeregtheit im Unterricht, der zudem als unangenehmer erlebt wird. Dabei ist bemerkenswert, dass die älteren Vielseher ihre hohe emotionale Beanspruchung nicht wahrnehmen.

> Es wurde die Hypothese geprüft, dass der Unterricht in den Kernfächern eine grössere subjektive Belastung und objektive Beanspruchung darstellt als der Unterricht in den Nebenfächern. Die gemessene Bewegungsaktivität ist beim Unterricht in den Kernfächern geringer als beim Unterricht in den Nebenfächern, was mit einer höheren Konzentration beim Unterricht in den Kernfächern erklärt werden kann. Die Reaktionen der Herzfrequenz sind bei den älteren Schülern, unabhängig von den Unterrichtsfächern, ausgeprägter als bei den jüngeren. Dies beinhaltet eine grössere Gesamtbeanspruchung der älteren Schüler. Schulisch besonders beansprucht sind die älteren Vielseher, die im Vergleich zu den übrigen Gruppen die stärksten Reaktionen in der Herzfrequenz zeigen. Zudem ist die emotionale Beanspruchung der Vielseher im Vergleich zu der Beanspruchung der

Wenigseher, unabhängig von den Fächern, grösser. Dieser Befund gilt vor allem für die älteren Vielseher. Ältere Vielseher sind zudem tendenziell mental stärker belastet als die übrigen Gruppen. Ältere Schüler schildern sich im Unterricht generell als aufgeregter und nehmen im Vergleich zu den jüngeren Schülern den Unterricht als unangenehmer wahr. Auch werden die Kernfächer von allen Schülern als unangenehmer eingestuft. Die o.g. Hypothese kann also nur partiell bestätigt werden. Kernfächer werden im Vergleich zu Nebenfächern subjektiv als unangenehmer beurteilt. Generelle Unterschiede der Beanspruchung zwischen den Fächern finden sich nur in der Bewegungsaktivität. Bemerkenswert sind die Altersunterschiede und die starke Beanspruchung der Vielseher.

3.4.2 Normaler Unterricht versus Klassenarbeit

Klassenarbeiten werden in der Regel von den Schülern als besonders belastend beurteilt. Ähnlich wird die Rückgabe der Arbeiten erlebt. Bei der Bewegungsaktivität ergeben sich keine signifikanten Unterschiede. Es ist allerdings zu beachten, dass die Grösse der Stichproben mit $N = 17$, $N = 12$, $N = 24$ und $N = 21$ Schülern gering ist, so dass nur starke Effekte statistisch abgesichert werden können.

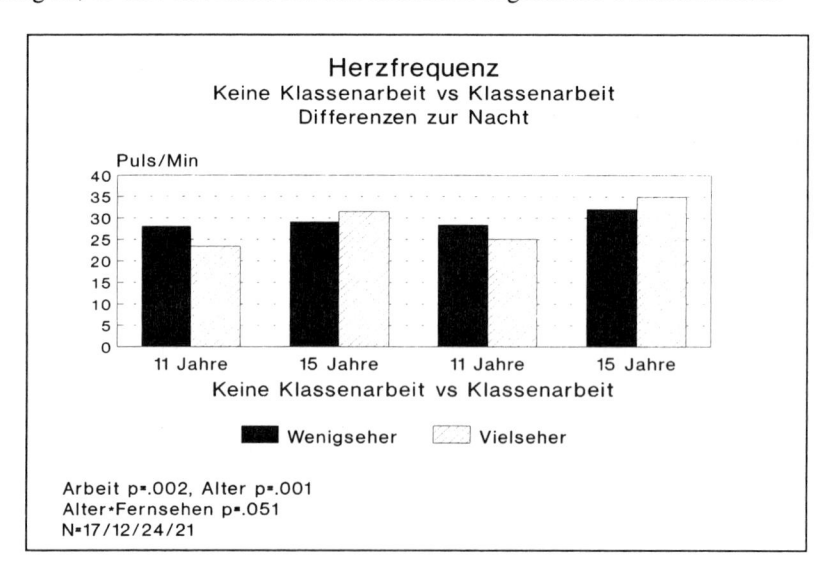

Abbildung 49: Normaler Unterricht versus Klassenarbeit: Herzfrequenz.

Die Herzfrequenzreaktionen zeigen jedoch einige Unterschiede (Abb. 49). So ist bei Klassenarbeiten der Anstieg der Herzfrequenz und damit die Gesamtbeanspruchung tatsächlich grösser (Haupteffekt Arbeit). Die Beanspruchung der älteren Schüler im Vergleich zu den jüngeren ist ebenfalls grösser (Haupteffekt Alter), was den im vorangehenden Abschnitt geschilderten Ergebnissen entspricht. Auch hier zeigt sich die Tendenz, dass die älteren Vielseher im Vergleich zu den übrigen Gruppen besonders beansprucht sind (Wechselwirkung Alter * Fernsehen).

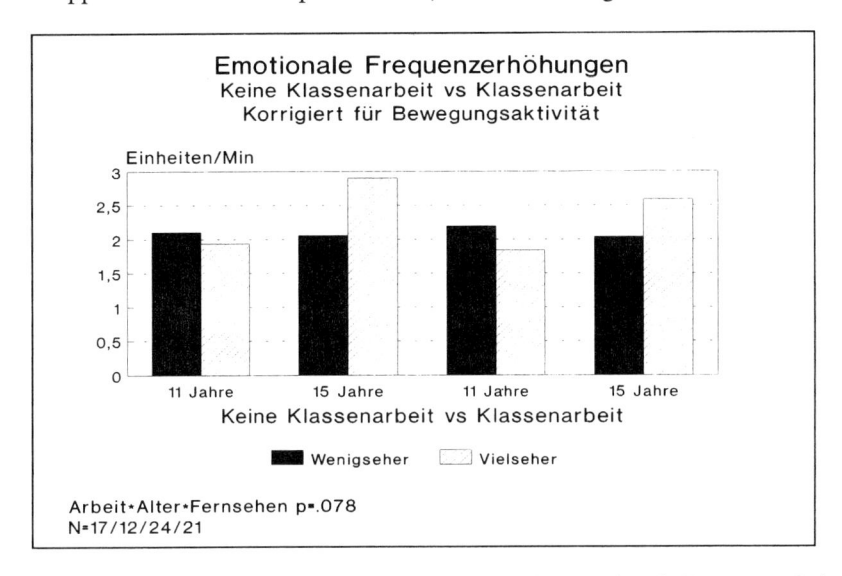

Abbildung 50: Normaler Unterricht versus Klassenarbeit: Emotionale Frequenzerhöhungen.

Bei den emotionalen Frequenzerhöhungen zeigt sich nur eine tendenziell signifikante Dreifachwechselwirkung, die auf die besondere emotionale Beanspruchung der älteren Vielseher deutet (Abb. 50). Auch bei Ausschaltung der Korrektur für Bewegungsaktivität bleibt die Wechselwirkung erhalten (p = .080). Die Variabilität der Herzfrequenz ist nicht signifikant, auch dann nicht, wenn man die entsprechenden Herzfrequenzdifferenzen als Kovariaten einführt.

Deutliche Unterschiede ergeben sich bei den Parametern des subjektiven Befindens. Gegenüber dem normalen Unterricht werden Klassenarbeiten von den Schülern allgemein als aufregender (Abb. 51; Haupteffekt Arbeit) und unangenehmer (Abb. 52; Haupteffekt Arbeit) eingestuft. Dabei erleben vor allem die älteren Schüler Klassenarbeiten als aufregender und unangenehmer (Wechselwirkungen Arbeit * Alter). Die Beurteilung der Situation zeigt zudem eine generelle Altersabhängigkeit (Haupteffekt Alter), wobei die älteren Schüler sowohl den normalen Unterricht als auch die Klassenarbeiten als unangenehmer einstufen. Dies wurde bereits bei dem Vergleich der Kern- mit den Nebenfächern deutlich. Als relativ angenehm stufen die jungen Vielseher im Vergleich zu den übrigen Gruppen die Schulsituation ein. Dies bedingt den signifikanten Haupteffekt Fernsehen und die Wechselwirkung Alter * Fernsehen.

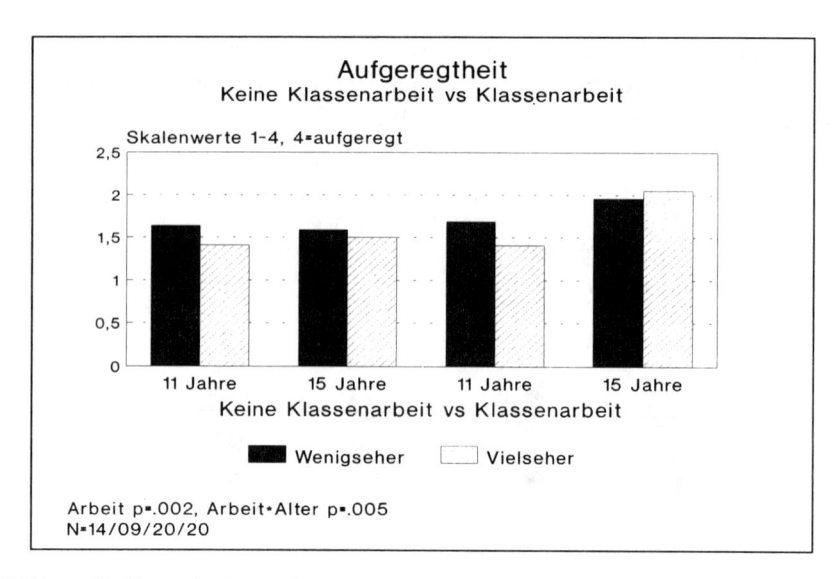

Abbildung 51: Normaler Unterricht versus Klassenarbeit: Aufgeregtheit.

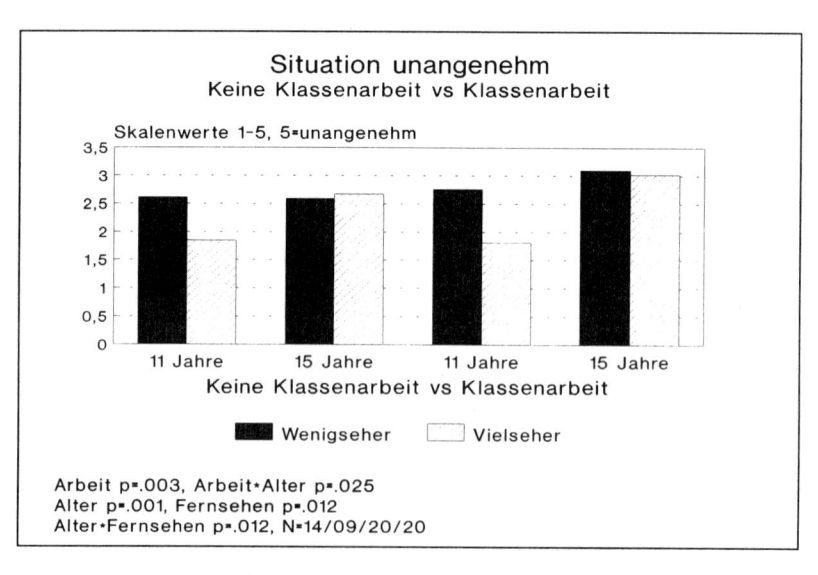

Abbildung 52: Normaler Unterricht versus Klassenarbeit: Beurteilung der aktuellen Situation.

Man kann feststellen, dass Klassenarbeiten nachweisbar zu einer grösseren Gesamtbeanspruchung der Schüler im Vergleich zu normalen Schulstunden führen, womit die in Kapitel 3 formulierte Hypothese bestätigt wird. Auch bei diesem Vergleich reagieren die älteren Schüler stärker mit der Herzfrequenz als die jüngeren. Dabei zeigen die älteren Vielseher die höchste Beanspruchung. Subjektiv werden Klassenarbeiten als aufregender und unangenehmer als normale Schulstunden erlebt. Relativ gelassen wird die Situation von den jungen Vielsehern eingestuft; diese Einschätzung ändert sich aber mit zunehmendem Alter.

> Klassenarbeiten gelten als besonders belastend und beanspruchend. Tatsächlich ist die Reaktion der Herzfrequenz (Gesamtbeanspruchung) während einer Klassenarbeit grösser als in normalen Schulstunden. Auch hierbei sind die älteren Schüler stärker beansprucht als die jüngeren. Tendenziell zeigen wiederum die älteren Vielseher die grösste Beanspruchung. Die subjektive Belastung wird von allen Schülern während der Klassenarbeiten im Vergleich zu Normalstunden als höher eingestuft; dies gilt besonders für die älteren Schüler. Die Hypothese einer grösseren subjektiven Belastung und objektiven Beanspruchung bei Klassenarbeiten kann bestätigt werden.

3.5 Schulstress oder Freizeitstress?

Im Vergleich zur Freizeit wird die Schule in der Regel von den Schülern als belastend erlebt. Daher sollen zunächst die objektive Beanspruchung und die subjektive Belastung in der Schule mit jener in der Freizeit verglichen werden. Es folgen speziellere Vergleiche zwischen dem Aufenthalt in der Schule und dem sonstigen Aufenthaltsort, d.h. Freizeit abzüglich der zu Hause verbrachten Zeit, sowie zwischen der Schulzeit und der vor dem Fernseher verbrachten Zeit.

3.5.1 Schulzeit versus Freizeit

Ein systematischer Unterschied der Bewegungsaktivität zwischen Schul- und Freizeit (Haupteffekt Zeit) ist nicht zu beobachten. Somit ist auch die körperliche Beanspruchung annähernd gleich (Abb. 53). Die Aktivität ist jedoch bei den jungen im Vergleich zu den älteren Schüler grösser (Haupteffekt Alter). Allerdings ist dieser grössere Bewegungsdrang der jüngeren Schüler im wesentlichen auf die Schulzeit beschränkt, da sich während der Freizeit kaum Unterschiede zwischen den jüngeren und älteren Schülern zeigen (Wechselwirkung Zeit * Alter). Die Aktivität wird darüber hinaus vom Fernsehkonsum modifiziert. Vielseher bewegen sich danach weniger als Wenigseher (Haupteffekt Fernsehen). Dies gilt aber erwartungsgemäss nur für die Freizeit und nicht für die Schulzeit (Wechselwirkung Zeit * Fernsehen).

    Auch die Reaktion der Herzfrequenz ist in der Schule im Vergleich zur Freizeit nicht signifikant unterschiedlich, da sich ein entsprechender Haupteffekt Zeit nicht nachweisen lässt (Abb. 54). Damit ist ein systematischer Unterschied der Gesamtbeanspruchung zwischen der Schul- und Freizeit nicht gegeben. Die Herzfrequenz wird allerdings erheblich vom Fernsehkonsum modifiziert. Während sich in der

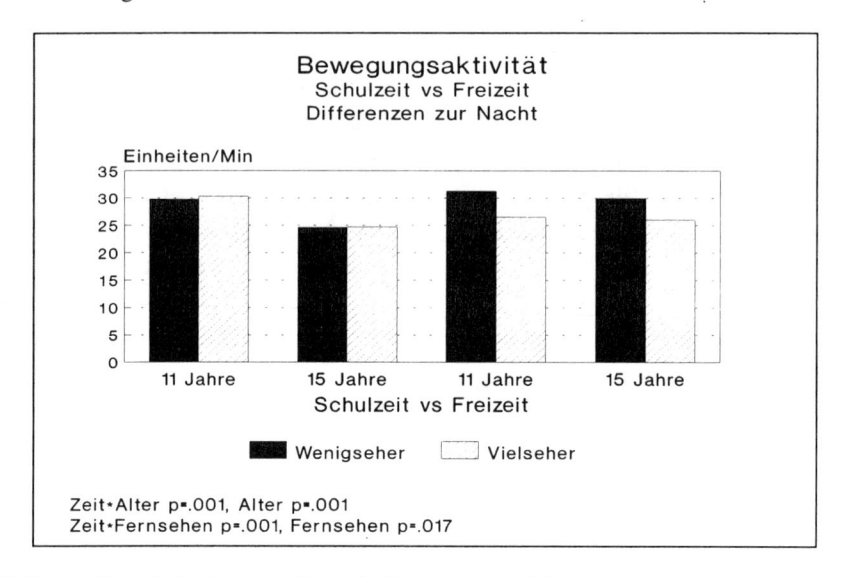

Abbildung 53: Schulzeit versus Freizeit: Bewegungsaktivität.

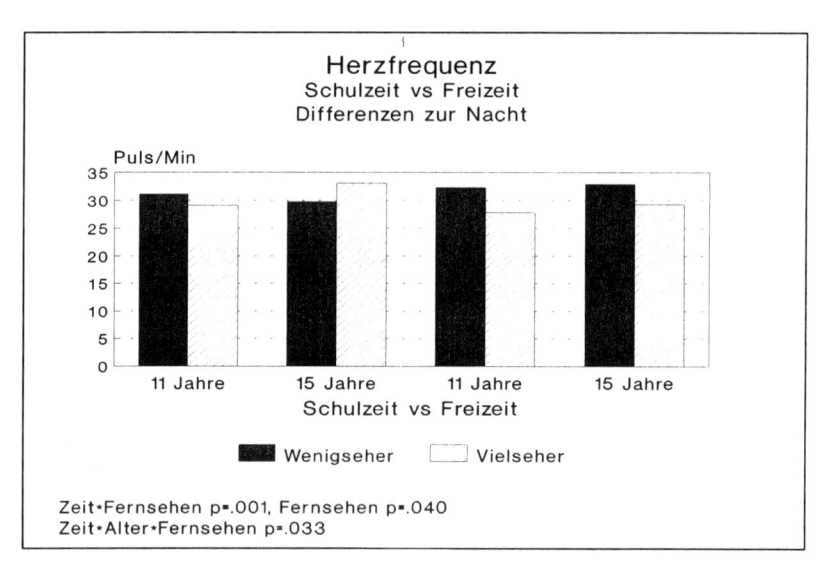

Abbildung 54: Schulzeit versus Freizeit: Herzfrequenz.

Schule die Herzfrequenz der Vielseher, jüngere und ältere zusammengenommen, kaum von der Herzfrequenz der Wenigseher unterscheidet, ist während der Freizeit eine deutlich geringere Frequenz bei den Vielsehern zu beobachten, die natürlich mit der geringeren Bewegungsaktivität der Vielseher zusammenhängt. Diese Aussage wird von dem signifikanten Haupteffekt Fernsehen und der Wechselwirkung Zeit * Fernsehen gestützt. Die dreifache Wechselwirkung Zeit * Alter * Fernsehen ist auf den Umstand zurückzuführen, dass die jüngeren Vielseher während der Schulzeit eine etwas niedrigere Herzfrequenz als die jüngeren Wenigseher aufweisen, die älteren Vielseher dagegen während der Schulzeit eine höhere Frequenz haben als die gleichaltrigen Wenigseher. Dieses Ergebnis bedeutet wiederum, dass die älteren Vielseher während der Schulzeit stärker beansprucht sind als die Wenigseher.

Betrachtet man die emotionale Beanspruchung (Abb. 55), so wird ein signifikanter Haupteffekt Zeit deutlich. Danach sind die Schüler während der Freizeit emotional stärker als während der Schulzeit belastet. Dieser Effekt lässt sich auch dann noch nachweisen, wenn man auf die Korrektur mit der Bewegungsaktivität verzichtet (p = .002).

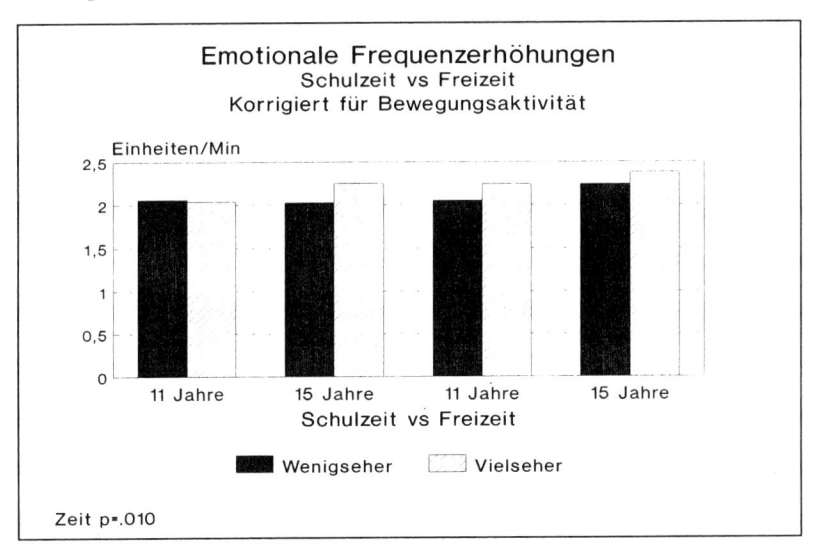

Abbildung 55: Schulzeit versus Freizeit: Emotionale Frequenzerhöhungen.

Eigentlich sollte man erwarten, dass die mentale Beanspruchung in der Schulzeit generell höher ist als während der Freizeit. Dies ist aber nicht der Fall, wenn man alle Schüler betrachtet. Vielmehr indiziert die Variabilität der Herzfrequenz eine grössere Beanspruchung während der Freizeit (Abb. 56; Haupteffekt Zeit). Allerdings wird dieser Befund durch die Wechselwirkung Zeit * Fernsehen modifiziert. Er besagt, dass die Vielseher in der Schule stärker mental belastet sind als die Wenigseher; während der Freizeit ist es gerade umgekehrt. Tendenziell sind die jüngeren Schüler während der Freizeit stärker mental belastet als in der Schule, während bei den älteren kaum Unterschiede zwischen der Schul- und Freizeit bestehen (Wechselwirkung Zeit * Alter). Nimmt man als Kovariaten die Herzfrequenzdifferenzen mit hinzu, so ist der Haupteffekt Zeit (p = .691) und die Wechselwirkung Zeit * Fernsehen (p = .122) nicht mehr signifikant. Die Wechselwirkung Zeit * Alter lässt sich aber in der Tendenz sichern (p = .072). Signifikant wird jetzt die Dreifachwechselwirkung Zeit * Alter * Fernsehen (p = .029). Sie kommt im wesentlichen dadurch zustande, dass die jüngeren Wenigseher während der Freizeit mental belastet sind und sich so von den übrigen Gruppen abheben. Zusammenfassend kann man schliessen, dass die jüngeren, und hierbei vor allem die Wenigseher, während der Freizeit im Vergleich zur Schulzeit stärker belastet sind.

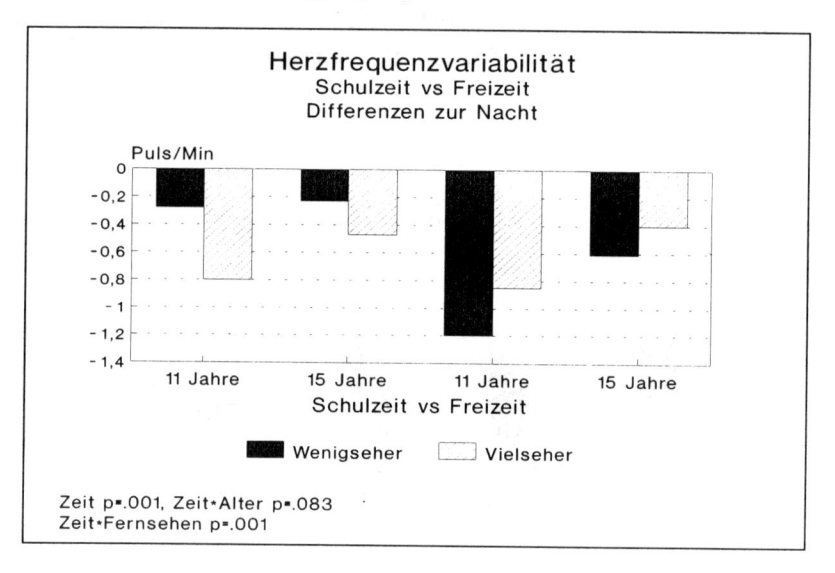

Abbildung 56: Schulzeit versus Freizeit: Variabilität der Herzfrequenz.

Die Schulzeit wird im Vergleich zur Freizeit von allen Schülern generell als aufregender (Abb. 57; Haupteffekt Zeit) und unangenehmer (Abb. 58; Haupteffekt Zeit) beurteilt. Gemessen an den Wenigsehern schildern sich die Vielseher als weniger aufgeregt (Haupteffekt Fernsehen). Die dreifache Wechselwirkung Zeit * Alter * Fernsehen kommt dadurch zustande, dass sich die jüngeren Vielseher in der Schule als weniger aufgeregt beschreiben als die jüngeren Wenigseher, während in der Freizeit kein Unterschied zu beobachten ist. Zu dieser Wechselwirkung trägt weiter bei, dass die älteren Viel- und Wenigseher während der Schulzeit etwa gleich aufgeregt sind, aber ein Unterschied in der Freizeit besteht, wobei sich die Wenigseher als aufgeregter einstufen. Die aktuelle Situation wird von den jüngeren Schülern als angenehmer beurteilt als von den älteren Schülern (Haupteffekt Alter). Allerdings betrifft diese Bewertung vor allem die Schulzeit, während sich in der Freizeit kaum Unterschiede zeigen (Wechselwirkung Zeit * Alter).

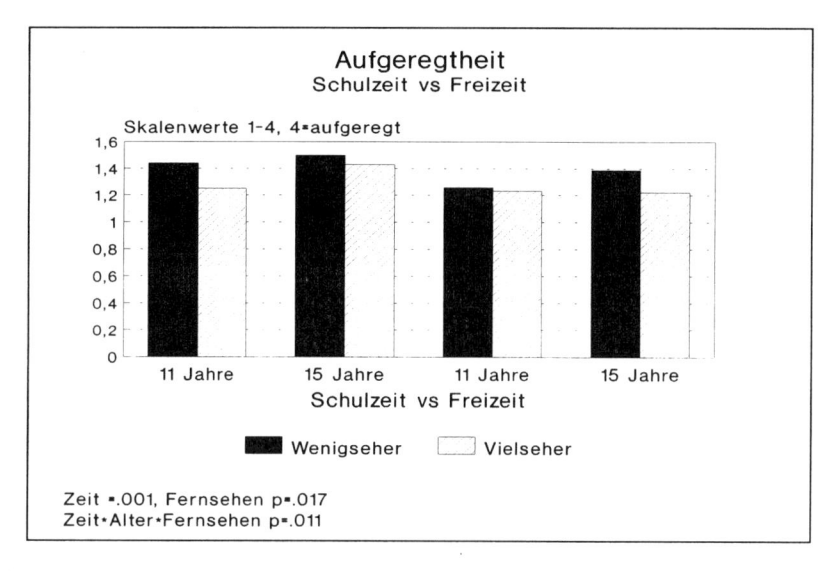

Abbildung 57: Schulzeit versus Freizeit: Aufgeregtheit.

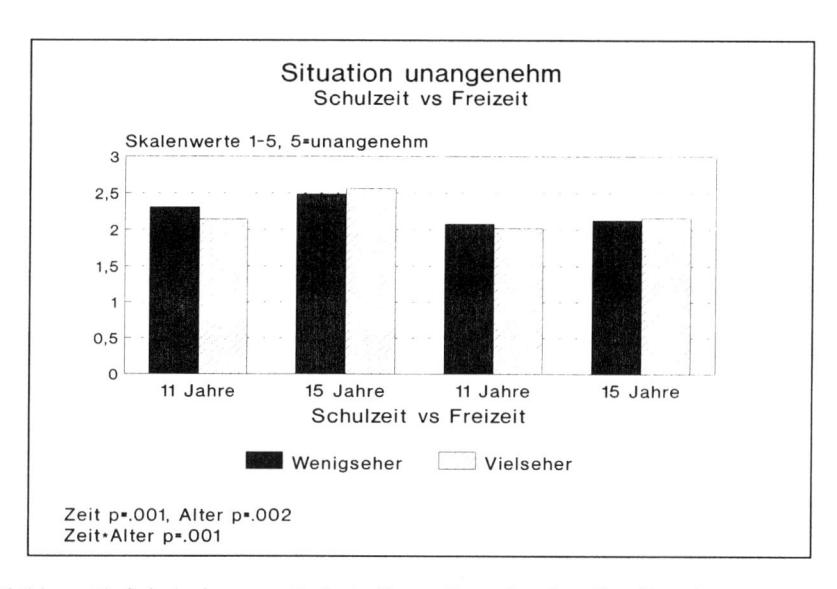

Abbildung 58: Schulzeit versus Freizeit: Beurteilung der aktuellen Situation.

Fasst man die Ergebnisse zusammen, so muss man feststellen, dass die Schulzeit im Vergleich zur Freizeit aufgrund der objektiven Indikatoren nicht beanspruchender ist. Vielmehr ist die Freizeit sowohl emotional, und bei den jüngeren auch mental beanspruchender als die Schulzeit. Man sollte daher eher von einem Freizeitstress und nicht von einem Schulstress reden. Dieses globale Ergebnis wird aber durch den Faktor Fernsehen modifiziert. Die objektive Gesamtbeanspruchung der älteren Vielseher ist, gemessen an den übrigen Gruppen, in der Schule stärker. Nicht in Einklang mit den objektiven Befunden steht die Beurteilung der subjektiven Belastung. Die subjektive Belastung wird vielmehr aufgrund von kognitiven Schemata (Pennebaker, 1982) vorgenommen, nach denen Schule Stress bedeutet und Freizeit generell als positiv bewertet wird. Damit wird die Hypothese, dass die physiologische Beanspruchung nicht mit der subjektiven Belastung korreliert, erhärtet.

> Ein Vergleich der Schulzeit mit der Freizeit ergibt für die körperliche Beanspruchung (Bewegungsaktivität) keinen generellen Unterschied. Im Vergleich zu den älteren Schülern zeigen aber die jüngeren einen grösseren Bewegungsdrang, der sich vor allem während der Schulstunden äussert. Vielseher bewegen sich während der Freizeit weniger als Wenigseher; während der Schulstunden besteht kein Unterschied. Bezüglich der Gesamtbeanspruchung (Herzfrequenz) ergeben sich ebenfalls keine systematischen Unterschiede zwischen der Schul- und Freizeit. Die durch den Fernsehkonsum bedingte geringere Bewegungsaktivität der Vielseher führt zu einer niedrigeren Herzfrequenz während der Freizeit; während der Schulstunden zeigen aber die Vielseher insgesamt keine niedrigere Herzfrequenz im Vergleich zu den Wenigsehern. Auch hier fallen wiederum die Reaktionen der älteren Vielseher auf; sie reagieren in der Schulzeit am stärksten mit der Herzfrequenz. Die emotionale Beanspruchung ist während der Freizeit generell höher als während der Schulzeit; ansonsten ergeben sich keine differentiellen Unterschiede. Die Analyse der mentalen Beanspruchung (Variabilität der Herzfrequenz) ergibt keinen allgemeinen Unterschied zwischen der Schul- und Freizeit. Eine genauere Betrachtung zeigt jedoch, dass die jüngeren Schüler, und hier vor allem die Wenigseher, während der Freizeit stärker mental beansprucht sind als während der Schulzeit.
> Erwartungsgemäss wird die Schulzeit im Vergleich zur Freizeit von allen Schülern als aufregender und unangenehmer beurteilt. Im Vergleich zu den Wenigsehern beurteilen sich die Vielseher als weniger aufgeregt, wobei dieses Ergebnis aber im wesentlichen auf die jüngeren Vielseher zurückgeführt werden muss, die sich in der Schule als besonders «cool» beschreiben. Ältere Schüler neigen allgemein dazu, die aktuelle Situation, sei es Schulzeit oder Freizeit, als unangenehmer zu beurteilen. Diese Beurteilung betrifft aber mehr die Schul- und weniger die Freizeit. Die Hypothese, wonach die subjektive Belastung und die objektive Beanspruchung nicht miteinander korrelieren, wird durch die Ergebnisse bestätigt. Der Schulstress stellt ein kognitives Schema dar und kann nicht mit den physiologi-

schen Daten belegt werde; vielmehr ist die Freizeit beanspruchender als die Schulzeit.

3.5.2 Aufenthaltsort Schule versus sonstiger Aufenthaltsort

Betrachtet man alle Schüler, so entfallen 28 % der Tageszeit an einem normalen Schultag auf die Schulzeit und 72 % auf die Freizeit. Die Freizeit umfasst naturgemäss Aktivitäten die zu Hause (76 % der Freizeit) aber auch anderswo (24 % der Freizeit) durchgeführt werden. Da die Freizeit wesentlich vom Aufenthalt im häuslichen Milieu bestimmt wird, ist der Vergleich Schule versus Aufenthalt zu Hause dem Vergleich Schule versus Freizeit sehr ähnlich. Informativer ist daher ein Vergleich Aufenthaltsort Schule versus sonstiger Aufenthaltsort. Dabei ist zu berücksichtigen, dass sich die Vielseher signifikant öfter zu Hause aufhalten als die Wenigseher ($p = .001$) und entsprechend seltener anderswo ($p = .001$). Weiterhin besteht ein Unterschied zwischen den jüngeren und älteren Schülern, wobei sich die älteren seltener zu Hause aufhalten ($p = .006$).

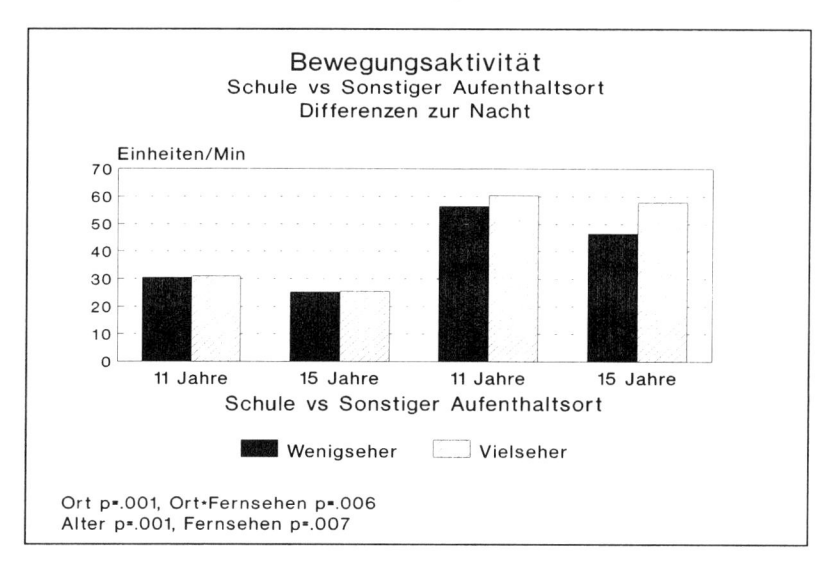

Abbildung 59: Aufenthaltsort Schule versus sonstiger Aufenthaltsort: Bewegungsaktivität.

Wie zu erwarten, ist die Bewegungsaktivität in der Schule geringer als bei sonstigen Aufenthaltsorten, da letztere auch die Zeiten umfassen, an denen die Schüler unterwegs sind (Abb. 59; Haupteffekt Ort). In Abschnitt 2.4 dieses Kapitels wurde bereits festgestellt, dass die Wege überwiegend mit dem Fahrrad oder zu Fuss zurückgelegt werden. Auch der Alterseffekt, wonach sich die jüngeren Schüler mehr bewegen als die älteren, lässt sich nachweisen (Haupteffekt Alter). Die Bewegungsaktivität der Vielseher ist bei diesem Vergleich grösser als die der Wenigseher (Haupteffekt Fernsehen), was im wesentlichen durch den Unterschied beim sonstigen Aufenthaltsort (Wechselwirkung Ort * Fernsehen) bedingt ist. Da sich die Vielseher meist zu Hause aufhalten und ihre ausserhäusliche Aktivität im wesentlichen auf Wegezeiten (z.B. Schulweg) beschränkt ist, kann man dieses Ergebnis erwarten.

Die Herzfrequenz ist in der Schule geringer, was im wesentlichen durch die Bewegungsaktivität bedingt ist (Abb. 60; Haupteffekt Ort). Tendenziell signifikant ist auch der Haupteffekt Fernsehen, wonach Vielseher eine höhere Herzfrequenz aufweisen als Wenigseher, was wiederum mit der höheren Bewegungsaktivität während der Wegezeiten zusammenhängt (Wechselwirkung Ort * Fernsehen). Die Wechselwirkung Alter * Fernsehen kommt dadurch zustande, dass die älteren Vielseher eine besonders hohe Herzfrequenz im Vergleich zu den übrigen Gruppen aufweisen. Dies ist einerseits durch die bereits festgestellte grössere Gesamtbeanspruchung der Vielseher in der Schule bedingt, andererseits durch die Tatsache, dass sich der ausserhäusliche Aufenthalt während der Freizeit bei den Vielsehern noch stärker auf die Wegezeiten beschränkt als bei den Wenigsehern.

Herzfrequenz
Schule vs Sonstiger Aufenthaltsort
Differenzen zur Nacht

[Balkendiagramm: Puls/Min, 11 Jahre und 15 Jahre, Schule vs Sonstiger Aufenthaltsort, Wenigseher und Vielseher]

Ort p=.001, Ort•Fernsehen p=.055
Fernsehen p=.065
Alter•Fernsehen p=.029

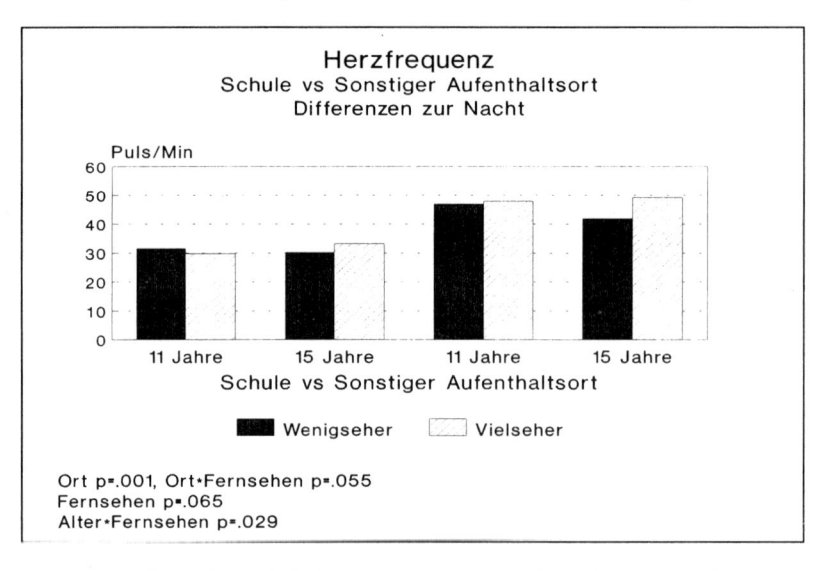

Abbildung 60: Aufenthaltsort Schule versus sonstiger Aufenthaltsort: Herzfrequenz.

Bei den emotionalen Frequenzerhöhungen (korrigiert für Bewegungsaktivität) zeigt sich ein signifikanter Unterschied zwischen der Schule und dem sonstigen Aufenthaltsort (Abb. 61; Haupteffekt Ort). Danach ist die Schulzeit für alle Schüler weniger emotional beanspruchend als die im ausserhäuslichen Bereich verbrachte Freizeit. Der signifikante Haupteffekt Fernsehen besagt, dass die Vielseher sowohl in der Schule als auch in der ausser Haus verbrachten Freizeit stärker emotional beansprucht sind als die Wenigseher. Beide Haupteffekte, Ort (p = .001) und Fernsehen (p = .006), sind auch dann signifikant, wenn man die Korrektur der Bewegungsaktivität nicht vornimmt. Dabei ergibt sich zusätzlich eine tendenziell signifikante Wechselwirkung Ort * Fernsehen (p = .084). Diese bedeutet, dass die Vielseher im ausserhäuslichen Milieu stärker emotional beansprucht sind als die Wenigseher.

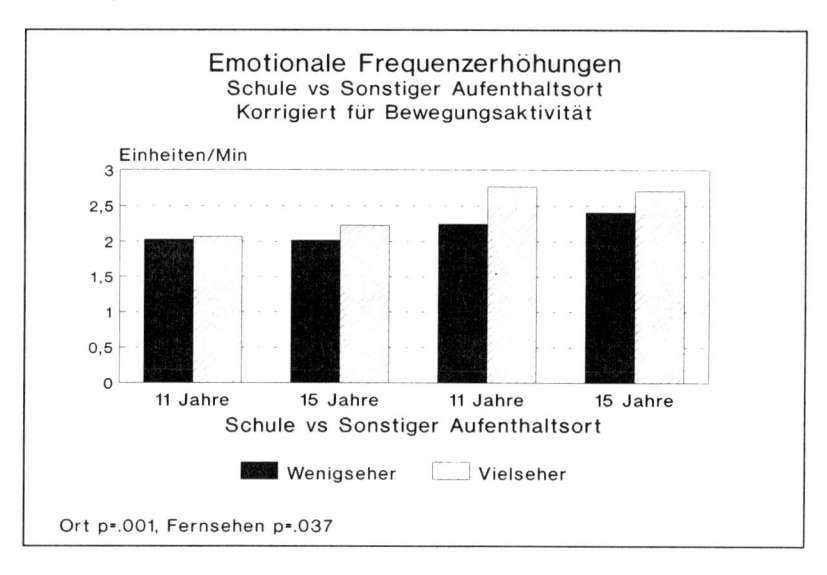

Abbildung 61: Aufenthaltsort Schule versus sonstiger Aufenthaltsort: Emotionale Frequenzerhöhungen (korrigiert für Bewegungsaktivität).

Die Herzfrequenzvariabilität weist einen deutlichen Unterschied zwischen der Schulzeit und der ausserhäuslich verbrachten Zeit auf (Abb. 62; Haupteffekt Ort). Danach wäre letztere mental beanspruchender als die Schulzeit. Bei der Interpretation ist jedoch zu beachten, dass die Herzfrequenz in der ausser Haus verbrachten Freizeit sehr viel höher ist als während der Schulzeit. In Abschnitt 3.2 dieses Kapitels wurde ausgeführt, dass die Herzfrequenz beträchtlich mit ihrer Variabilität korreliert. Führt man als Kovariaten die entsprechenden Herzfrequenzen ein, so ist der Haupteffekt Ort nicht mehr signifikant, womit der Effekt ganz auf die unterschiedlichen Herzfrequenzen zurückgeführt werden kann. Die ausser Haus verbrachte Zeit wäre demnach mental nicht beanspruchender als die Schulzeit. Auch nach Einführung der Kovariaten bleibt aber die signifikante Wechselwirkung Ort * Alter (p = .050) erhalten. Sie beinhaltet, dass die jüngeren Schüler während der ausser Haus verbrachten Zeit mental beanspruchter sind als während der Schulzeit, wobei dies für die älteren nicht zutrifft. Bei der Kovarianzanalyse wird zusätzlich die Wechselwirkung Ort * Fernsehen (p = .006) signifikant, die vorher nur ein Niveau von p = .106 erreichte. Dies bedeutet, dass die Vielseher im Vergleich zu den Wenigsehern in der Schule stärker mental beansprucht sind als in der ausser Haus verbrachten Freizeit. Die dreifache Wechselwirkung Ort * Alter * Fernsehen ist in der Kovarianzanalyse mit p = .072 nur noch tendenziell signifi-

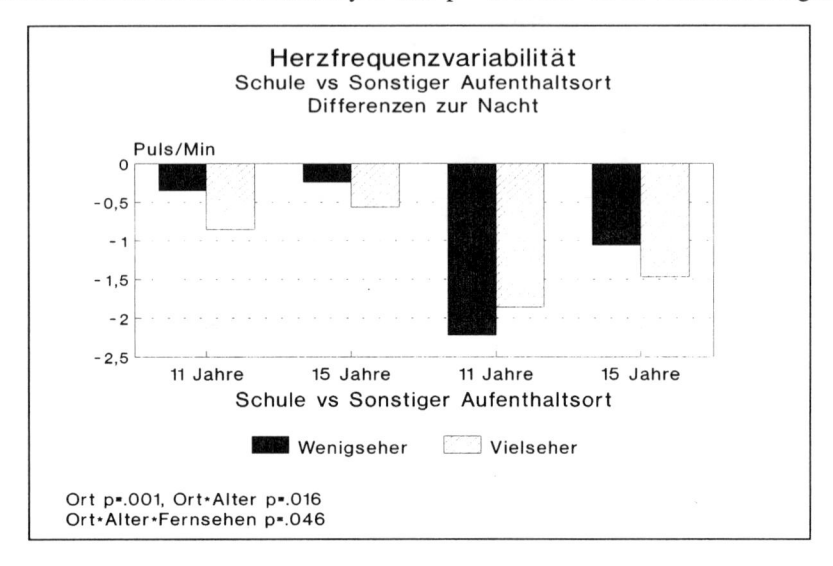

Abbildung 62: Aufenthaltsort Schule versus sonstiger Aufenthaltsort: Variabilität der Herzfrequenz.

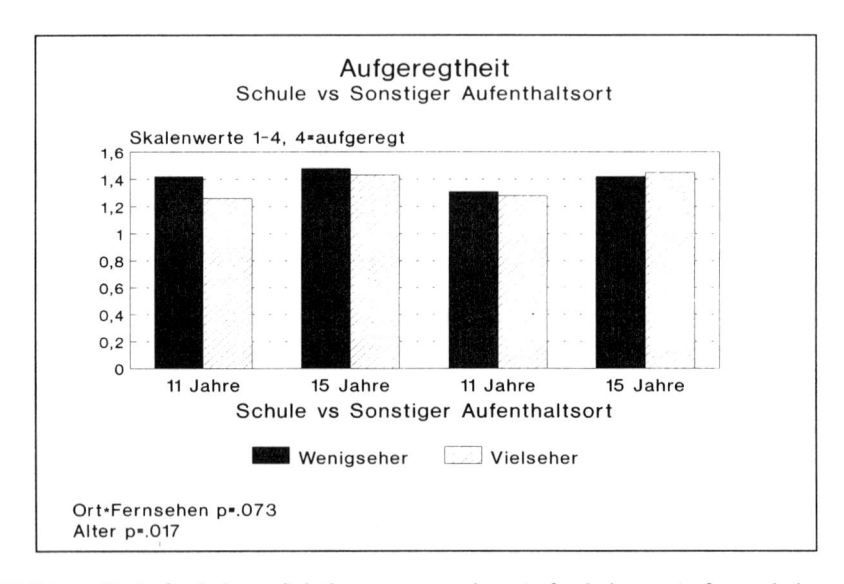

Abbildung 63: Aufenthaltsort Schule versus sonstiger Aufenthaltsort: Aufgeregtheit.

kant. Sie ist im wesentlichen auf die starke Abnahme der Variabilität der jungen Wenigseher in der ausserhäuslichen Freizeit zurückzuführen.

Der Haupteffekt Alter (Abb. 63) belegt, dass sich die älteren Schüler als aufgeregter einstufen als die jüngeren. Die tendenziell signifikante Wechselwirkung Ort * Fernsehen ist darauf zurückführen, dass sich die Vielseher im Vergleich zu den Wenigsehern während der Schulzeit als etwas weniger aufgeregt einstufen, wobei dieser Unterschied in der Freizeit nicht nachzuweisen ist.

Die ausserhäusliche Freizeit wird als angenehmer eingestuft als die Schulzeit (Abb. 64; Haupteffekt Ort). Auch hier stufen die älteren Schüler im Vergleich zu den jüngeren die Situationen generell als unangenehmer ein (Haupteffekt Alter).

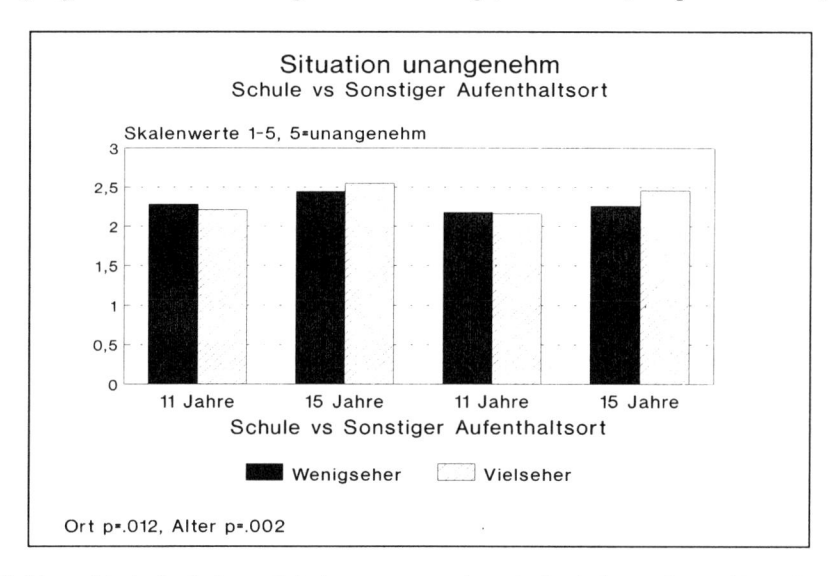

Abbildung 64: Aufenthaltsort Schule versus sonstiger Aufenthaltsort: Beurteilung der aktuellen Situation.

Der Vergleich der Schulzeit mit der ausser Haus verbrachten Zeit belegt nochmals die These, dass die Freizeit beanspruchender ist als die Schulzeit. Dies gilt vor allem für die emotionale Beanspruchung, die bei allen Schülern während der ausser Haus verbrachten Zeit stärker als während der Schulzeit ist. Zusätzlich sind die Vielseher bei diesem Vergleich sowohl während der Schulzeit als auch während der Freizeit emotional noch stärker beansprucht als die Wenigseher. Dieses Ergebnis ist besonders wichtig. Hinzu kommt eine grössere mentale Belastung der Vielseher während der Schulzeit. Das subjektive Befinden weicht auch bei diesem Vergleich stark von den physiologischen Befunden ab. Dies gilt insbesondere für die Vielseher, die sich während der Schulzeit tendenziell als weniger aufgeregt einstufen, wobei die physiologischen Indikatoren das Gegenteil zeigen. Darüber hinaus stufen sich die älteren Schüler im Vergleich zu den jüngeren als aufgeregter ein und beurteilen die Situation während der Befindensabfrage als unangenehmer, ein Befund, der sich bei den Analysen wiederholt gezeigt hat. Wie im vorherigen Abschnitt bereits festgestellt, wird auch jetzt die Schule als unangenehmer im Vergleich zur Freizeit eingestuft.

> Ein Vergleich der Aufenthaltsorte Schule versus sonstiger Aufenthaltsort ergibt eine sehr viel höhere Bewegungsaktivität für letzteren, da hier auch Wegezeiten (z.B. Fahrradfahren) mit enthalten sind. Auch kann der grössere Bewegungsdrang der jüngeren Schüler erneut bestätigt werden. Da sich die Vielseher seltener als die Wenigseher ausserhalb der Wohnung aufhalten, sind in diesem Zeitsegment mehr Wegezeiten enthalten. Folglich ist die Bewegungsaktivität der Vielseher hier grösser. Die Befunde zur Herzfrequenz sind im wesentlichen analog zur Bewegungsaktivität zu sehen. Im Vergleich zum aussehäuslichen Aufenthaltsort ist die emotionale Beanspruchung in der Schule für alle Schüler geringer. Dabei sind die Vielseher allgemein stärker emotional beansprucht als die Wenigseher. Die Analyse der mentalen Beanspruchung zeigt unter Berücksichtigung der unterschiedlichen Herzfrequenzen keinen Unterschied zwischen der Schule und dem sonstigen Aufenthaltsort. Allerdings wird erneut eine stärkere mentale Beanspruchung der jüngeren Schüler im Vergleich zu den älteren während der ausser Haus verbrachten Freizeit sichtbar. Schliesslich sind die Vielseher in der Schule mental stärker belastet als während der ausserhäuslichen Freizeit.
> Die älteren Schüler schildern sich im Vergleich zu den jüngeren sowohl in der Schule als auch im ausserhäuslichen Bereich wiederum als aufgeregter. Beide Aufenthaltsorte werden überdies von den Älteren im Vergleich zu den Jüngeren als unangenehmer eingestuft. Auch bei diesem Vergleich wird die Schulzeit erneut als unangenehmer eingestuft. Die mangelnde Kovariation zwischen subjektiver Belastung und objektiver Beanspruchung zeigt sich einmal mehr.

3.5.3 Schulzeit versus Fernsehen zu Hause

In diesem Abschnitt soll die wichtigste Freizeitbeschäftigung, das Fernsehen, mit der Schulzeit verglichen werden. Naturgemäss ist in der Schule die Bewegungsaktivität grösser als beim häuslichen Fernsehen (Abb. 65; Haupteffekt Ort). Die bereits festgestellte höhere Aktivität der jüngeren Schüler zeigt sich auch bei dieser Analyse (Haupteffekt Alter). Allerdings beschränkt sich der grössere Bewegungsdrang der Jüngeren auf die Schule und nicht auf das Fernsehen (Wechselwirkung Ort * Alter).

Wie von der Bewegungsaktivität her zu erwarten, ist die Herzfrequenz beim Fernsehen niedriger als während der Schulzeit (Abb. 66; Haupteffekt Ort). In der

Schule ist die Herzfrequenz der Vielseher in ähnlicher Grössenordnung wie die der Wenigseher, beim Fernsehen haben die Vielseher jedoch eine deutlich niedrigere Herzfrequenz (Wechselwirkung Ort * Fernsehen). Die signifikante Wechsel-

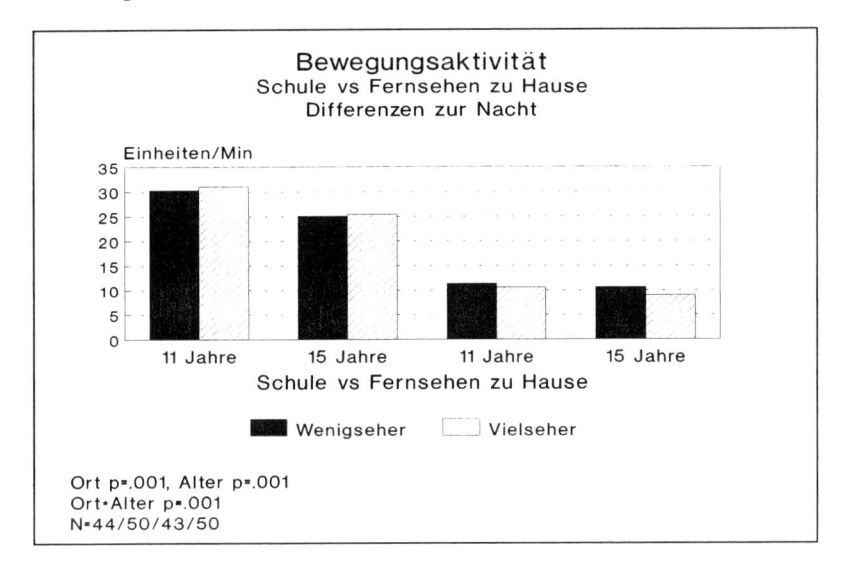

Abbildung 65: Aufenthaltsort Schule versus Fernsehen zu Hause: Bewegungsaktivität.

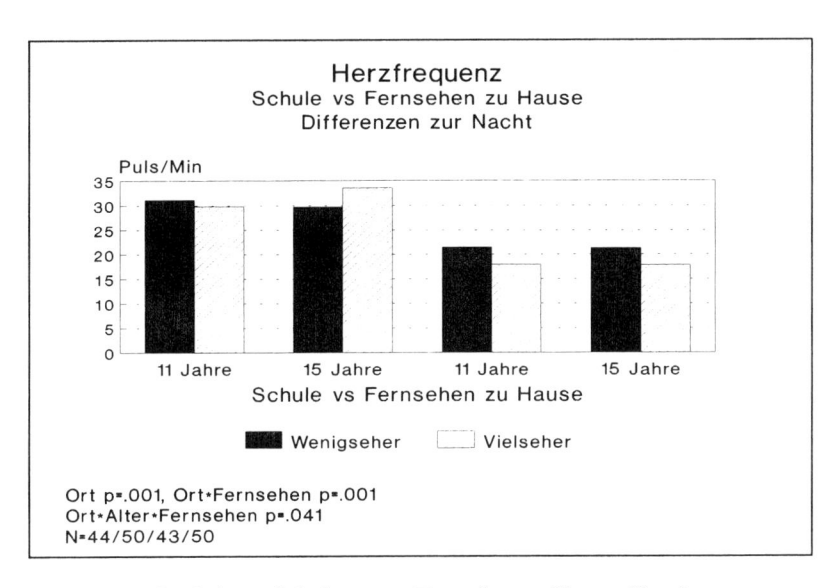

Abbildung 66: Aufenthaltsort Schule versus Fernsehen zu Hause: Herzfrequenz.

wirkung Ort * Alter * Fernsehen, die bereits in Abbildung 54 zu sehen war, ist durch die höhere Herzfrequenz der älteren Vielseher während der Schulzeit bedingt.

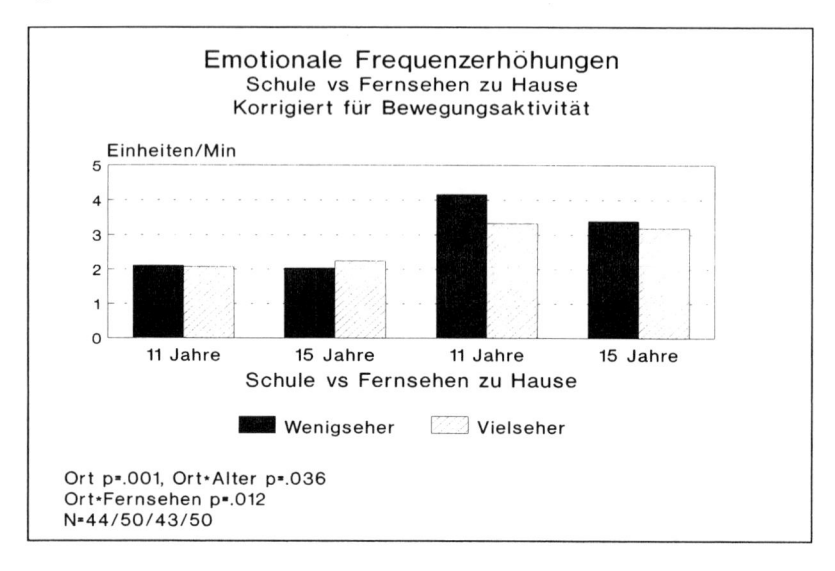

Abbildung 67: Aufenthaltsort Schule versus Fernsehen zu Hause: Emotionale Frequenzerhöhungen.

Besonders wichtig sind die emotionalen Frequenzerhöhungen. Abbildung 67 zeigt, dass die emotionale Beanspruchung während des Fernsehens sehr viel grösser ist als während der Schulzeit (Haupteffekt Ort). Dieser Effekt ist auch dann signifikant, wenn man die Korrektur für die Bewegungsaktivität nicht vornimmt ($p = .001$). Die Wechselwirkung Ort * Alter beinhaltet, dass die jüngeren Schüler beim Fernsehen emotional beanspruchter sind als die älteren, wobei dieser Unterschied in der Schule aber nicht zu sehen ist. In der Analyse mit unkorrigierten Frequenzerhöhungen ist diese Wechselwirkung nicht mehr signifikant ($p = .327$), dafür wird der Haupteffekt Alter mit $p = .015$ signifikant, der vorher nur $p = .138$ erreichte. Danach wären die jüngeren Schüler insgesamt emotional beanspruchter als die älteren Schüler. Die signifikante Wechselwirkung Ort * Fernsehen bleibt auch in der Analyse mit unkorrigierten Frequenzerhöhungen signifikant ($p = .007$). Danach sind die Vielseher durch das Fernsehen weniger beansprucht als die Wenigseher, während sich in der Schule dieser Unterschied nicht zeigt. Da die Ergebnisse bei den emotionalen Frequenzerhöhungen von zentraler Bedeutung sind, wurde eine dritte Analyse der korrigierten Frequenzerhöhungen mit den Herzfrequenzdifferenzen während der Schule und während des Fernsehens als Kovariaten durchgeführt. Sowohl der Haupteffekt Ort ($p = .001$) als auch die Wechselwirkungen Ort * Alter ($p = .036$) und Ort * Fernsehen ($p = .005$) bleiben signifikant.

Die mentale Beanspruchung in der Schule ist im Vergleich zum Fernsehen grösser (Abb. 68; Haupteffekt Ort). Dabei sind die Vielseher in der Schule stärker beansprucht als die Wenigseher (Wechselwirkung Ort * Fernsehen). Führt man eine Kovarianzanalyse mit den Herzfrequenzdifferenzen während der Schule und während des Fernsehens durch, so sind weder der Haupteffekt (p = .735) noch die Wechselwirkung (p = .434) signifikant. In dieser Analyse wird der Haupteffekt Fernsehen tendenziell signifikant (p = .074), der besagt, dass die Vielseher generell stärker mental beansprucht sind als die Wenigseher.

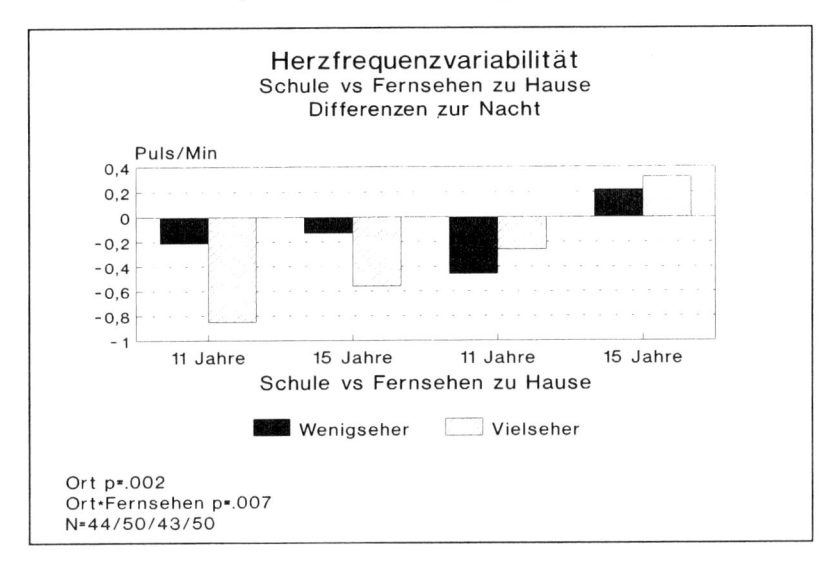

Abbildung 68: Aufenthaltsort Schule versus Fernsehen zu Hause: Variabilität der Herzfrequenz.

Während des Fernsehens wird die Aufgeregtheit geringer als in der Schule eingestuft (Abb. 69; Haupteffekt Ort). Dabei schildern sich die älteren im Vergleich zu den jüngeren Vielsehern in der Schule als aufgeregter während dies beim Fernsehen nicht zu beobachten ist. Bei den Wenigsehern gibt es diese Unterschiede nicht (Wechselwirkung Ort * Alter * Fernsehen).

Verglichen mit der Schule, wird das Fernsehen als angenehmer beurteilt (Abb. 70; Haupteffekt Ort). Auch hier lässt sich der bereits bekannte Alterseffekt sichern, wonach die älteren Schüler sowohl die Schul- als auch die Fernsehsituation als unangenehmer beurteilen (Haupteffekt Alter). Als unangenehm wird die Schule vor allem von den älteren Schülern empfunden (Wechselwirkungen Ort * Alter). Als besonders unangenehm wird die Schulsituation von den älteren Vielsehern eingestuft (Wechselwirkung Ort * Alter * Fernsehen).

Der wichtigste Befund bei diesem Vergleich zwischen Schulzeit und der vor dem Fernseher verbrachten Zeit betrifft die emotionale Beanspruchung. Die Beanspruchung aller Schüler ist während der Schulzeit deutlich geringer als während des Fernsehens. Auch hier lässt sich nicht ein Schulstress sondern ein Fernsehstress ausmachen. Wie bereits in Abschnitt 3.3 dieses Kapitels festgestellt, reagie-

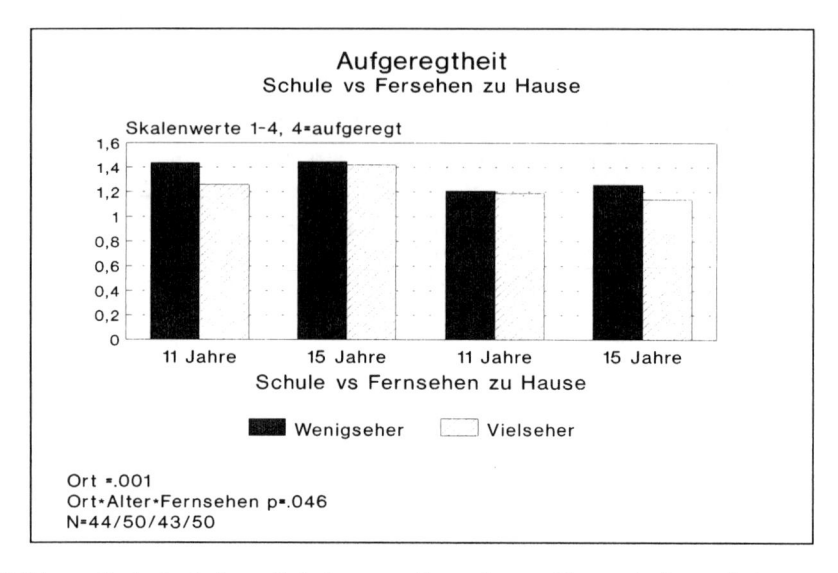

Abbildung 69: Aufenthaltsort Schule versus Fernsehen zu Hause: Aufgeregtheit.

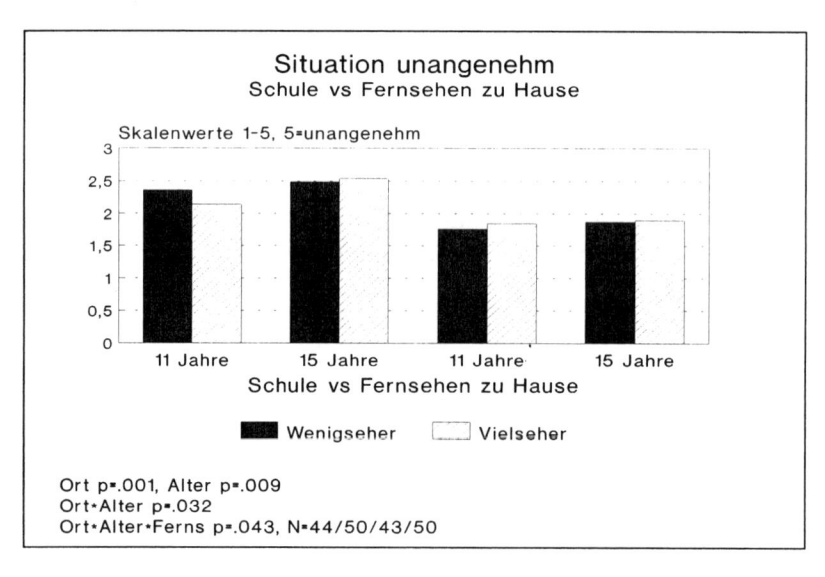

Abbildung 70: Aufenthaltsort Schule versus Fernsehen zu Hause: Beurteilung der aktuellen Situation.

ren Vielseher auf das Fernsehen emotional schwächer als Wenigseher. Es zeigt sich weiterhin, dass die jüngeren Schüler beim Fernsehen emotional beanspruchter sind als die älteren; in der Schule lässt sich dieser Unterschied nicht nachweisen.

Nach Kubey (1986) sollen Vielseher während unstrukturierter Zeitabschnitte eine schlechtere Stimmung aufweisen als Wenigseher. Als unstrukturiert kann man in der vorliegenden Untersuchung die Tätigkeit «Ausruhen» ansehen. Daher wurde das Befinden in dieser Situation analysiert. Die Aufgeregtheit zeigt weder einen signifikanten Haupteffekt (Alter, Fernsehen) noch eine signifikante Wechselwirkung. Die Beurteilung der Situation «Ausruhen» nach angenehm bzw. unangenehm ergibt dagegen tatsächlich einen signifikanten Haupteffekt Fernsehen ($p = .049$), wobei die Vielseher die Situation als unangenehmer (Mittelwert 2,0) empfinden als die Wenigseher (Mittelwert 1,8). Der Haupteffekt Alter und die Wechselwirkung Alter * Fernsehen sind nicht signifikant. Vergleicht man das Befinden der Viel- und Wenigseher während des Fernsehens, so sind weder die Aufgeregtheit noch die Beurteilung der Situation signifikant. Schliesslich wurde noch das gesamte Tagsegment analysiert. Hierbei ergab sich für die Aufgeregtheit ein Haupteffekt Fernsehen ($p = .020$), wonach sich die Wenigseher als generell aufgeregter schildern. Tendenziell signifikant wurde auch der Haupteffekt Alter ($p = .073$), wobei sich die Älteren als aufgeregter darstellen als die Jüngeren. Die Beurteilung der Situation während des ganzen Tages zeigte keinen Unterschied beim Fernsehkonsum, signifikant war aber der Haupteffekt Alter ($p = .016$). Danach beurteilen die älteren Schüler das Tagesgeschehen als unangenehmer. Der Unterschied bei der Tätigkeit «Ausruhen» zwischen den Viel- und Wenigsehern kann also nicht auf eine generelle Tendenz der Vielseher, Situationen als unangenehmer einzustufen, zurückgeführt werden. Somit kann der Befund von Kubey als bestätigt gelten.

Vergleicht man die Schulzeit mit dem häuslichen Fernsehen, so ist die Bewegungsaktivität beim Fernsehen naturgemäss sehr viel geringer. Wiederum zeigt sich bei den Jüngeren der stärkere Bewegungsdrang, der sich allerdings nur auf die Schule und nicht auf das Fernsehen bezieht. Analog zur Bewegungsaktivität ist die Herzfrequenz während des Fernsehens geringer als während der Schulzeit. Vielseher haben in der Schule eine vergleichbare Herzfrequenz wie Wenigseher; während des Fernsehens ist jedoch die Herzfrequenz der Vielseher deutlich niedriger. Die emotionale Beanspruchung während des Fernsehens ist sehr viel höher als während der Schulzeit. Damit wird die diesbezügliche Hypothese bestätigt. Es wird auch deutlich, dass die jüngeren Wenigseher im Vergleich zu den jüngeren Vielsehern emotional sehr stark auf das Fernsehen reagieren, während sich in der Schule kein Unterschied nachweisen lässt. Wie bereits unter 3.3 in diesem Kapitel dargelegt, führt ein hoher Fernsehkonsum zu einer Abnahme der emotionalen

Reaktionen. Die scheinbar grössere mentale Beanspruchung durch die Schule im Vergleich zum Fernsehen wird unter Berücksichtigung der sehr unterschiedlichen Herzfrequenzen nicht mehr signifikant. Tendenziell lässt sich aber eine stärkere mentale Beanspruchung der Vielseher sichern. Die Ergebnisse stützen die Hypothese, wonach die emotionale Hyporeagibilität der Vielseher sich nur auf das Fernsehen beschränkt und nicht auf andere Situationen. Vielmehr erweisen sich Vielseher eher als emotional stärker beansprucht als die Wenigseher, wie der vorhergehende Abschnitt gezeigt hat.

Wie nach dem Vorgesagten zu vermuten ist, wird die starke emotionale Beanspruchung durch das Fernsehen von den Schülern nicht wahrgenommen. Vielmehr wird das Fernsehen im Vergleich zur Schule als weniger aufregend und als deutlich angenehmer beurteilt. Der bereits bekannte Alterseffekt, wonach die älteren Schüler die Situation als unangenehmer beurteilen, zeigt sich erneut. Als besonders unangenehm wird die Schule von den älteren Vielsehern beurteilt.

Kapitel 6:

Zusammenfassende Bewertung und Diskussion

1. Bewertung der Methode

Das Besondere der hier verwandten Methode liegt darin, dass fortlaufend alle wichtigen Beanspruchungsparameter und mit einem relativ dichten Raster auch das Verhalten und Befinden des Probanden erfasst werden kann. Als Parameter der Gesamtbeanspruchung wurde die Herzfrequenz verwendet. Zur Bestimmung der energetischen Beanspruchung diente ein System von Bewegungsaufnehmern mit jeweils zwei Achsen für jede Dimension des Raumes. Dass damit tatsächlich die energetische Komponente der Beanspruchung erfasst werden kann, belegen zahlreiche Untersuchungen an Stichproben verschiedenen Alters und verschiedener Berufe (Myrtek et al., 1996a). Die sichere Erfassung dieser Komponente ist die Grundlage für die Dekomposition der Herzfrequenz in einen energetischen und einen emotionalen Anteil.

Es stellt sich die Frage, ob die sog. emotionalen Herzfrequenzerhöhungen wirklich emotionale Reaktionen erfassen. Mehrere Untersuchungen mit Filmen unterschiedlichen emotionalen Inhalts belegen diese Auffassung. Darüber hinaus wurden emotionale Herzfrequenzerhöhungen gerade in solchen Situationen beobachtet, die eine emotionale Reaktion nahe legen: z.B. bei Patienten während der Visite, bei Lokomotivführern während der Einfahrt in den Bahnhof, beim Autofahren, während sozialer Interaktion mit fremden Personen, etc. Nicht zuletzt belegt die vorliegende Untersuchung die Validität der Methode. Es wird hier nicht die Auffassung vertreten, dass wirklich alle emotionalen Reaktionen erfasst werden oder dass die Methode frei von Artefakten sei. So werden emotionale Reaktionen, die mit einer deutlichen Erhöhung der Bewegungsaktivität einhergehen, durch den Algorithmus nicht erfasst. Weiterhin sind Situationen denkbar, die mit einer kurzdauernden aber anstrengenden körperlichen Aktivität verbunden sind. In diesem Fall würde die Herzfrequenz vielleicht die vom Algorithmus vorgegebene Schwelle erreichen, während die Bewegungsaktivität als noch vergleichbar mit den vorhergehenden Minuten angesehen wird. Damit würde auf eine emotionale Reaktion erkannt, die in Wirklichkeit ein Artefakt darstellt. Dennoch kann mit hoher Sicherheit behauptet werden, dass der überwiegende Varianzanteil der emotionalen Herzfrequenzerhöhungen tatsächlich eine emotionale Reaktion darstellt.

Im Gegensatz hierzu ist die Variabilität der Herzfrequenz als Indikator der mentalen Beanspruchung mit Vorsicht zu betrachten. Dies haben auch die vorliegenden Ergebnisse gezeigt. Änderungen der Variabilität sind nur dann als Indikator für eine mentale Beanspruchung zu verwenden, wenn die Herzfrequenz von zwei miteinander verglichenen Segmente gleich ist. Mehrere signifikante Ergebnisse dieser Untersuchung konnten nach Berücksichtigung der Herzfrequenz nicht mehr bestätigt werden.

Wie auch die vorliegende Untersuchung gezeigt hat, ist die Wahl eines stabilen Bezugspunktes (Baseline) äusserst wichtig. Der hier gewählte Tiefschlaf als Baseline darf als optimal angesehen werden. Wie die Ergebnisse zeigen, sind absolute Messwerte als Indikatoren der Beanspruchung nicht sinnvoll, da die individuellen Messwerte aus konstitutionellen Gründen nicht interindividuell vergleichbar sind. Dies belegen die enormen Unterschiede der Herzfrequenzmittelwerte im Schlaf. Bei den 11jährigen Schülern beträgt der Unterschied zwischen dem Schüler mit der niedrigsten und dem Schüler mit der höchsten Herzfrequenz 37 Puls/min. Der Abstand bei den 15jährigen Schülern beträgt sogar 47 Puls/min. Schüler mit einer hohen Herzfrequenz würden dann von vornherein als beanspruchter gelten als Schüler mit einer niedrigeren Herzfrequenz. Keinen Bezug auf eine Baseline benötigen die emotionalen Herzfrequenzerhöhungen, da diese bereits Differenzwerte darstellen (Bezug des aktuellen Minutenwertes auf den gleitenden Mittelwert der vorhergehenden Minuten unter definierten Bedingungen, d.h. vergleichbarer Bewegungsaktivität).

Die Qualität der Registrierungen muss als sehr hoch eingestuft werden. Von den insgesamt 223 Registrierungen mussten nur 23 (10,3 %) aus technischen Gründen verworfen werden. Desgleichen ist der Datenausfall durch die Artefaktkontrolle äusserst gering. Für die N = 50 älteren Schüler des Gymnasiums wurde ein Durchschnittswert für den Datenausfall von 0,69 % errechnet. Die Zuverlässigkeit der Registrierung wird zudem durch die Vergleiche der eigenen Daten mit denen aus der Literatur belegt.

In den Schulen konnten die Registrierungen problemlos, dank der Kooperationsbereitschaft der Lehrer und der Schüler, durchgeführt werden. Noch am aufwendigsten war die Suche nach einem Raum, in dem die Geräte untergebracht werden konnten, und in dem das Anlegen der Elektroden und Aufnehmer erfolgte.

2. Ergebnisse im Überblick

2.1 Charakterisierung der Stichproben

Es wurden N = 100 11jährige und N = 100 15jährige Schüler in zwei Schulen einer Kleinstadt registriert. Die Schüler stammen mehrheitlich aus der Mittel- und zum Teil aus der Oberschicht. Die Einteilung der Schüler in Viel- und Wenigseher erfolgte am jeweiligen Median der Gruppe. Die Schlafdauer der Schüler war altersgemäss und liess keine Unterschiede zwischen Viel- und Wenigsehern erkennen. Im Fragebogen ergaben sich Altersunterschiede bei den von den Schülern bevorzugten Sportarten. Ältere Schüler bevorzugten mehr den Dauerlauf, jüngere mehr das Schwimmen.

Ältere Schüler klagten häufiger über allgemeine körperliche Beschwerden als jüngere, suchten öfter einen Arzt auf und nahmen öfter Medikamente ein. Sie fühlten sich zudem durch Schule und Alltag stärker belastet als die jüngeren Schüler, wobei die älteren Wenigseher die grösste Belastung schildern. Die Klagen der älteren Wenigseher erscheinen begründet, da sie die grössten Aktivitäten entwickeln. Die Zunahme der Klage über körperliche Beschwerden mit zunehmendem Alter ist dagegen unbegründet und wurde als Lernphänomen interpretiert.

Mit dem Alter nimmt die Beliebtheit der Schulfächer allgemein ab. Damit korrespondiert eine Verschlechterung der Schulnoten, die für Deutsch und Fremdsprachen signifikant sind. Sport und Bildende Kunst zählen zu den besonders beliebten Fächern, Deutsch und Religion sind dagegen relativ unbeliebt. In Deutsch haben die Viel- im Vergleich zu den Wenigsehern schlechtere Noten. Mit steigendem Alter wird zudem über grösseren Schulstress geklagt, wobei ältere Vielseher die höchsten Werte aufweisen. Der wöchentliche Aufwand für die Schularbeiten liegt je nach Gruppe zwischen 4,3 und 5,8 Stunden und zeigt weder ein Abhängigkeit vom Alter noch vom Fernsehkonsum.

2.2 Analyse des Verhaltens

Junge Vielseher sitzen an einem normalen Schultag 2,9 Stunden, ältere Vielseher 3,3 Stunden vor dem Fernseher. Mit rund 31 % der Freizeit stellt das Fernsehen für sie die wichtigste Freizeitbeschäftigung dar. Wenigseher verbringen 0,8 (jüngere) bzw. 1,1 Stunden (ältere) mit fernsehen. Während Jüngere öfter im Kreis der Familie fernsehen, sitzen ältere Schüler häufiger allein vor dem Gerät. Auch Vielseher sehen im Vergleich zu Wenigsehern häufiger allein fern. Von den öffentlichen Rundfunkanstalten werden vor allem das ZDF und die ARD eingeschaltet; bei den Privatsendern dominieren RTL, PRO7 und SAT1. Die Nutzung privater Programme ist bei den Vielsehern tendenziell verbreiteter. Jüngere Schüler bevorzugen Zeichentrickfilme und Jugendsendungen, ältere Schüler mehr Unterhaltung, Sport und Musiksendungen. Vielseher sehen häufiger Talkshows als Wenigseher. In der Tendenz bevorzugen Wenigseher mehr anspruchsvolle Sendungen. Vermutlich ist dies auf eine stärkere Kontrolle durch die Eltern zurückzuführen.

Die durchschnittliche Schulzeit liegt bei ca. vier Stunden und ist für alle Gruppen ähnlich. Da die Registrierung nur wenig mehr als 23 Stunden umfasste, wurde die tatsächliche Schulzeit unterschätzt. Sie dürfte eher bei fünf Stunden liegen.

Sieht man vom Fernsehen ab, so sind, in absteigender Reihenfolge, Wegezeiten, Schularbeiten, Gespräche, Ausruhen, Essen, Lesen und Körperpflege häufige Tätigkeiten. Durch das übermässige Fernsehen wird bei den Vielsehern die Zeit für andere Tätigkeiten knapp. Sie sind weniger oft unterwegs, führen seltener Gespräche und lernen seltener ein Musikinstrument. Mit zunehmendem Alter werden für die Wenigseher Gespräche wichtiger und das Interesse am Spielen eines Musikinstrumentes nimmt zu; für die Vielseher trifft dies nicht zu. Jüngere Schüler spielen öfter, ruhen sich häufiger aus und kaufen öfter ein. Ältere Schüler hören dagegen öfter Musik.

Zwei Drittel des Tages werden von den Schülern im Sitzen verbracht. Stärkere Belastungen (Gehen, Fahrradfahren) dauern nur insgesamt eine Stunde am Tag. Im Vergleich zu den Wenigsehern ist die körperliche Belastung bei den Vielsehern reduziert, wobei vor allem die stärkeren Belastungen betroffen sind. Vielseher gehen zudem seltener zu Fuss und fahren weniger Rad.

Jüngere Schüler sind seltener allein und haben mehr Kontakt zu Familienangehörigen als ältere Schüler. Vielseher sind tagsüber öfter allein und haben weniger oft Kontakt mit Freunden.

2.3 Belastung und Beanspruchung in Schule und Freizeit

Die physiologischen Parameter zeigen einige Altersunterschiede, die man nach der Literatur erwarten konnte. Bei den älteren Schülern ist die Herzfrequenz niedriger; dafür zeigen die jüngeren Schüler tagsüber eine höhere Bewegungsaktivität. Messungen der Bewegungsaktivität ergaben im Einklang mit der Verhaltensanalyse eine geringere Aktivität der Vielseher. Ältere Schüler sind tagsüber emotional stärker beansprucht als jüngere Schüler; nachts ist es umgekehrt, was mit einer altersbedingten Veränderung der REM-Phasen erklärt werden kann.

Von den verschiedenen Fernsehsendungen sind Reportagen emotional besonders beanspruchend, die auch subjektiv als weniger angenehm beurteilt werden. Vielseher reagieren auf die Sendungen emotional schwächer als Wenigseher. Tendenziell sind die jüngeren Schüler vom Fernsehen emotional stärker beansprucht als die älteren. Mit steigendem Fernsehkonsum nehmen die emotionalen Reaktionen generell ab.

Die Gesamtbeanspruchung (Herzfrequenz) ist in der Schule bei den älteren Schüler grösser als bei den jüngeren. Zudem sind die Vielseher in der Schule emotional stärker beansprucht als die Wenigseher. Schulisch besonders stark beansprucht sind die älteren Vielseher, die die grössten Reaktionen in der Herzfrequenz aufweisen. Diese Gruppe ist in der Schule zudem stärker emotional und tendenziell auch stärker mental beansprucht als die übrigen Gruppen. Die älteren Schüler nehmen sich im Vergleich zu den jüngeren in der Schule als stärker aufgeregt wahr und bewerten die Schule als unangenehmer. Vergleicht man die Kern- mit den Nebenfächern, so ist die Bewegungsaktivität während des Unterrichts in den Kernfächern niedriger, was man mit einer grösseren Konzentration der Schüler erklären kann. Die Kernfächer werden im Vergleich zu den Nebenfächern zudem von allen Schülern als unangenehmer beurteilt.

Im Vergleich zu normalen Schulstunden ist während Klassenarbeiten die Gesamtbeanspruchung der Schüler höher. Wiederum sind die älteren Schüler stärker beansprucht als die jüngeren und die älteren Vielseher tendenziell am stärksten. Von allen Schülern wird die subjektive Belastung während Klassenarbeiten im Vergleich zu normalen Schulstunden als grösser eingestuft. Besonders belastet fühlen sich dabei die älteren Schüler.

Vergleicht man die Schulzeit mit der Freizeit, so zeigen jüngere Schüler einen grösseren Bewegungsdrang als ältere, der sich vor allem in der Schule äussert. Vielseher bewegen sich während der Freizeit weniger als Wenigseher; keinen Unterschied zeigen die Schulstunden. Während der Freizeit ist die emotionale Beanspruchung allgemein grösser als während der Schulzeit. Jüngere Schüler sind während der Freizeit zudem mental stärker belastet, was besonders für die jüngeren Wenigseher gilt. Alle Schüler nehmen die Schulzeit im Vergleich zur Freizeit als aufregender und unangenehmer war. Im Vergleich zu den jüngeren erleben ältere Schüler sowohl die Schul- als auch die Freizeit als unangenehmer. Als wenig aufgeregt in der Schule nehmen sich die jüngeren Vielseher war.

Ein Vergleich der Schulzeit mit der ausser Haus verbrachten Zeit ergibt eine allgemein geringere emotionale Beanspruchung während der Schulzeit. In beiden Situationen sind die Vielseher aber emotional stärker beansprucht als die Wenigseher. Es zeigt sich überdies, dass die Vielseher im Vergleich zu den Wenigsehern in der Schule mental stärker beansprucht sind als während der ausser Haus verbrachten Freizeit.

Vielseher haben in der Schule eine vergleichbare Herzfrequenz wie Wenigseher. Beim häuslichen Fernsehen ist jedoch die Herzfrequenz der Vielseher deutlich niedriger. Bei allen Schülern ist die emotionale Beanspruchung beim Fernsehen weitaus höher als während der Schulzeit. Emotional besonders stark reagieren auf das Fernsehen die jüngeren Wenigseher, während sie sich in der Schule nicht von den anderen Gruppen unterscheiden. Im Gegensatz zur objektiven emotionalen Beanspruchung durch das Fernsehen wird diese Situation im Vergleich zu den Schulstunden als wenig aufregend und angenehm beurteilt. Ältere Schüler nehmen im Vergleich zu jüngeren beide Situationen als unangenehmer war. Als besonders unangenehm wird die Schule von den älteren Vielsehern beurteilt.

3. Diskussion

Die in Kapitel 3 aufgestellten Hypothesen konnten ausnahmslos bestätigt werden. Dies ist ungewöhnlich und spricht für die erhebliche Wirkung des Fernsehens. An dieser Stelle sollen einige der besonders wichtigen Ergebnisse noch einmal herausgegriffen und in einen grösseren Zusammenhang gestellt werden.

3.1 Umfang des Fernsehkonsums

Fernsehen stellt für die Vielseher die wichtigste Freizeitbeschäftigung dar. Den Umfang der Fernsehnutzung muss man sich an einem Beispiel vergegenwärtigen, um den Einfluss des Fernsehens ermessen zu können. Bei den 11jährigen Vielsehern beträgt bei knapp 200 Schultagen pro Jahr die Schulzeit maximal 1000 Stunden. Die Fernsehdauer liegt an einem normalen Schultag bei 2,9 Stunden, am Wochenende ist sie noch grösser. Man kann also davon ausgehen, dass jährlich ca. 1100 Stunden ferngesehen werden. Mit der Familie werden von den 14,5 Stunden Wachzeit 33 % verbracht, das sind 4,8 Stunden pro Tag bzw. ca. 1750 Stunden pro Jahr. Diese Kontaktzeit mit der Familie steht aber nicht voll für die Erziehungsaufgaben zur Verfügung, denn 58 % der Fernsehzeit dienen dem gemeinsamen Fernsehen. Man muss also von der Familienzeit noch ca. 650 Stunden im Jahr abziehen. Somit liegt der potentielle Einfluss der Eltern und der des Fernsehens mit 1100 Stunden gleichauf; der Einfluss der Schule ist mit 1000 Stunden sogar geringer.

Noch gravierender sieht die Rechnung bei den 15jährigen Vielsehern aus. Für die Schulzeit können ebenfalls 1000 Stunden pro Jahr angesetzt werden. Die Fernsehnutzung beträgt an normalen Schultagen 3,3 Stunden, somit im Jahr mindestens 1200 Stunden. Von den 16,0 Stunden Wachzeit werden 20 % mit der Familie verbracht. Dies ergibt ca. 1170 Stunden im Jahr. Gemeinsames Fernsehen findet zu 41 % statt. Somit verringert sich der elterliche Einfluss um 480 Stunden auf 690 Stunden. Nimmt man die Schule, die Eltern und das Fernsehen zusammen, so werden fast 42 % der «Erziehung» vom Fernsehen geleistet.

Diese Beispiele zeigen, dass der Einfluss des Fernsehens bei den Vielsehern grösser sein muss, als es sich viele eingestehen möchten. Das Weltbild der Vielseher wird ganz erheblich vom Fernsehen geprägt, ein Bild, das mit der Wirklichkeit nur wenig zu tun hat. Wie allgemein bekannt, wird die gesellschaftliche Realität im Fernsehen nicht korrekt abgebildet. So sind ältere Menschen, Behinderte und bestimmte Randgruppen unterrepräsentiert. Die Filmhandlungen spielen meist in einem Milieu, das nur wenig mit der Realität zu tun hat. Da die Fernsehprogramme von bestimmten Sensationen leben, um die Einschaltquoten zu erhöhen, wird auch dadurch die Realität falsch wiedergegeben. Schliesslich stimmt die körperliche Attraktivität der Akteure ebenfalls nicht mit dem Bild der Wirklichkeit überein. Erschwerend kommt hinzu, dass Vielseher dazu neigen, die seichten und mitunter bedenklichen privaten Programme zu bevorzugen.

3.2 Motivation zum Fernsehen

Bewegte, bunte Bilder sind bereits für sich genommen attraktiv, und viele Kinder werden vom Fernsehen magisch angezogen. Wie festgestellt wurde, lässt sich bei Langeweile durch das Fernsehen eine Stimmungsverbesserung erreichen, die unmittelbar belohnend wirkt. Dieses Lernen am Erfolg führt sehr schnell zur Gewohnheitsbildung. Langeweile kommt dann auf, wenn die Kinder öfter allein sind oder nur wenig andere Interessen haben. Die Vielseher dieser Untersuchung waren tatsächlich häufiger allein. Alleinsein bedeutet in der Regel auch keine Kontrolle durch die Eltern. In einer Untersuchung an 2056 12 bis 14jährigen Mädchen und Jungen stellten Brown, Childers, Bauman und Koch (1990) fest, dass das Ausmass des Fernsehens indirekt von der Abwesenheit der Mutter (infolge einer Berufstätigkeit) gesteuert wird. Die mütterliche Abwesenheit bedingt eine verringerte Kontrolle über das Fernsehen und damit eine Zunahme des Fernsehkonsums. Hoch ist nach dieser Untersuchung auch der Fernsehkonsum in Haushalten mit alleinerziehenden Müttern.

Weiterhin ist das elterliche Fernsehverhalten selbst von Bedeutung. So wurde in der Untersuchung von Wilhelm et al. (1997) festgestellt, dass vielsehende Eltern auch vielsehende Kinder haben. Erschreckend ist das Ergebnis der repräsentativen Untersuchung an 6 bis 13jährigen Kindern von Klingler und Groebel (1994), wonach in 17 % der westdeutschen und 25 % der ostdeutschen Haushalte ein Fernsehapparat im Kinderzimmer steht. Diese Eltern haben jegliche Kontrolle des kindlichen Fernsehkonsums aufgegeben.

Bestätigt wurde in unserer Untersuchung schliesslich die Hypothese von Kubey (1986), nach der Vielseher während unstrukturierter Zeitabschnitte eine schlechtere Stimmung als Wenigseher aufweisen sollen. Vielseher erlebten im Vergleich zu Wenigsehern die Situation «Ausruhen» als unangenehmer.

3.3 Emotionale Beanspruchung durch das Fernsehen

Das wichtigste Ergebnis der Untersuchung ist die Feststellung, dass mit zunehmendem Fernsehkonsum die emotionalen Reaktionen auf die Fernsehinhalte schwächer werden. Das zeigt sich sowohl bei den Vergleichen zwischen den Viel- und Wenigsehern als auch bei den Vergleichen zwischen den jüngeren und älteren Schülern. Es kommt hinzu, dass dieser Befund bereits mehrfach repliziert wurde.

Das Ergebnis hat uns sehr überrascht. Wir hätten nicht erwartet, dass das Fernsehen bis in die autonom gesteuerten Körpervorgänge eingreift.

Bei den emotionalen Herzfrequenzerhöhungen handelt es sich um Reaktionen, die in allen Situationen auftreten, die potentiell bedrohlich sein könnten. Diese Reaktionen laufen in der Regel nicht bewusst ab; erst wenn die Situation bedrohlicher wird, kommt es zur bewussten Wahrnehmung. Die Herzfrequenz wird in solchen Situationen vorsorglich erhöht. Damit steigt kurzfristig die vom Herzen gepumpte Blutmenge an, was eine bessere Versorgung des Körpers mit Sauerstoff bewirkt. Der Körper wird gleichsam auf eine bevorstehende Aktion vorbereitet.

Wenn diese Interpretation zutrifft, und alles spricht dafür, bedeutet dies, dass bei den Vielsehern im Vergleich zu den Wenigsehern die im Fernsehen gezeigten Inhalte nicht mehr so stark als potentiell bedrohlich eingestuft werden. Man kann diesen Vorgang auch als Lernprozess auffassen. In der Psychophysiologie spricht man von Habituation, was man mit Gewöhnung übersetzen kann. Psychologisch würde man vielleicht eher von Abstumpfung sprechen. Dieser Mechanismus ist ein grundlegender biologischer Vorgang, dem auch die Tiere unterliegen. Man denke etwa an die abschreckende Wirkung einer Vogelscheuche oder einer Schreckschussanlage in einem Weinberg, die die Vögel vertreiben soll. Beide werden nach kurzer Zeit ihre abschreckende Wirkung verlieren; die Vögel haben sich an die Situation gewöhnt.

Bei der Bewertung dieses Ergebnisses muss man beachten, dass die verringerten emotionalen Reaktionen das Fernsehen betreffen. Ob diese Gewöhnung auch auf reale Situationen im täglichen Leben zutreffen könnte, haben wir nicht untersucht. Darüber können wir nur spekulieren. Eine Abstumpfung gegenüber dem Elend und der Gewalt in der Welt wäre sicher fatal und könnte antisoziales Verhalten fördern. In diesem Zusammenhang muss beachtet werden, dass die Vielseher in der Schule und während der Freizeit insgesamt emotional nicht schwächer reagieren als die Wenigseher; in der Schule reagieren die älteren Vielseher emotional sogar stärker als die übrigen Gruppen. Gleichwohl ist die verringerte emotionale Reaktivität der Vielseher sicher nicht positiv zu bewerten.

3.4 Fernsehen und Schule

Übertriebener Fernsehkonsum wirkt sich negativ auf die Leistungen in der Schule aus. So haben Vielseher schlechtere Noten in Deutsch. Vermutlich lässt sich dieser Befund über das seltenere Lesen und die verringerten Gespräche der Vielseher erklären. Zudem ist das Fernsehen sicher nicht ein Hort der Sprachkultur. Die Beanspruchung in der Schule ist bei den älteren Schülern grösser als bei den jüngeren und für die älteren Vielseher am grössten. Hierbei wird die Langzeitwirkung des Vielsehens deutlich. Während die jüngeren Vielseher in der Schule physiologisch noch relativ unauffällig sind, tritt die mentale und emotionale Beanspruchung der älteren Vielseher deutlich hervor.

In Übereinstimmung mit der höheren objektiven Beanspruchung der älteren Schüler in der Schule, und hier vor allem der Vielseher, steht die stärkere subjektive Belastung der älteren im Vergleich zu den jüngeren Schülern. Während sich die jüngeren Vielseher noch als cool schildern, trifft dies für die älteren Vielseher nicht mehr zu. Offenbar wird ihnen ihr verringertes Leistungsvermögen allmählich bewusst. Möglicherweise wird von den älteren Schülern, relativ zum Alter gesehen, mehr schulische Leistung verlangt als von den jüngeren, was sich in der höheren subjektiven Belastung und objektiven Beanspruchung der älteren Schüler niederschlägt. Andererseits muss man bedenken, dass die älteren Schüler durchaus nicht mehr Hausaufgaben erledigen als die jüngeren. Vielleicht ist dies der eigentliche Grund für die höhere schulische Belastung und Beanspruchung der älteren Schüler.

Es wurde festgestellt, dass während der Klassenarbeiten im Vergleich zu den normalen Schulstunden die Beanspruchung aller Schüler höher ist. Auch in dieser Situation sind die älteren Schüler stärker beansprucht als die jüngeren Schüler und wiederum die älteren Vielseher tendenziell am stärksten. In Übereinstimmung mit diesem objektiven Befund wird bei Klassenarbeiten über eine grössere subjektive Belastung geklagt.

Die Übereinstimmung zwischen subjektiver Belastung und objektiver Beanspruchung bei Klassenarbeiten im Vergleich zu normalen Schulstunden lässt eine psychophysische Kovariation vermuten. Diese Kovariation ist jedoch nur zufällig und stellt ein Artefakt dar. Schule und vor allem Klassenarbeiten werden nach einem kognitiven Schema negativ bewertet. Besonders deutlich wird dies bei dem Vergleich zwischen Schulunterricht und Freizeit sowie Unterricht und häuslichem Fernsehen. Sowohl Freizeit als auch Fernsehen sind emotional stärker beanspruchend als der Schulunterricht. Dennoch wird der Unterricht im Vergleich zur Freizeit und zum Fernsehen subjektiv als belastender erlebt. Aufgrund der objektiven Beanspruchung müsste man eigentlich vom Freizeit- und Fernsehstress und nicht vom Schulstress reden.

3.5 Was können Eltern tun?

Vielsehen ist keine harmlose Freizeitbeschäftigung, sondern verändert die emotionalen Reaktionen, das Denken und die Sicht der Dinge nachhaltig. Die Neurophysiologie hat gelehrt, dass jedes Lernen, und durch das Fernsehen wird auch gelernt, strukturelle Veränderungen im Gehirn verursacht. So werden bestimmte Synapsen (Verschaltungen zwischen den Nervenzellen) neu geknüpft bzw. verändert. Das Gehirn eines Vielsehers wird demnach funktionell anders aufgebaut sein als das Gehirn eines Wenigsehers.

Die Botschaft an die Eltern kann nur lauten, den Fernsehkonsum der Kinder rigoros zu kontrollieren. Das Fernsehen als Babysitter oder der Fernseher im Kinderzimmer zeugt für die Verantwortungslosigkeit der Eltern. Heutzutage kann man den Kindern kaum das Fernsehen ganz verbieten. Die Kinder würden dies nicht verstehen und sich gegenüber den Gleichaltrigen benachteiligt fühlen. So bleibt den Eltern nur die sinnvolle Auswahl des Programms und die allgemeine Beschränkung des Fernsehkonsums.

Die Schädlichkeit bestimmter Fernsehsendungen wird inzwischen auch offiziell erkannt. So hat im Januar 1997 der Kinderkanal von ARD und ZDF mit seinen Sendungen begonnen. Dieser Kanal, der an Werktagen von 8.00 bis 19.00 Uhr sendet (am Wochenende von 6.00 bis 19.00 Uhr), ist eine Alternative zu den Kindersendungen der privaten Anstalten. Erklärtes Ziel der Öffentlich-rechtlichen ist es, ein qualitativ hochwertiges, gewaltfreies und werbefreies Programm für Kinder von 3 bis 13 Jahren zu bieten. Dabei ist der Vormittag mehr für die Vorschulkinder, der Nachmittag mehr für die Schulkinder gedacht. Als Konkurrenz zu den Privaten, die bisher einen Marktanteil von 66 % bei den Kindern hatten, hat die Einrichtung des Kanals zu entsprechenden Protesten der kommerziellen Anstalten geführt (Oberst, 1997). Auch in den USA scheint allmählich ein Umdenken zu erfolgen. Ridder (1997) berichtet, dass die amerikanische Rundfunkaufsichtsbehörde eine Richtlinie erlassen hat, wonach ab September 1997 alle Fernsehsender in der Woche mindestens drei Stunden pädagogisch wertvolle Programme für Kinder ausstrahlen müssen. Kommen die Sender dieser Verpflichtung nicht nach, wird ihre Sendelizenz nicht erneuert.

Als wichtiges Motiv zum Fernsehen wurde das Alleinsein identifiziert. Es kommt hinzu, dass die Vielseher, und hier vor allem die älteren Vielseher, weniger oft Kontakt mit Freunden haben. Dadurch wird die Möglichkeit, ihr Weltbild an der Realität zu messen, weiter verringert. Ganz allgemein muss wohl gesagt werden, dass manche Eltern mehr Zeit in die Kinder investieren müssten, um ihnen bessere Alternativen zum Fernsehen aufzuzeigen. Diese Ansicht ist zwar nicht populär, deshalb aber nicht weniger wahr.

Kapitel 7:

Ausblick

Nach der Literaturanalyse und den eigenen Untersuchungen kann man vermutlich in der Zukunft die folgenden Entwicklungen erwarten, die thesenartig dargestellt werden:

1. Allgemeine Entwicklung

• Bedingt durch eine Zunahme der Freizeit, sei es absichtlich (z.B. Teilzeitarbeit, Frühverrentung) oder unabsichtlich (z.B. Arbeitslosigkeit) wird der Fernsehkonsum weiter ansteigen, da das Fernsehen für viele Menschen den Mittelpunkt der Freizeitbeschäftigung darstellt, und andere Freizeitaktivitäten in der Regel aufwendiger sind.
• Da das Anspruchsniveau des durchschnittlichen Zuschauers – auch wegen der bisher konsumierten Sendungen – weiter sinken wird, ist mit einem weiteren Absinken des Niveaus der Sendungen zu rechnen, da sich die Sender im wesentlichen an der Einschaltquote orientieren. Dies bedeutet, dass die Darstellungen von Gewalt und Sex weiter zunehmen werden. Eine weitere Senkung des Niveaus ist aber bei vielen privaten Sendern schon heute kaum mehr möglich. Deshalb wird diese Entwicklung vor allem zu Lasten der öffentlich-rechtlichen Rundfunkanstalten gehen. Diese Tendenz war bereits in der letzten Zeit zu beobachten.
• Es bestehen erhebliche Schichtunterschiede beim Fernsehkonsum. Dies gilt für die Fernsehdauer, vor allem aber für die Präferenz verschiedener Sendungen. Man kann daher erwarten, dass sich die Unterschiede im Bildungsgrad zwischen den sozialen Schichten, und damit auch die Unterschiede in der sozialen Lage, weiter vergrössern werden.
• Wie dargelegt, wird das Kaufverhalten der Konsumenten, vor allem in unteren sozialen Schichten, durch das Fernsehen beeinflusst. Somit ist mit einer weiteren Zunahme des Werbefernsehens zu rechnen.
• Bei den Nahrungsmitteln sind die beworbenen Produkte ernährungsphysiologisch häufig bedenklich (z.B. Fette, Zucker). Damit wird das Gesundheitsverhalten beeinträchtigt.
• Bestimmte Funktionen des Fernsehens werden in der nächsten Zeit durch das Internet ersetzt werden. Dies wird die hier beschriebene Entwicklung kaum beeinflussen. Da sich das Internet nicht kontrollieren lässt, werden sich die skizzierten negativen Einflüsse noch verstärken.

- Die genannten Entwicklungen werden sich nicht aufhalten lassen, sondern sich im Gegenteil weiter verstärken. Einschränkungen fragwürdiger Fernsehinhalte wird es kaum geben, da man sich auf die Pressefreiheit, das Recht auf Information, den mündigen Bürger, etc. berufen wird. Dabei ist zu beachten, dass die Fernsehzuschauer auch Wähler sind.

2. Entwicklung von Kindern und Jugendlichen

- Die durch den Fernsehkonsum bedingte Abnahme der emotionalen Reaktionen wird weiter zunehmen, da der Fernsehkonsum eher steigen und die Sendungen aus den o.g. Gründen noch mehr Gewalt zeigen werden. Falls die hier geäusserte Vermutung über einen möglichen Zusammenhang zwischen der Abnahme emotionaler Reaktionen und antisozialem Verhalten zutrifft, wird man mit einem Anstieg aggressiver Verhaltensweisen rechnen müssen.
- Hoher Fernsehkonsum ist nachweislich mit problematischen gesundheitlichen Verhaltensweisen verknüpft (Bewegungsmangel, Verzehr von ungesunden Nahrungsmitteln). Eine Zunahme von Adipositas, Herz-Kreislauf- und Stoffwechselkrankheiten (z.B. Diabetes) ist daher zu erwarten.
- Als passive und dennoch spannende Beschäftigung in der Freizeit wird das Fernsehen das Buch weiter verdrängen.
- In der Schule ist vor allem mit einer Abnahme der Lese- und Schreibfähigkeit zu rechnen, da diese insgesamt durch die Nutzung der elektronischen Medien, nicht nur durch den Fernsehkonsum, beeinträchtigt wird.
- Die Probleme in der Schule (Disziplinlosigkeit, Motivationsverlust, etc.) werden zunehmen. Damit verbunden ist eine allgemeine Absenkung des Bildungsniveaus.
- Mit sinkendem Bildungsniveau nehmen die beruflichen Chancen der Jugendlichen ab. Schon heute können Ausbildungsplätze nicht besetzt werden, da sich nicht genügend qualifizierte Jugendliche finden lassen. Längerfristig ist im globalen Wettbewerb auch mit negativen Auswirkungen auf die ökonomischen Verhältnisse zu rechnen.
- Arbeitslosigkeit von Jugendlichen und jungen Erwachsenen kann den vermuteten Teufelskreis von fragwürdigem Medienkonsum, emotionaler Verflachung und antisozialen Verhalten noch verstärken. Damit werden die bereits heute bestehenden gesellschaftlichen Probleme weiter verschärft.

Zusammenfassung

In nahezu allen Haushalten der Bundesrepublik befindet sich mindestens ein Fernsehgerät. Nicht selten verfügen sogar die Kinder über ein eigenes Gerät im Kinderzimmer. So ist es nicht verwunderlich, dass für viele Kinder und Jugendliche das Fernsehen zur wichtigsten Beschäftigung in der Freizeit geworden ist. Kinder im Alter von 12 bis 13 Jahren sehen im Durchschnitt täglich zwei Stunden fern, wobei es grosse individuelle Unterschiede im Fernsehkonsum gibt. Es konnte in mehreren Untersuchungen gezeigt werden, dass ein Motiv für das Fernsehen in der Verbesserung der Stimmung liegt. Schlechte Stimmung kommt vor allem bei Langeweile auf. Fernsehen ist immer verfügbar, und der Zuschauer erhält beim Einschalten sofort eine Belohnung in Form von Entspannung und Zerstreuung. So wird Fernsehen leicht zur Gewohnheit und kann sogar süchtig machen.

Zahlreiche Studien haben sich mit den möglichen Wirkungen des Fernsehens auf das Befinden und Verhalten des Zuschauers befasst. So wurde festgestellt, dass Filme mit bestimmten Inhalten (Pornographie, Gewalt) einen emotional abstumpfenden Effekt haben. Gross angelegte Untersuchungen ergaben zudem, dass Vielseher im Vergleich zu Wenigsehern ihr Leben als eher langweilig und unglücklich beschreiben. Dabei weisen die Vielseher eine fatalistische Einstellung zum Leben auf. In diesen Untersuchungen wurde mit Fragebogen gearbeitet. Fraglich bleibt dabei, ob solchen Selbstberichten über das emotionale Erleben auch körperliche (physiologische) Reaktionen zugrunde liegen. In vielen Studien wurde das Thema «Fernsehen und Aggressivität» zum Gegenstand der Untersuchungen gemacht. Eine Mehrzahl der Forscher geht heute davon aus, dass Gewalt im Fernsehen die Aggressivität von Kindern und Jugendlichen erhöhen kann. Besonders gefährdet scheinen Jugendliche aus einem schlechten sozialen Milieu zu sein.

Das Fernsehen vermittelt zudem ein unzutreffendes Bild der sozialen Wirklichkeit, das die Einstellungen der Zuschauer entsprechend verändert und damit auch das Verhalten prägen kann. So kommen Gewaltdarstellungen im Fernsehen etwa hundertmal häufiger vor als in der Realität. Vielseher sollen infolgedessen z.B. öfter als Wenigseher Angst haben, nachts auf die Strasse zu gehen. Belegt ist weiterhin der Einfluss der Werbung auf das Verhalten. So werden die Vorlieben der Kinder für bestimmte Nahrungsmittel vom Ausmass des Fernsehkonsums beeinflusst.

In mehreren Untersuchungen an Kindern wurde der negative Einfluss eines hohen Fernsehkonsums auf die Schulleistungen belegt. Bei Kindern mit hoher Intelligenz soll der negative Einfluss besonders ausgeprägt sein. Weniger intelligente Kinder sollen aber von einem mässigen Fernsehkonsum sogar profitieren können. Schliesslich sollen vom Fernsehen auch gesundheitliche Gefahren ausgehen. Untersuchungen an amerikanischen Kindern belegen einen Zusammenhang zwischen der Dauer des Fernsehkonsums und dem Ausmass der Übergewichtigkeit. Dabei wird das Übergewicht sowohl durch die verminderte körperliche Aktivität als auch durch den häufigeren Verzehr von Snacks während des Fernsehens gefördert.

In Laboruntersuchungen wurde der Frage nach den möglichen Auswirkungen von Film- und Fernsehinhalten auf physiologische Funktionen nachgegangen. Es konnte gezeigt werden, dass bei Kindern Filme mit gewalttätigen Szenen im Vergleich zu Filmen ohne Gewalt stärkere physiologische Reaktionen hervorrufen. Mehrere Untersuchungen kamen zu dem Ergebnis, dass die von Filmen hervorgerufenen physiologischen Reaktionen bei Vielsehern schwächer als bei Wenigsehern sind.

Aus dem Gesagten lassen sich mehrere Hypothesen ableiten, die in der vorliegenden Untersuchung geprüft wurden. Dabei stehen die möglichen physiologischen Wirkungen des Vielsehens im Zentrum des Interesses. An der Untersuchung nahmen jeweils einhundert 11- und 15jährige Schüler eines Gymnasiums und einer Realschule teil. Mit einem tragbaren Datenerfassungssystem wurden kontinuierlich mehrere physiologische Parameter als Indikatoren der objektiven Beanspruchung aufgezeichnet. Diese Registrierung erstreckte sich über einen Zeitraum von 23 Stunden, wobei die Schulzeit, die Freizeit und der Nachtschlaf eingeschlossen waren. Die Herzfrequenz diente dabei als Indikator der Gesamtbeanspruchung, die Bewegungsaktivität als Indikator der energetischen Beanspruchung und die Herzfrequenzvariabilität als Indikator der mentalen Beanspruchung. Mit einer neu entwickelte Methode zur Erfassung emotional bedingter Erhöhungen der Herzfrequenz wurde die emotionale Beanspruchung der Schüler erfasst. Zudem wurden die Schüler alle 15 Minuten über ein akustisches Signal dazu aufgefordert, ihr Befinden (subjektive Belastung) und Verhalten zu beschreiben. Dabei wurden kurze Fragen mit vorgegebenen Antworten auf dem Bildschirm des Gerätes durch Knopfdruck beantwortet.

Die 11jährigen Schüler sahen im Mittel 1,9 Stunden, die 15jährigen 2,2 Stunden an einem normalen Schultag fern. Teilt man die Schüler am Median der jeweiligen Stichprobe in Wenig- und Vielseher auf, so wird die grosse Diskrepanz zwischen den Gruppen deutlich. Junge Vielseher sahen knapp 2,9 Stunden, junge Wenigseher nur 0,8 Stunden fern. Bei den älteren Vielsehern waren es 3,3 Stunden bzw. 1,1 Stunden. Mit rund 31 % stellt das Fernsehen für die Vielseher die wichtigste Beschäftigung in der Freizeit dar. Es wird auch deutlich, dass Vielseher öfter allein fernsehen als Wenigseher.

Die Nutzung privater Programme ist bei den Vielsehern tendenziell verbreiteter. Durch das übermässige Fernsehen wird bei den Vielsehern die Zeit für andere Tätigkeiten knapp. Sie sind weniger oft unterwegs als Wenigseher, führen seltener Gespräche und lernen seltener ein Musikinstrument. Vielseher sind tagsüber öfter allein und haben weniger oft Kontakt mit Freunden. Damit wird die Hypothese, dass Wenigseher ein regeres Freizeitverhalten aufweisen, gestützt. Als schwerwiegend muss die Einschränkung der Kommunikation bei den Vielsehern bewertet werden. Zwei Drittel des Tages werden von den Schülern im Sitzen verbracht. Im Vergleich zu den Wenigsehern ist die körperliche Belastung bei den Vielsehern reduziert, wobei vor allem die stärkeren Belastungen (Gehen, Fahrradfahren) betroffen sind.

Die emotional bedingten Erhöhungen der Herzfrequenz belegen, dass von den Fernsehsendungen Reportagen emotional besonders beanspruchend sind, die auch subjektiv als weniger angenehm beurteilt werden. Vielseher reagieren physiologisch auf alle Sendungen emotional schwächer als Wenigseher. Tendenziell sind die jüngeren Schüler vom Fernsehen emotional stärker beansprucht als die älteren. Mit steigendem Fernsehkonsum nehmen die emotionalen Reaktionen generell ab.

Im Fach Deutsch haben die Vielseher schlechtere Noten. Damit wird die Hypothese schlechterer Schulleistungen bestätigt. Mit steigendem Alter wird zudem über grösseren «Schulstress» geklagt, wobei die älteren Vielseher die höchsten Werte aufweisen. Der wöchentliche Aufwand für Schularbeiten, der aus den Daten der Registrierung errechnet wurde, bewegt sich zwischen 4,3 und 5,8 Stunden. Dabei zeigen sich weder Alterseffekte noch Effekte des Fernsehkonsums. Geht man von den Hausaufgaben aus, so lässt sich der von den älteren Schülern geklagte Schulstress objektiv nicht bestätigen.

Die Herzfrequenz belegt, dass die Gesamtbeanspruchung in der Schule bei den älteren Schülern grösser als bei den jüngeren ist. Zudem sind die Vielseher in der Schule emotional stärker beansprucht als die Wenigseher. Schulisch besonders stark beansprucht sind die älteren Vielseher. Dies betrifft sowohl die emotionale als auch die mentale Beanspruchung. Die älteren Schüler nehmen sich im Vergleich zu den jüngeren in der Schule als stärker aufgeregt wahr und bewerten die Schule als unangenehmer. Ein Vergleich der Kern- mit den Nebenfächern ergibt, dass die gemessene Bewegungsaktivität beim Unterricht in den Kernfächern geringer als beim Unterricht in den Nebenfächern ist, was mit einer höheren Konzentration beim Unterricht in den Kernfächern erklärt werden kann. Subjektiv werden die Kernfächer von allen Schülern als unangenehmer eingestuft. Klassenarbeiten gelten als besonders belastend und beanspruchend. Daher wurden Stunden mit Klassenarbeiten mit Normalstunden verglichen. Die Herzfrequenz als objektiver Indikator der Gesamtbeanspruchung war während der Klassenarbeiten tatsächlich grösser. Naturgemäss wurde auch die subjektive Belastung von den Schülern während der Klassenarbeiten höher eingestuft.

Vergleicht man die Schulzeit mit der Freizeit so ergibt die Analyse der Bewegungsaktivität, dass sich Vielseher während der Freizeit erwartungsgemäss weniger bewegen als Wenigseher. Während der Schulstunden besteht kein Unterschied zwischen den Gruppen. Die durch den Fernsehkonsum bedingte geringere Bewegungsaktivität der Vielseher bedingt eine niedrigere Herzfrequenz während der

Freizeit; während der Schulstunden zeigen aber die Vielseher insgesamt keine niedrigere Herzfrequenz. Die emotionale Beanspruchung ist während der Freizeit generell höher als während der Schulzeit, was vor allem auf das emotional sehr beanspruchende Fernsehen zurückgeführt werden kann. Die mentalen Beanspruchung (Variabilität der Herzfrequenz) zeigt keinen systematischen Unterschied zwischen der Schul- und Freizeit. Subjektiv wird die Schulzeit im Vergleich zur Freizeit von allen Schülern als aufregender und unangenehmer beurteilt. Ältere Schüler neigen generell dazu, die aktuelle Situation, sei es Schulzeit oder Freizeit, als unangenehmer zu beurteilen. Die Hypothese, wonach die subjektive Belastung und die objektive Beanspruchung nicht miteinander korrelieren, wird durch die Ergebnisse bestätigt. Der Schulstress stellt ein kognitives Schema dar und kann nicht mit den physiologischen Daten belegt werden; vielmehr ist die Freizeit beanspruchender als die Schulzeit.

Ein Vergleich der Schulzeit mit der Zeit während des häuslichen Fernsehen ergibt, dass Vielseher in der Schule eine vergleichbare Herzfrequenz wie Wenigseher aufweisen. Während des Fernsehens ist jedoch die Herzfrequenz der Vielseher deutlich niedriger. Die emotionale Beanspruchung aller Schüler ist während des Fernsehens viel höher als während der Schulzeit. Es wird auch deutlich, dass die jüngeren Wenigseher im Vergleich zu den jüngeren Vielsehern emotional sehr stark auf das Fernsehen reagieren, während sich in der Schule kein Unterschied nachweisen lässt. Die Ergebnisse stützen die Hypothese, wonach die emotionale Hyporeagibilität der Vielseher sich nur auf das Fernsehen beschränkt und nicht auf andere Situationen. Vielmehr erweisen sich die Vielseher eher als stärker emotional beansprucht als die Wenigseher. Die starke emotionale Beanspruchung durch das Fernsehen wird aber von den Schülern nicht wahrgenommen. Vielmehr wird das Fernsehen im Vergleich zur Schule als weniger aufregend und als deutlich angenehmer beurteilt.

Die verschiedenen Hypothesen zu den Wirkungen des Fernsehens konnten ausnahmslos bestätigt werden. Als wichtigstes Ergebnis ist festzuhalten, dass mit zunehmendem Fernsehkonsum die emotionalen Reaktionen auf die Fernsehinhalte schwächer werden. Solche emotionalen Reaktionen treten in allen Situationen auf, die potentiell bedrohlich sein könnten. Sie laufen in der Regel nicht bewusst ab. Erst wenn die Situation bedrohlicher wird, kommt es zur bewussten Wahrnehmung. Durch diese Reaktionen wird der Körper auf eine bevorstehende Aktion vorbereitet. Somit kann angenommen werden, dass bei den Vielsehern im Vergleich zu den Wenigsehern die im Fernsehen gezeigten Inhalte nicht mehr so stark als potentiell bedrohlich eingestuft werden. Ob diese Gewöhnung auch auf reale Situationen im täglichen Leben zutreffen könnte, haben wir nicht untersucht. In jedem Fall ist die verringerte emotionale Reaktivität der Vielseher nicht positiv zu sehen.

Ein weiteres wichtiges Ergebnis ist darin zu sehen, dass sich exzessiver Fernsehkonsum negativ auf die Schulleistungen auswirkt. Hierbei ist insbesondere das Fach Deutsch betroffen. Als Erklärung bietet sich das seltenere Lesen und die eingeschränkte Kommunikation der Vielseher an. Bei den älteren Vielsehern werden diese Defizite sichtbar, indem sie sich in der Schule im Vergleich zu den übrigen Gruppen als stärker belastet fühlen. Dem entspricht auch die objektive, physiologisch gemessene Beanspruchung, wobei sie sowohl emotional als auch mental stärker beansprucht sind.

Die Eltern müssen sich darüber im klaren sein, dass Vielsehen keine harmlose Freizeitbeschäftigung ist. Übertriebenes Fernsehen verändert die emotionalen Reaktionen, das Denken und die Sicht der Dinge nachhaltig. Somit kann die Botschaft an die Eltern nur lauten, den Fernsehkonsum ihrer Kinder rigoros zu kontrollieren.

Literaturverzeichnis

Aarö, L. E. & Eder, A. (1989). Videokonsum, Gesundheit und Lebensstil von Schulkindern. Bericht über eine internationale Studie. *Drogalkohol, 13*, 163-176.

Aitken, P. P., Leathar, D. S. & Scott, A. C. (1988). Ten- to sixteen-year-olds' perceptions of advertisements for alcoholic drinks. *Alcohol and Alcoholism, 23*, 491-500.

Anderson, D. R., Lorch, E. P., Field, D. E., Collins, P. A. & Nathan, J. G. (1986). Television viewing at home: Age trends in visual attention and time with TV. *Child Development, 57*, 1024-1033.

Averill, J. R., Opton, E. M. & Lazarus, R. S. (1971). Cross-cultural studies of psychophysiological responses during stress and emotion. In: L. Levi (Ed.), *Society, stress, and disease*, Volume 1 (pp. 110-124). London: Oxford University Press.

Bartenwerfer, H. (1960). Herzrhythmik-Merkmale als Indikatoren psychischer Anspannung. *Psychologische Beiträge, 4*, 7-25.

Bartenwerfer, H. (1963). Über Art und Bedeutung der Beziehung zwischen Pulsfrequenz und skalierter psychischer Anspannung. *Zeitschrift für Experimentelle und Angewandte Psychologie, 10*, 455-470.

Berndt, J. (1982). Schule aus der Sicht der Schüler: Lernort oder Arbeitsplatz? In: J. Berndt, D. W. Busch & H. G. Schönwälder (Hrsg.), *Schul-Arbeit. Belastung und Beanspruchung von Schülern* (S. 12-29). Bremen: Westermann.

Birbaumer, N. & Schmidt, R. F. (1996). *Biologische Psychologie*. Berlin: Springer.

Blix, A. S., Stromme, S. B. & Ursin, H. (1974). Additional heart rate – An indicator of psychological activation. *Aerospace Medicine, 45*, 1219-1222.

Brown, J. D., Childers, K. W., Bauman, K. E. & Koch, G. G. (1990). The influence of new media and family structure on young adolescents' television and radio use. *Communication Research, 17*, 65-82.

Buß, M. (1985). Vielseher und Fernsehmuffel. *Media Perspektiven, 5*, 378-389.

Cline, V. B., Croft, R. G. & Courrier, S. (1973). Desensitization of children to television violence. *Journal of Personality and Social Psychology, 27*, 360-365.

Czyzewska, E., Kiczka, K. & Pokinko, P. (1983). Veränderungen der Herzarrhythmie bei Bahnabschnittsdispatchern während des Treffens komplizierter und riskanter Entscheidungen. *Arbeitsmedizin, Sozialmedizin, Präventivmedizin, 18*, 121-124.

Dietz, W. H. (1986). Prevention of childhood obesity. *Pediatric Clinics of North America, 33*, 823-833.

Dietz, W. H. & Gortmaker, S. L. (1985). Do we fatten our children at the television set? Obesity and television viewing in children and adolescents. *Pediatrics, 75*, 807-812.

Egger, J. Habeler, G. & Tinchon, H. J. (1981). Der Einfluss von Fernsehen auf das EKG von Herzinfarktpatienten. *Zeitschrift für Experimentelle und Angewandte Psychologie, 28*, 38-53.

Eisenberg, N., Fabes, R. A., Bustamante, D., Mathy, R. M., Miller, P. A. & Lindholm, E. (1988). Differentiation of vicariously induced emotional reactions in children. *Developmental Psychology, 24*, 237-246.

Eisenberg, N., Fabes, R. A., Carlo, G., Troyer, D., Speer, A. L., Karbon, M. & Switzer, G. (1992). The relations of maternal practices and characteristics to children's vicarious emotional responsiveness. *Child Development, 63*, 583-602.

Ellis-Schwabe, M. & Thornburg, H. D. (1986). Conflict areas between parents and their adolescents. *Journal of Psychology, 120*, 59-68.

Fahrenberg, J. (1994). *Die Freiburger Beschwerdenliste (FBL). Form FBL-G und revidierte Form FBL-R*. Göttingen: Hogrefe.

Fahrenberg, J., Foerster, F., Schneider, H. J., Müller, W. & Myrtek, M. (1984). *Aktivierungsforschung im Labor-Feld-Vergleich. Zur Vorhersage von Intensität und Mustern psychophysischer Aktivierungsprozesse während wiederholter psychischer und körperlicher Belastung*. München: Minerva.

Fahrenberg, J. & Myrtek, M. (Eds.) (1996). *Ambulatory assessment. Computer-assisted psychological and psychophysiological methods in monitoring and field studies*. Göttingen: Hogrefe.

Fahrenberg, J., Myrtek, M. & Trichtinger, I. (1985). Die Krankheitsursache aus der Sicht des Koronarpatienten. In: W. Langosch (Hrsg.), *Psychische Bewältigung der chronischen Herzerkrankung* (S. 32-40). Berlin: Springer.

Fahrenberg, J., Walschburger, P., Foerster, F., Myrtek, M. & Müller, W. (1979). *Psychophysiologische Aktivierungsforschung. Ein Beitrag zu den Grundlagen der multivariaten Emotions- und Stress-Theorie*. München: Minerva.

Feierabend, S. & Windgasse, T. (1997). Was Kinder sehen. Eine Analyse der Fernsehnutzung 1996 von Drei- bis 13jährigen. *Media Perspektiven, 4*, 186-197.

Fetler, M. (1984). Television viewing and school achievement. *Journal of Communication, 34*, 104-118.

Fosarelli, P. D. (1984). Television and children: A review. *Developmental and Behavioral Pediatrics, 5*, 30-37.

Gadow, K. D. & Sprafkin, J. (1989). Field experiments of television violence with children: Evidence for an environmental hazard? *Pediatrics, 83*, 399-405.

Gerbner, G. (1978). Über die Ängstlichkeit von Vielsehern. *Fernsehen und Bildung, 12*, 48-58.

Gerbner, G., Gross, L., Morgan, M. & Signorielli, N. (1994). Growing up with television: the cultivation perspective. In: J. Bryant & D. Zillmann (Eds.), *Media effects. Advances in theory and research* (pp. 17-41). Hillsdale, N. J.: Lawrence Erlbaum.

Gould, M. S. & Shaffer, D. (1986). The impact of suicide in television movies: Evidence of imitation. *New England Journal of Medicine, 315*, 690-694.

Groebel, J. (1981). Vielseher und Angst. Theoretische Überlegungen und einige Längsschnittergebnisse. *Fernsehen und Bildung, 15*, 114-136.

Groebel, J. (1982). Macht das Fernsehen die Umwelt bedrohlich? Strukturelle Aspekte und Ergebnisse einer Längsschnittstudie zu Fernsehwirkungen. *Publizistik, 27*, 152-165.

Gunter (1994). The question of media violence. In: J. Bryant & D. Zillmann (Eds.), *Media effects. Advances in theory and research* (pp. 163-211). Hillsdale, N. J.: Lawrence Erlbaum.

Gunter, B. & McAleer, J. L. (1990). *Children and television: The one eyed monster?* London: Routledge.

Guttentag, D. N., Albritton, W. L. & Kettner, R. B. (1983). Daytime television viewing by hospitalized children: The effect of alternative programming. *Pediatrics, 71*, 620-625.

Hammer, M. (1996). Alltag und Medien. In: F. Haase & A. Kutteroff (Hrsg.), *Anschlüsse. Begleitbuch zur medienpädagogischen Fernsehreihe «Kinder und Medien»* (S. 29-44). Baden-Baden: Nomos Verlagsgesellschaft.

Hanratty-Thomas, M. H., Horton, R. W., Lippincott, E. C. & Drabman, R. S. (1977). Desensitization to portrayals of real-life aggression as a function of exposure to television violence. *Journal of Personality and Social Psychology, 35*, 450-458.

Hecker, C. (1988). *Feld- und Laboruntersuchungen zu simultan und sukzessiv unterbrochenen Belastungssuperpositionen bei Fahrzeugführung und Kransteuerung.* Fortschritt-Berichte VDI, Reihe 17, Nr. 46. Düsseldorf: VDI-Verlag.

Henggeler, S. W., Cohen, R., Edwards, J. J., Summerville, M. B. & Ray, G. E. (1991). Family stress as a link in the association between television viewing and achievement. *Child Study Journal, 21*, 1-10.

Hirsch, P. (1981a). Die «angsterregende Welt» des Nichtsehers und andere Unstimmigkeiten. *Fernsehen und Bildung, 15*, 43-64.

Hirsch, P. (1981b). Wie man aus seinen Fehlern nicht lernt. *Fernsehen und Bildung, 15*, 65-79.

Huber, K. (1985). *Beanspruchung bei Belastung durch Informationsverarbeitung von DB-Triebfahrzeugführern in unterschiedlichen Einsatzbereichen.* Ing. Diss., München.

Huesmann, L. R., Eron, L. D., Klein, R., Brice, P. & Fischer, P. (1983). Mitigating the imitation of aggressive behaviors by changing children's attitudes about media violence. *Journal of Personality and Social Psychology, 44*, 899-910.

Hüllemann, K. D., Wiese, G. & List, M. (1973). Kreislaufüberwachung und testpsychologische Untersuchung bei Fernsehzuschauern. *Münchner Medizinische Wochenschrift, 115*, 1716-1722.

Jamison, R. N. & Walker, L. S. (1992). Illness behavior in children of chronic pain patients. *International Journal of Psychiatry in Medicine, 22*, 329-342.

Jo, E. & Berkowitz, L. (1994). A priming effect analysis of media influences: an update. In: J. Bryant & D. Zillmann (Eds.), *Media effects. Advances in theory and research* (pp. 43-60). Hillsdale, N. J.: Lawrence Erlbaum.

Josephson, W. L. (1987). Television violence and children's aggression: Testing the priming, social script, and disinhibition predictions. *Journal of Personality and Social Psychology, 53,* 882-890.

Kempter, G. (1997). *Psychophysiologische Fernsehwirkungsforschung.* Hamburg: Kovac.

Kessler, R. C., Downey, G., Milavsky, J. R., Stipp, H. (1988). Clustering of teenage suicides after television news stories about suicides: A reconsideration. *American Journal of Psychiatry, 145,* 1379-1383.

Klingler, W. & Groebel, J. (1994). *Kinder und Medien 1990. Eine Studie der ARD/ZDF-Medienkommission.* Baden Baden: Nomos.

Kiefer, M. L. (1996). Massenkommunikation 1995. Ergebnisse der siebten Welle der Langzeitstudie zur Mediennutzung und Medienbewertung. *Media Perspektiven, 5,* 234-248.

Kotch, J. B., Coulter, M. L. & Lipsitz, A. (1986). Does televised drinking influence children's attitudes toward alcohol? *Addictive Behaviors, 11,* 67-70.

Krampen, G., Viebig, J. & Walter W. (1982). Differentialpsychologische Korrelate des Fernsehverhaltens. *Psychologische Beiträge, 24,* 199-223.

Krüger, U. M. (1996a). Gewalt in von Kindern genutzten Fernsehsendungen. *Media Perspektiven, 3,* 114-133.

Krüger, U. M. (1996b). Tendenzen in den Programmen der großen Fernsehsender 1985 bis 1995. Elf Jahre Programmanalyse im dualen Rundfunksystem. *Media Perspektiven, 8,* 418-440.

Kubey, R. W. (1986). Television use in everyday life: Coping with unstructured time. *Journal of Communication, 36,* 108-123.

Kubey, R. & Csikszentmihalyi, M. (1990). *Television and the quality of life: How viewing shapes everyday experience.* Hillsdale, N. J.: Lawrence Erlbaum.

Kubey, R. & Larson, R. (1990). The use and experience of the new video media among children and young adolescents. *Communication Research, 17,* 107-130.

Kunczik, M. (1993). Gewalt im Fernsehen. Stand der Wirkungsforschung und neue Befunde. *Media Perspektiven, 3,* 98-107.

Lang, A. (1990). Involuntary attention and physiological arousal evoked by structural features and emotional content in TV commercials. *Communication Research, 17,* 275-299.

Larson, R., Kubey, R. W. & Colletti, J. (1989). Changing channels: Early adolescent media choices and shifting investments in family and friends. *Journal of Youth and Adolescence, 18,* 583-599.

Lazarus, R. S., Averill, J. R. & Opton, E. M. (1970). Towards a cognitive theory of emotion. In: M. Arnold (Ed.), *Feelings and emotions* (pp. 207-232). New York: Academic Press.

Lawrence, F. C. & Wozniak, P. H. (1989). Children's television viewing with family members. *Psychological Reports, 65,* 395-400.

LeBlanc, J., Côté, J., Jobin, M. & Labrie, A. (1979). Plasma catecholamines and cardiovascular responses to cold and mental activity. *Journal of Applied Physiology, 47,* 1207-1211.

Liebert, R. M. (1986). Effects of television on children and adolescents. *Journal of Developmental and Behavioral Pediatrics, 7,* 43-48.

Linz, D., Donnerstein, E. & Penrod, S. (1984). The effects of multiple exposures to filmed violence against women. *Journal of Communication, 34,* 130-147.

McIlwraith, R., Jacobvitz, R. S., Kubey, R. & Alexander, A. (1991). Television addiction: Theories and data behind the ubiquitous metaphor. *American Behavioral Scientist, 35,* 104-121.

Meltzoff, A. N. (1988). Imitation of televised models by infants. *Child Development, 59,* 1221-1229.

Meshkati, N. (1988). Heart rate variability and mental workload assessment. In: P. A. Hancock & N. Meshkati (Eds.), *Human mental workload* (pp. 101-115). Amsterdam: Elsevier.

Morgan, M. (1984). Heavy television viewing and perceived quality of life. *Journalism Quarterly, 61,* 499-504.

Moya de Sifontes, M. Z. & Dehollain, P. L. (1986). Efecto de los medios de comunicacion social en la adquisicion de alimentos a nivel familiar. *Archivos Latinoamericanos Nutricion, 36,* 166-186.

Murphy, J. K., Alpert, B. S., Willey, E. S. & Somes, G. W. (1988). Cardiovascular reactivity to psychological stress in healthy children. *Psychophysiology, 25,* 144-152.

Myrtek, M. (1980). *Psychophysiologische Konstitutionsforschung. Ein Beitrag zur Psychosomatik.* Göttingen: Hogrefe.

Myrtek, M. (1987). Life satisfaction, illness behaviour, and rehabilitation outcome: Results of a one year follow-up study with cardiac patients. *International Journal of Rehabilitation Research, 10,* 373-382.

Myrtek, M. (1998). *Gesunde Kranke – kranke Gesunde. Psychophysiologie des Krankheitsverhaltens.* Bern: Huber.

Myrtek, M., Aschenbrenner, E. & Brügner, G. (in press). Emotions in everyday life. An ambulatory monitoring study with female students. *Biological Psychology.*

Myrtek, M. & Brügner, G. (1996). Perception of emotions in everyday life: studies with patients and normals. *Biological Psychology, 42,* 147-164.

Myrtek, M., Brügner, G. & Fichtler, A. (1990). Diurnal variations of ECG parameters during 23-hour-monitoring in cardiac patients with ventricular arrhythmias or ischemic episodes. *Psychophysiology, 27,* 620-626.

Myrtek, M., Brügner, G., Fichtler, A. & Müller, W. (1994). Testretest stability of ECG parameters during ambulatory monitoring of patients with ischemic heart disease. *Journal of Ambulatory Monitoring, 7,* 265-279.

Myrtek, M., Brügner, G., Fichtler, A., König, K., Müller, W., Foerster, F. & Höppner, V. (1988). Detection of emotionally induced ECG changes and their behavioral correlates: A new method for ambulatory monitoring. *European Heart Journal, 9* (Supplement N), 55-60.

Myrtek, M., Brügner, G. & Müller, W. (1996a). Validation studies of emotional, mental, and physical workload components in the field. In: J. Fahrenberg & M. Myrtek (Eds.), *Ambulatory assessment. Computer-assisted psychological and psychophysiological methods in monitoring and field studies* (pp. 287-304). Göttingen: Hogrefe.

Myrtek, M., Brügner, G. & Müller, W. (1996b). Interactive monitoring and contingency analysis of emotionally induced ECG changes: Methodology and applications. In: J. Fahrenberg & M. Myrtek (Eds.), *Ambulatory assessment. Computer-assisted psychological and psychophysiological methods in monitoring and field studies* (pp. 115-127). Göttingen: Hogrefe.

Myrtek, M., Deutschmann-Janicke, E., Strohmaier, H., Zimmermann, W., Lawerenz, S., Brügner, G. & Müller, W. (1994). Physical, mental, emotional, and subjective workload components in engine drivers. *Ergonomics, 37*, 1195-1203.

Myrtek, M., Fichtler, A., König, K., Brügner, G. & Müller, W. (1994). Differences between patients with asymptomatic and symptomatic myocardial infarction: The relevance of psychological factors. *European Heart Journal, 15*, 311-317.

Myrtek, M., Fichtler, A., Strittmatter, M. & Brügner, G. (1999). Stress and strain of blue and white collar workers during work and leisure time: Results of psychophysiological and behavioral monitoring. *Applied Ergonomics, 30*, 341-351.

Myrtek, M., Hilgenberg, B., Brügner, G. & Müller W. (1997). Influence of sex, college major, and chronic study stress on psychophysiological reactivity and behavior: Results of ambulatory monitoring in students. *Journal of Psychophysiology, 11*, 124-137.

Myrtek, M., Kaiser, A., Rauch, B. & Jansen, G. (1997). Factors associated with work resumption: A 5 year follow-up with cardiac patients. *International Journal of Cardiology, 59*, 291-297.

Myrtek, M., Kreutel, K., Wilk, D., Welsch, M. & Herzog, M. (1987). Lebenszufriedenheit und Rehabilitationsverlauf. Eine Untersuchung an Herz-Kreislauf-Patienten. *Rehabilitation, 26*, 11-19.

Myrtek, M. & Spital, S. (1986). Psychophysiological response patterns to single, double, and triple stressors. *Psychophysiology, 23*, 663-671.

Myrtek, M., Stiels, W., Herrmann, J. M., Brügner, G., Müller, W., Höppner, V. & Fichtler, A. (1995). Emotional arousal, pain, and ECG changes during ambulatory monitoring in patients with cardiac neurosis and controls: Methodological considerations and first results. In: D. Vaitl & R. Schandry (Eds.), *From the heart to the brain. The psychophysiology of circulation - brain interaction* (pp. 319-334). Frankfurt: Peter Lang.

Myrtek, M., Weber, D., Brügner, G. & Müller, W. (1996). Occupational stress and strain of female students: results of physiological, behavioral, and psychological monitoring. *Biological Psychology, 42*, 379-391.

Nagashima, M., Matsushima, M., Ogawa. A., Ohsuga, A., Kaneko, T., Yazaki, T. & Okajima, M. (1987). Cardiac arrhythmias in healthy children revealed by 24-hour ambulatory ECG monitoring. *Pediatric Cardiology, 8,* 103-108.

Oberst, W. (1997). Der Kinderkanal von ARD und ZDF in der Dikussion. *Media Perspektiven, 1,* 23-30.

Osborn, D. K. & Endsley, R. C. (1971). Emotional reactions of young children to TV violence. *Child Development, 42,* 321-331.

Parsons, D. O. (1982). The male labour force participation decision: Health, reported health, and economic incentives. *Economica, 49,* 81-91.

Patton, G. W. R. (1970). Combined autonomic effects of concurrently-applied stressors. *Psychophysiology, 6,* 707-715.

Pennebaker, J. W. (1982). *The psychology of physical symptoms.* New York: Springer.

Phillips, D. P. & Paight, D. J. (1987). The impact of televised movies about suicide. A replicative study. *New England Journal of Medicine, 317,* 809-811.

Powers, S. K., Howley, E. T. & Cox, R. (1982). A differential catecholamine response during prolonged exercise and passive heating. *Medicine and Science in Sports, 14,* 435-439.

Rice, M. L. & Woodsmall, L. (1988). Lessons from television: Children's word learning when viewing. *Child Development, 59,* 420-429.

Ritchie, D., Price, V. & Roberts, D. F. (1987). Television, reading, and reading achievement: A reappraisal. *Communication Research, 14,* 292-315.

Ridder, C. M. (1997). US-Kinderfernsehen zwischen Kommerz und Regelungsversuchen im öffentlichen Interesse. Geschichte, Strukturen und Inhalte amerikanischer Kinderprogramme. *Media Perspektiven, 1,* 31-42.

Roberts, D. F., Bachen, C. M., Hornby, M. C. & Hernandez-Ramos, P. (1984). Reading and television: Predictors of reading achievement at different age levels. *Communication Research, 11,* 9-49.

Robertson, T. S., Ward, S., Gatignon, H. & Klees, D. M. (1989). Advertising and children: A cross-cultural study. *Communication Research, 16,* 459-485.

Rohmert, W. & Rutenfranz, J. (1975). *Arbeitswissenschaftliche Beurteilung der Belastung und Beanspruchung an unterschiedlichen industriellen Arbeitsplätzen.* Bundesminister für Arbeit und Sozialordnung (Hrsg.). Bonn: Referat Öffentlichkeitsarbeit.

Romano, M., Clarizia, M., Onofrio, E., Caiazzo, M. R., Adinolfi, L., Cutillo, S., Chiariello, M. & Condorelli, M. (1988). Heart rate, PR, and QT intervals in normal children: A 24-hour Holter monitoring study. *Clinical Cardiology, 11,* 839-842.

Rubin, A. M. (1994). Media uses and effects: A uses-and-gratifications perspective. In: J. Bryant & D. Zillmann (Eds.), *Media effects. Advances in theory and research* (pp. 417-436). Hillsdale, N. J.: Lawrence Erlbaum.

Rychtarik, R. G., Fairbank, J. A., Allen, C. M., Foy, D. W. & Drabman, R. S. (1983). Alcohol use in television programming: Effects on children's behavior. *Addictive Behaviors, 8,* 19-22.

SAS Institute (1993). *SAS Procedures Guide, Version 6*. Cary, N. C.: SAS Institute.

Schulz, W. (1997). Vielseher im dualen Rundfunksystem. Sekundäranalyse zur Langzeitstudie Massenkommunikation. *Media Perspektiven, 2*, 92-102.

Spanhel, D. (1988). Neue Medien – Zur Bedeutung der neuen Medien für Jugendliche aus entwicklungstheoretischer und alltagsweltlicher Sicht. *Unterrichtswissenschaft, 16*, 19-31.

Sprafkin, J., Gadow, K. D. & Dussault, M. (1986). Reality perceptions of television: A preliminary comparison of emotionally disturbed and nonhandicapped children. *American Journal of Orthopsychiatry, 56*, 147-152

Sprafkin, J., Kelly, E. & Gadow, K. D. (1987). Reality perceptions of television: A comparison of emotionally disturbed, learning disabled, and nonhandicapped children. *Journal of Developmental and Behavioral Pediatrics, 8*, 149-153.

Strasburger, V. C. (1986). Does television affect learning and school performance? *Pediatrician, 13*, 141-147.

Strasser, H. (1982). *Arbeitswissenschaftliche Methoden der Beanspruchungsermittlung*. Schriftenreihe Arbeitsmedizin, Sozialmedizin, Präventivmedizin, Band 69. Stuttgart: Gentner.

Sturm, H. (1991). *Fernsehdiktate: Die Veränderung von Gedanken und Gefühlen. Ergebnisse und Folgerungen für eine rezipientenorientierte Mediendramaturgie*. Gütersloh: Verlag Bertelsmann Stiftung.

Sturm, H., Vitouch, P., Bauer, H. & Grewe-Partsch, M. (1982). Emotion und Erregung – Kinder als Fernsehzuschauer. Eine psychophysiologische Untersuchung. *Fernsehen und Bildung, 16*, 11-114.

Taras, H. L., Sallis, J. F., Patterson, T. L., Nader, P. R. & Nelson, J. A. (1989). Television's influence on children's diet and physical activity. *Journal of Developmental and Behavioral Pediatrics, 10*, 176-180.

Voors, A. W., Webber, L. S. & Berenson, G. S. (1982). Resting heart rate and pressure-rate product of children in a total biracial community. *American Journal of Epidemiology, 116*, 276-286.

Walker, L. S., Garber, J. & Greene, J. W. (1993). Psychosocial correlates of recurrent childhood pain: a comparison of pediatric patients with recurrent abdominal pain, organic illness, and psychiatric disorders. *Journal of Abnormal Psychology, 102*, 248-258.

Walker, L. S. & Zeman, J. L. (1992). Parental response to child illness behavior. *Journal of Pediatric Psychology, 17*, 49-71.

Weiss, R. H. (1990). Horror-Gewalt-Video-Konsum bei Jugendlichen. Gefühlsreaktionen – Persönlichkeit – Identifikation Täter/Opfer. In: H. Lukesch (Hrsg.), *Wenn Gewalt zur Unterhaltung wird.. Beiträge zur Nutzung und Wirkung von Gewaltdarstellungen in audiovisuellen Medien*. Medienforschung Bd. 3 (S. 47-91). Regensburg: Roderer.

Wharton, R. & Mandell, F. (1985). Violence on television and imitative behavior: Impact on parenting practices. *Pediatrics, 75*, 1120-1123.

Whitehead, W. E., Crowell, M. D., Heller, B. R., Robinson, J. C., Schuster, M. M. & Horn, S. (1994). Modeling and reinforcement of the sick role during childhood predicts adult illness behavior. *Psychosomatic Medicine, 56*, 541-550.

Whitehead, W. E., Morrison, A., Crowell, M. D., Heller, B. R., Robinson, J. C., Benjamin, C. & Horn S. (1992). Development of a scale to measure childhood learning of illness behavior. *Western Journal of Nursing Research, 14*, 170-183.

Wilhelm, P., Myrtek, M. & Brügner, G. (1997). *Vorschulkinder vor dem Fernseher. Ein psychophysiologisches Feldexperiment.* Bern: Huber.

Williams, P. A., Haertel, E. H., Haertel, G. D. & Walberg, H. J. (1982). The impact of leisure-time television on school learning: A research synthesis. *American Educational Research Journal, 19*, 10-50.

Wilson, G. F. (1988). Measurement of operator workload with the neuropsychological workload test battery. In: P. A. Hancock & N. Meshkati (Eds.), *Human mental workload* (pp. 63-100). Amsterdam: Elsevier.

Winterhoff-Spurk, P. (1986). *Fernsehen. Psychologische Befunde zur Medienwirkung.* Bern: Huber.

Zillmann, D. & Bryant, J. (1982). Pornography, sexual callousness, and the trivialization of rape. *Journal of Communication, 32*, 10-21.

Zillmann, D. & Bryant, J. (1985). Affect, mood, and emotion as determinants of selective exposure. In: D. Zillmann & J. Bryant (Eds.), *Selective exposure to communication* (pp. 157-190). Hillsdale, N. J.: Lawrence Erlbaum.

Zillmann, D. & Bryant, J. (1988). Pornography's impact on sexual satisfaction. *Journal of Applied Social Psychology, 18*, 438-453.

Zillmann, D. & Bryant, J. (1998). Fernsehen. In: B. Strauß (Hrsg.), *Zuschauer* (S. 175-212). Göttingen: Hogrefe.

Zillmann, D., Hay, T. A. & Bryant, J. (1975). The effect of suspense and its resolution on the appreciation of dramatic presentations. *Journal of Research in Personality, 9*, 307-323.

Zillmann, D. & Weaver, J. B. (1997). Psychoticism in the effect of prolonged exposure to gratuitous media violence on the acceptance of violence as a preferred means of conflict resolution. *Personality and Individual Differences, 22*, 613-627.

Autorenregister

A

Aarö	42
Aitken	41
Albritton	28
Alexander	26
Allen	42
Alpert	98
Anderson	19
Aschenbrenner	32
Averill	46

B

Bachen	40
Bartenwerfer	49
Bauer	44
Bauman	141
Berenson	98
Berkowitz	34
Berndt	15
Birbaumer	102
Blix	49
Brice	34
Brown	141
Brügner	7; 14; 32; 49
Bryant	19; 24; 29; 43
Buß	20

C

Childers	141
Cline	43
Cohen	40
Colletti	25
Collins	19
Côté	49
Coulter	42
Courrier	43
Cox	50
Croft	43
Csikszentmihalyi	14; 25; 26
Czyzewska	51

D

Dehollain	38
Dietz	41
Donnerstein	30
Downey	42
Drabman	42; 43
Dussault	35

E

Eder	42
Edwards	40
Egger	46
Eisenberg	45
Ellis-Schwabe	34
Endsley	42
Eron	34

F

Fahrenberg	14; 49; 51; 63; 73
Fairbank	42
Feierabend	18; 22
Fichtler	14
Field	19
Fischer	34
Foerster	49; 51
Fosarelli	13; 19
Foy	42

G

Gadow	34; 35

Garber	74
Gatignon	38
Gerbner	33; 37
Gortmaker	41
Gould	42
Greene	74
Grewe-Partsch	44
Groebel	13; 17; 18; 21; 26; 27; 35; 38 68; 87; 141
Gross	33; 147
Gunter	28; 33; 34
Guttentag	28

H

Habeler	46
Haertel	40
Hammer	17
Hanratty-Thomas	43
Hay	43
Hecker	51
Henggeler	40
Hernandez-Ramos	40
Herzog	51
Hilgenberg	14
Hirsch	38
Hornby	40
Horton	43
Howley	49
Huber	51
Huesmann	34
Hüllemann	46

J

Jacobvitz	26
Jamison	74
Jansen	51
Jo	34
Jobin	49
Josephson	34

K

Kaiser	51
Kelly	35
Kempter	47
Kessler	42
Kettner	28
Kiczka	51
Kiefer	23
Klees	38
Klein·	34
Klingler	13; 17; 18; 21; 26; 27; 38; 88; 141
Koch	141
König	14
Kotch	42
Krampen	26; 35
Kreutel	51
Krüger	22; 23
Kubey	14; 25; 26; 52; 96; 133; 141
Kunczik	33; 34

L

Labrie	49
Lang	47
Larson	25
Lawrence	19
Lazarus	46
Leathar	41
LeBlanc	49
Liebert	34
Linz	30
Lippincott	43
Lipsitz	42
List	46
Lorch	19

M

Mandell	34
McAleer	28

McIlwraith	26	Ritchie	40
Meltzoff	19	Roberts	40
Meshkati	51	Robertson	38
Milavsky	42	Rohmert	15; 51
Morgan	30; 33	Romano	98; 99
Moya de Sifontes	38	Rubin	24
Müller	14; 49; 51	Rutenfranz	15
Murphy	98	Rychtarik	42
Myrtek	7; 14; 32; 49; 50; 51; 59; 64; 74; 108; 135		

N

Nader	19
Nagashima	98; 99
Nathan	19
Nelson	19

O

Oberst	144
Opton	46
Osborn	42

P

Paight	42
Parsons	51
Patterson	19
Patton	49
Pennebaker	32; 51; 122
Penrod	30
Phillips	42
Pokinko	51
Powers	49
Price	40

R

Rauch	51
Ray	40
Rice	28
Ridder	144

S

Sallis	19
SAS Institute	65
Schmidt	102
Schneider	51
Schulz	21; 23; 31; 39
Scott	41
Shaffer	42
Signorielli	33
Somes	98
Spanhel	40
Spital	50
Sprafkin	34; 35
Stipp	42
Strasburger	19
Strasser	15; 51
Strittmatter	14
Stromme	49
Sturm	31; 44; 104
Summerville	40

T

Taras	19; 38
Thornburg	34
Tinchon	46
Trichtinger	51

U

Ursin	49

V

Viebig	26
Vitouch	44
Voors	98

W

Walberg	40
Walker	74
Walschburger	49
Walter	26
Ward	38
Weaver	36
Webber	98
Weber	14
Weiss	31; 35
Welsch	51
Wharton	34
Whitehead	74
Wiese	46
Wilhelm	7; 45; 108; 141
Wilk	51
Willey	98
Williams	40
Wilson	51
Windgasse	18; 22
Winick	26
Winterhoff-Spurk	19; 28
Woodsmall	28
Wozniak	19

Z

Zeman	74
Zillmann	19; 24; 29; 32; 36; 43

Sachregister

A

Aggressivität 33 f.; 36; 104 ff.
- Auslöseeffekt 34
- Enthemmungshypothese 33
- Erregungshypothese 33
- Habituationshypothese 33; 107 f.
- Nachahmungshypothese 33

Altersunterschiede 19; 21; 23; 26; 35; 38 f.; 52 f.; 67 ff.; 71 ff.; 75 ff.; 80 ff.; 88 ff.; 95 f.; 105 ff.; 110 ff.; 114 ff.; 118 ff.; 123 ff.; 128 ff.; 137 ff.; 149

B

Baseline 48; 59; 64; 98 f.; 109; 136

Beanspruchung 14; 48 ff.; 97 ff.; 104 ff.; 110 ff.; 114 ff.; 117 ff.; 123 ff.; 128 ff.; 138 f.; 148 f.
- emotionale 32; 48 ff.; 53; 60; 97 ff.; 102 f.; 104 ff.; 110 f.; 115; 119; 125; 130 f.; 135; 138; 148 f.
- energetische 49 ff.; 60: 109; 114; 117 f.; 123; 129; 135; 148
- Gesamtbeanspruchung 49; 51; 110; 114; 118; 124; 135; 138; 148 f.
- mentale 49 ff.; 60; 103; 110 f.; 115; 120; 125 f.; 129; 135 f.; 138; 148

Beeper-Studien 25

Befinden, subjektives 51 f.; 96 ff.; 105 f.; 111 f.; 115 ff.; 126 f.; 132; 138 f.; 148

Befindensabfrage 55; 60 ff.; 104 ff.; 111 f.; 115 ff.; 126 f.; 132; 148

Belastung 14; 48 ff.; 117 ff.
- psychische 14; 49
- physische 14; 48 f.
- subjektive 51; 53; 63; 74; 104 ff. 111 f.; 115 ff.; 117 ff.; 126 f.; 131 f.; 139; 143; 148 f.

Bewegungsaktivität 45; 50 ff.; 55 ff.; 100; 109; 114; 117; 123; 129; 136; 138 f.; 149
- Aufnehmer 49 f.; 54 f.

Bildungsniveau 17; 19; 21; 25 f.; 34; 36; 38 f.; 40; 71; 145

D

Datenerhebung 54 f.
Datenverarbeitung
- Artefakte 50; 54; 63 f.; 65; 136
- Organisation 63 f.
- Segmentierung 48; 51; 57; 64 f.
- Statistik 64 f.

Displacement-Hypothese 40; 88

E

Elektrokardiogramm 46; 48 ff.; 55 ff.
- Ableitungen 55 f.
- Elektroden 54 ff.; 64
- R-Zacken 55 f.; 60; 63

- ST-Strecke 55 f.
Eltern-Kind-Konflikte 34; 38
Emotionale Erregung 42; 44 f.; 46; 53; 55 f.
Enthemmungshypothese 33
Erregungshypothese 33

F

Felduntersuchung 48 ff.; 65
Fernsehen
- Aggressivität 33 f.; 146
- emotionale Beanspruchung 53; 104 ff.; 128 ff.; 138 f.
- Motivation 24 ff.; 41; 141; 144
- - Ablenkung 35
- - Langeweile 26; 52; 68; 94 ff.; 141; 147
- - Mood-Management-Theorie 25 f.
- - Nutzen- u. Gratifikations-Ansatz 24
- - parasoziale 26
- - Selective Exposure-Ansatz 24
- Persönlichkeit 30; 35 ff.
- physiologische Erregung 32 f.; 104 ff.; 128 ff.
- Programmdynamik 23
- Sucht 26; 147
Fernsehgeräte
- Ostdeutschland 13
- Westdeutschland 13
Fernsehinhalte
- Abenteuerfilme 81 f.
- Action 21 f.; 27; 36; 81 f.
- Comedy 21 f.; 81 f.; 104 ff.
- Familienserien 21 f.
- Fantasy 81 f.
- Gewaltakte 13; 22; 30; 33 f.; 34; 36 f.; 42 f.; 44; 145 f.; 147
- Heimatfilme 22; 81 f.
- Horrorfilme 81 f.
- Information 21 ff.; 27; 35; 53; 81 f.
- Jugendsendungen 21 f.; 81 ff.; 104 ff.; 137
- Kindersendungen 21 f.; 28; 144
- Kriminalfilme 21 f.; 35; 81 f.; 106
- Konzerte 81 f.
- Märchenfilme 81 f.
- Musiksendungen 21; 81 f.; 85; 137
- Natur und Technik 21 f.
- Reportagen 82; 104 ff.; 138
- Schauspiel 81 f.
- Schulfernsehen 81 f.
- Science Fiction 21 f.; 81 f.
- Sexfilme 81 f.; 145
- Showsendungen 21 f.; 27
- Sportsendungen 22; 81 ff.; 106; 137
- Talkshows 81 f.; 85; 137
- Telekolleg 81 f.
- Tierfilme 21 f.; 81 f.; 86
- Unterhaltung 21 f.; 81 ff.; 105 f.; 137
- Werbung 21 f.; 23; 38; 41 f.; 45; 47; 145
- Western 21 f.; 81 f.
- Zeichentrick 13; 21 f.; 43; 52 f.; 81 ff.; 105; 137
Fernsehkonsum
- Altersunterschiede 19; 21; 26; 35; 39; 52; 67; 88; 137; 140; 148
- Bildungsniveau 17; 19; 21; 25 f.; 38 f.; 145
- Einstellungen 13
- Erwachsene 19; 45
- Familienangehörige 20; 68
- Jugendliche 78 ff.; 87 f.; 137; 140; 148

166

- Kinder, Amerika 13; 19
- Kinder, Ostdeutschland 18
- Kinder, Westdeutschland 17 .f.; 67 f.; 137; 140; 148
- Wochentage 17

Fernsehsender
- Altersunterschiede 23; 80 f.
- Attraktivität 22
- Bildungsniveau 23
- Gewaltakte 13; 22
- Informationsangebot 23
- öffentlich-rechtliche 22; 52; 78; 137; 144; 148
-- ARD 22 f.; 45; 78 f.; 137
-- Bayern3 79
-- Schweiz 79
-- Südwest3 78 f.
-- West3 79
-- ZDF 22 f.; 45; 78 f.; 137
- private 21 f.; 45; 52; 78; 137; 144; 148
-- Eins plus 79
-- Eurosport 79
-- PRO7 22 f.; 45; 79; 137
-- RTL 22 f.; 137
-- RTL2 22
-- RTLplus 79 f.
-- 3SAT 79
-- SAT1 22 f.; 79 f.; 137
-- Super Channel 79; 81
-- Super RTL 22
-- TELE5 79
- Werbung 23; 145; 147

Fernsehwirkungen 28 ff.; 145 f.
- Aggressivität 33 f.; 146
- emotionale 29 ff.; 104 f.; 141 f.; 146 f.; 149 f.
- Gesundheit 41 f.; 145
- Persönlichkeit 35 ff.
- physiologische 42 ff.; 104 f.; 141 f.; 146; 149 f.
- positive 28; 40

- Schulerfolg 40 f.; 75 f.; 137; 147; 150
- Verhalten 37 ff.

Freiburger Beschwerdenliste 63; 73 f.
Freizeitdauer 68; 88 ff.
Freizeitgestaltung
- Altersunterschiede 38 f.; 88 ff.; 138
- Ausruhen 87 f.; 91; 96; 138; 141
- Basteln 38 f.; 88
- Bildungsniveau 38 f.; 145 f.
- Computerspiele 38 f.; 88
- Einkaufen 88; 91; 93; 138
- Essen 87 f.; 90 f.; 138
- Fernsehen 87f.; 137; 145; 147
- Freunde 38 f.
- Gespräche 87 ff.; 138; 142
- Kino 87 f.
- Körperpflege 87 f.; 138
- Lesen 38 f.; 40; 53; 76; 87 f.; 138; 142; 146
- Musikhören 38 f.; 88; 138
- Musizieren 38 f.; 73; 88; 90; 138
- Spazierengehen 87 f.
- Spielen 13; 39; 138
- Sport 87 f.
- Wegezeiten 87 ff.; 93; 138

G

Geschlechtsunterschiede 17; 29; 35 ff.; 44; 45
Gesellschaft f. Konsumforschung 18; 22
Gesundheit
- Alkohol 41 f.
- Arztbesuche 71 f.; 137
- körperliche Aktivität 91 ff.; 146

- körperliche Beschwerden 47; 71 ff.; 137
- Krankenhausaufenthalte 71 f.; 74
- Medikamente 42; 71 f.
- Nahrungsmittel 38; 42; 145 f.
- Rauchen 42
- Suizid 42
- Übergewicht 41; 88; 146; 148

H

Habituationshypothese 33; 53; 107 f.; 142
Hautleitfähigkeit 42 ff.; 46
Herzfrequenz 32; 43 ff.; 47 f.; 50 ff.; 55 ff.; 63 f.; 97 ff.; 100; 110; 114; 118; 124; 129; 136; 149
- Altersunterschiede 53; 97 f.; 110; 114; 118; 124; 129; 138
- emotionale Reaktionen 45 f.; 50 ff.; 100; 104 ff.; 110 f.; 115; 119; 125; 130; 135; 149
- Mehrfachbelastung 50
- Variabilität 49 ff.; 59; 103; 110 f.; 115; 120; 125 f.; 131; 135 f.
Herzinfarkt 14; 46 f.
Hörfunk 18; 23; 31
Horror-Video 35 f.
- Aggressivität 36
- Bildungsniveau 36
- Familienangehörige 36
- Konsum 31; 36

K

Kabelhaushalte 18
Katharsis-Hypothese 33
Kinderprogramm 45; 144
Kognitive Schemata 32; 122; 143

Kontrollüberzeugungen 35
Körperliche Aktivität 41; 53; 88; 91 ff.; 123; 138; 149
- Dauerlauf 70 f.
- Fahrradfahren 38 f.; 88; 91 f.; 123; 138; 149
- Gehen 91 f.; 123; 138; 149
- Laufen 91 f.
- Liegen 91 f.
- Schwimmen 70
- Sitzen 91 f.
- Spazierengehen 69 f.
- Sport 38 f.; 88
- Stehen 91 f.
- Treppensteigen 91 f.
Kultivierungshypothese 33; 37

L

Lebensgewohnheiten 63; 69 ff.
Lernen
- am Erfolg 26; 141
- soziales 73; 77

M

Mainstream-Hypothese 34
Monitoring, ambulantes 14; 48 ff.; 55

N

Nachahmungshypothese 33; 42

P

Persönlichkeit 30; 33 f.; 35 ff.
- Aggressivität 33 f.; 36
- Angst 35; 37
- Emotionale Labilität 35
- Lebenszufriedenheit 42
- Misstrauen 35
- Psychotizismus 37
Pornographie 29; 147

– Geschlechtsunterschiede 29
Pulsamplitude 43

R

Realitätssinn 35; 140; 144; 147
Rückmeldungen
– echte 60 f.
– zufällige 60 f.

S

Schlaf 100 f.
– REM-Phasen 102; 138
– Schlafdauer 38; 69; 136
– Schlafqualität 69
– Tiefschlaf 59 f.; 64; 100; 136
Schule
– Beanspruchung 108 ff.; 114 ff.; 117 ff.; 123 ff.; 128 ff.; 138 f.; 142 f.
– Bildende Kunst 75; 87; 137
– Biologie 75; 87
– Deutsch 53; 75 f.; 87; 113; 137; 151
– Fremdsprachen 75 f.; 87; 137
– Kernfächer 53; 109 ff.; 139; 149
– Klassenarbeiten 53; 114 ff.; 139; 143; 149
– Lernschwierigkeiten 41
– Mathematik 75; 87
– Musik 75
– Nebenfächer 53; 109 ff.; 139; 149
– Religion 75; 87; 137
– Schularbeiten 39; 63; 77; 87 f.; 137; 143; 149
– Schulleistungen 36; 40 f.; 63; 75 f.; 137; 142 f.; 147; 149 f.
– Schulzeit 38; 57 f.; 87; 123; 137
– Sportunterricht 75; 87; 137

Sinusarrhythmie 49
Soziale Kontakte 62; 68; 88 f.; 94 ff.; 137 f.; 141; 144
– allein 94 f.; 137; 141
– Familie 94; 137; 140
– Fremde 94
– Freunde 88 f.; 94 ff.; 138; 144
– Schulkameraden 94 ff.
Soziale Schicht siehe Bildungsniveau
Spannung 43
Stress 14; 49; 76 ff.; 117 ff.; 132; 137; 143; 149 f.
Stressoren 49 f.

T

Tagesreichweite
– Definition 18
– Erwachsene 19
– Kinder, Ostdeutschland 18
– Kinder, Westdeutschland 18
Tageszeitung 23
Trainingszustand 48; 59; 88; 109

V

Verkehrsmittel 93
Verweildauer 18
Videokonsum 42 f.; 87 f. siehe auch Horror-Video
Vielseher 20 ff.; 25; 33 f.; 35; 67 ff.; 75; 88 ff.
– Aggressivität 36
– Angst 35; 37
– Bewegungsaktivität 53; 100; 109; 114; 118; 123; 129; 138
– Definition 20; 64
– emot. Reaktionen der Herzfrequenz 45; 53; 101; 104 ff.; 110 ff.; 115; 119; 125; 130; 138; 141 f.; 149

- Erlebnisbedürfnisse 27
- Freizeitgestaltung 39; 52; 87 ff.; 123; 138; 148
- Geschlechtsunterschiede 17
- Herzfrequenz 53; 101; 110; 114; 118; 124; 129; 138 f.
- Konfliktlösungen 37
- körperliche Aktivität 53; 70 f.; 91 f.; 101; 138 f.; 149
- Kultivierungshypothese 33 f.; 37
- Lebenszufriedenheit 30 f.
- Mainstream-Hypothese 34
- mentale Beanspruchung 110 f.; 115; 120; 125 f.; 131; 138; 143; 149
- physiologische Beanspruchung 53; 101 ff.; 110 ff.; 114 ff.; 118 ff.; 123 ff.; 128 ff.; 138 f.
- Programmwahl 23; 28; 52; 79 f.; 81 f.
- Psychophysiologie 43; 104 ff.
- Schulerfolg 40; 53; 75 f.; 137; 142
- soziale Kontakte 89; 94 ff.; 137 f.; 140; 148
- subjektive Belastung 53; 73 f.; 77; 105 f.; 111 f.; 115 f.; 121; 126 f.; 131 f.; 143

W

Wenigseher 20 ff.; 67 ff.; 75; 88 ff.

- Angst 35; 37; 75
- Bewegungsaktivität 53; 100; 109; 114; 118; 123; 129; 138
- emot. Reaktionen der Herzfrequenz 45; 53; 101; 104 ff.; 110 f.; 115; 119; 125; 130; 138; 141 f.; 149
- Erlebnisbedürfnisse 27
- Freizeitgestaltung 39; 52; 88 ff.; 123; 138; 148
- Herzfrequenz 53; 101; 110; 114; 118; 124; 129; 138 f.
- Konfliktlösungen 37
- körperliche Aktivität 53; 70 f.; 91 f.; 101; 138 f.; 149
- Lebenszufriedenheit 31
- mentale Beanspruchung 110 f.; 115; 120; 125 f.; 131; 138; 143; 149
- physiologische Beanspruchung 53; 101 ff.; 110 ff.; 114 ff.; 118 ff.; 123 ff.; 128 ff.; 138 f.; 141 f.
- Programmwahl 23; 52; 81 f.;
- Psychophysiologie 43
- Schulerfolg 53; 75 f.; 137; 142
- soziale Kontakte 89; 94 ff.; 137 f.; 140; 148
- subjektive Belastung 53; 73 f.; 77; 105 f.; 111 f.; 115 f.; 121; 126 f.; 131 f.; 143

Anzeigen

Michael Myrtek

Gesunde Kranke – kranke Gesunde

Psychophysiologie des Krankheitsverhaltens

1998. 271 Seiten, 1 Abb., 76 Tab., Kt
DM 59.– / Fr. 51.– / öS 431.–
(ISBN 3-456-82992-2)

Krankheitsverhalten stellt einen wesentlichen Faktor bei der Inanspruchnahme des Gesundheitssystems dar. Von Krankheitsverhalten spricht man, wenn sich eine Diskrepanz zwischen den somatischen Befunden und dem subjektiven Befinden (körperliche Beschwerden) nachweisen läßt. Dabei handelt es sich um ein Kontinuum, das von der Krankheitsleugnung bis zu den somatoformen Störungen reicht. Anhand von physiologischen und psychologischen Untersuchungen an ca. 2000 Patienten und 1400 Gesunden sowie von Literaturanalysen werden in diesem Buch die Determinanten des Krankheitsverhaltens dargestellt.

Mit diesem Buch wird erstmals eine zusammenfassende Darstellung des Themas in deutscher Sprache gegeben.

Verlag Hans Huber
Bern Göttingen Toronto Seattle

http://Verlag.HansHuber.com